U0671915

魏玛德国

从共和到纳粹

[德]霍斯特·穆勒 著

孙瑜 译

浙江人民出版社

图书在版编目（ＣＩＰ）数据

魏玛德国：从共和到纳粹 ／（德）霍斯特·穆勒著；
孙瑜译. — 杭州 ：浙江人民出版社，2023.10
ISBN 978-7-213-11151-8

Ⅰ. ①魏… Ⅱ. ①霍… ②孙… Ⅲ. ①魏玛共和国—
历史 Ⅳ. ①K516.43

中国国家版本馆CIP数据核字 (2023) 第134603号

浙江省版权局
著作权合同登记章
图字：11-2019-400 号

Author: Horst Möller

Title: Die Weimarer Republik: Demokratie in der Krise

Copyright © 2018 Piper Verlag GmbH, München/Berlin

Chinese language edition arranged through HERCULES Business & Culture GmbH, Germany

魏玛德国：从共和到纳粹

[德]霍斯特·穆勒　著　孙瑜　译

出版发行：浙江人民出版社（杭州市体育场路 347 号　邮编：310006）
市场部电话：(0571) 85061682　85176516

责任编辑：方　程　魏　力
营销编辑：陈雯怡　张紫懿　陈芊如
责任校对：陈　春
责任印务：幸天骄
封面设计：东合社·安宁
电脑制版：北京之江文化传媒有限公司
印　　刷：杭州丰源印刷有限公司
开　　本：710 毫米 × 1000 毫米　1/16　　印　　张：22
字　　数：220 千字　　插　　页：4
版　　次：2023 年 10 月第 1 版　　印　　次：2023 年 10 月第 1 次印刷
书　　号：ISBN 978-7-213-11151-8
定　　价：88.00 元

如发现印装质量问题，影响阅读，请与市场部联系调换。

前　言

　　"我们输掉了战争。这一事实并非革命的结果。"人民代表弗里德里希·艾伯特在1919年2月6日国民议会开幕式上的结论一语中的。[1]然而不可否认的是，大部分德国民众并未准备好接受这一事实。"千真万确！左派奋起反对右派"——这条会议记录形象地描绘了当时的局面：阵线对立分明。无论愿意与否，共和国于战败与革命中诞生，这是无法否认的事实。

　　1919年1月19日，国民制宪大会经由普遍、平等、匿名的选举产生。光是大会召开的地点就充满象征意义：拥有优美田园风光的图林根州的小城魏玛的国家大剧院。这里与德意志文化的高峰休戚相关，远离困顿的政治格局，德意志精神在此大放光芒。

　　魏玛——而非柏林：把制宪会议从革命战火纷乱的百万人口大都市、普鲁士的首都、帝国议会和帝国政府所在地以及国务委员会所在地迁至外省，绝非示强的信号。1919年1月，上述提到的所有机构岌岌可危，1918年阴沉的11月里自发燃起的革命之火尚未熄灭。虽然民主共和国是前进的方向，但这一定位无论在左派还是右派中都充满争议。这个国家已陷入前所未有的分裂中。帝国首都到处可见形容枯槁、四肢残缺的士兵，百万民众忍饥挨饿、失去工作，一时间，这座德国城市里一片怨声载道。

这与1914年炙热的8月截然不同！那时的德意志人民空前统一，沉醉在战争的狂热中。只有少数人冷眼旁观，主要是左派，当然也包括和平主义者。普鲁士国王兼德意志皇帝威廉二世高呼："再也没有什么政党之分，我只看到德意志人！"所有人都争相前来，甚至包括被世人蔑视为"无祖国的家伙"的德国社会民主党（以下简称"社民党"）人。就连他们也和大多数德国人一样坚信德国被迫卷入了一场自卫战争，并于1914年8月4日的帝国议会上一致通过了战争债券的发行。直到1915年，帝国议会中的社民党党团开始就这一问题发生分歧，最终多数派坚持这一路线。其实，1914年8月的国家领导人和政治团体眼中绝非只有自卫，还包括德意志帝国的欧洲战前帝国主义与霸权主义语境中深远的战争目的。直到战争结束，大部分德国人对此浑然不知。正因如此，民众对于《凡尔赛和约》中将世界大战的罪责全部归结于德国，以及签订的战争赔款条款才会如此愤怒。

1919年2月6日至1920年5月21日，在魏玛召开的国民大会从一开始就着眼于解决德国当下面临的各种棘手问题。其主要任务不仅是讨论制定新宪法，还有审议德意志帝国被迫签署的涉及大面积的国土割让、经济赔款以及一系列人权歧视问题的《凡尔赛和约》。

　　魏玛共和国直至覆灭，始终在偿还那些关乎生死存亡的战争赔款。因此，即便将魏玛共和国的历史单独放在其与生俱来的重负与软弱下书写，亦不为过。可是，这种片面的视角真的符合历史事实吗，对它的评价真的公平吗？这个在可想而知的困窘局面下，第一次尝试建立德意志民主制度的国家，难道不应该更值得尊重吗？诚然，民主共和国的生机从一开始就相当渺茫，但是它并非生来便注定灭亡。

　　魏玛共和国处于德意志帝国与纳粹独裁的第三帝国之间，对于后世研究者而言，如果缺少对魏玛共和国覆灭及其后果的认知，是无法完整书写第三帝国的历史的。它是德国现代史的一部教科书，是一段关于民主制的希望和威胁的具有现实意义的政治教训。本书的论述分为两个重点，一是1919—1930年，共和国核心时期政治、经济、外交和文化共同语境下的宪法政治体系的诞生和维系；二是1930—1933年，共和国的瓦解，其间你将看到共和国历史上充斥着令人伤感的两难处境。

目　录
CONTENTS

第四章　危机症状与魏玛共和国的瓦解　/　201

第一章

两位共和国总统——机会与没落？

魏玛共和国有过两位总统：弗里德里希·艾伯特和保罗·冯·兴登堡。如果说他们其中的一人代表着共和国的机会，那么另一人则代表着它的没落。

━━━━ 弗里德里希·艾伯特——帝国、革命与共和国中的社会民主派

　　1871年，以俾斯麦为首相的德意志帝国建立。同年，弗里德里希·艾伯特出生于一个裁缝家庭。艾伯特的双亲信仰不同宗教，而艾伯特从小接受的是天主教教育，后来学习制作马鞍。他在学徒生涯结束后，于1891年在汉萨城市不来梅扎根定居，开了一家饭馆。自1893年起，他便加入德国社会民主党：先是担任工人秘书、主编，最终成为社民党中央委员会秘书。因为工作关系，他于1905年搬至帝国首都，开始全身心投入政党事务之中。

　　在事关社会保险等各项问题上，艾伯特总是给工人们进行详尽的解答。这屡屡挑衅雇主的行为，让他不断被解雇。即便如此，艾伯特也很少被激怒——他想帮助他人，无论面对怎样的阻力。他之所以这样做，主要是因为他在学徒生涯期间，亲历了工人们遭遇的不公，从那时起就开始为了他们的利益而抗争。比起政党事务，这份工会工作令他蒙受不少物质方面的损失；他的职业生涯甚至数度几乎被断送。直到当上《不来梅市民报》主编（这份报纸颇为自相矛盾地又名《不来梅社会党人报》），加之由他组织合作的面包店经营失败，艾伯特才终于把自己的社会政治活动与赚钱营生的活计两相结合。但他的月工资仅为25马克，并不足以让他经济独立、组建家庭。在未

婚妻露易丝·伦普的催逼之下，他开了一家饭馆——两人才于1894年5月9日举办了婚礼。

他并不喜欢这份职业：既没兴趣陪食客共饮，也无兴致参加逢场作戏、漫无目的的社交。尽管如此，他在不来梅的饭馆还是很快成为工会和政党的社会政治工作中心。饭馆老板是个始终乐于助人且精通法律的好参谋——这个消息很快在社会民主派的工人间流传开来。虽无正式名分，但可说在这儿诞生了某种形式的"工人秘书处"——这是艾伯特的务实理念以及他组织工人互助的意愿的明证。比起马克思主义理论，他从那时起就对这种实际行动更感兴趣。虽然他也像许多雄心勃勃的年轻同志一样阅读了卡尔·马克思的著作，孜孜不倦地钻研过那本艰涩的《资本论》。但从严格的意识形态上来说，他并未因此成为共产主义者。毕竟对于他所从事的具体实际且迫在眉睫的工会工作来说，这本关于国民经济与哲学的书并无多大用处。这个身材敦实，有着粗短脖子和结实脑袋的男人双脚牢牢地踏在大地上。

即便社会政治影响力逐渐扩大，触角从最先的一个地区到涉及跨地区的政治事务，他那韬光养晦、绝不锋芒毕露的个性也不曾改变。弗里德里希·艾伯特生于小市民家庭，虽不曾有机会接受他所向往的文理中学及大学教育，但他并不因阶级局限了自己的晋升而感到困扰。相反，他花大量时间勤奋苦读，自学必要的知识，其政治见地毫无疑问远超绝大多数受过大学教育的同时代人。在艾伯特看来，任何个人牺牲在信仰面前都不值一提，他充满勇气和责任心，以与生俱来的尊严和实干精神承担着多个要职。

1900年，艾伯特成为不来梅市议会一员，自这时起便积累了议会方面的经验。到了1912年，他所在的政党在选举中大获全胜，他也正式踏入帝国议会。尽管在选区划分上遭遇不公正的差别对待，但是社民党还是获得了27.7%的席位，远超其他政党，可谓一党独大。然而由于君主立宪制的政府体系以及帝国议会中的党派形势，这一胜利并没有给社民党带来太多权力。相比1907年帝国议会选举，这次取得突破性的16.9%的额外席位的情形，令艾伯特和他的朋友们深信：只要能成功改革选举制度，自己的政党迟早会通过革命加议会的方式达成目标。自此，代表真正民意的比例选举制度成为党内信条——无论是出自信仰还是出自政治利益。[2]

弗里德里希·艾伯特反对支持大规模政治罢工的党内左派，并成为传奇的党主席奥古斯特·倍倍尔的两位接班人之一。1913年在耶拿市召开的社民党党内议会上，中立平衡、不拘教条的艾伯特与更倾向于"左派"的律师雨果·哈斯被选为联合主席。在473票代表票中，哈斯获得467票，艾伯特则是433票。[3]

1915—1916年"一战"期间，社民党党内在关于批准战争债券这一问题上的分歧日益激化，党主席兼党团主席雨果·哈斯身边的少数派持反对意见。1916年1月11日，艾伯特作为哈斯的继任被选为三位党团主席之一；1918年6月14日，他最终被选为帝国议会最高委员会主席，民族自由党人古斯塔夫·施特雷泽曼成为其副职。艾伯特并未加入马克西米连·冯·巴登亲王的十月内阁（政府），但仍在10月22日的一次大型帝国议会演讲中为党派参政正名："对于我们来说，站在外面，无辜地洗净双手无疑更加轻松……我们加入政府，是因为现在事关整个德意志民族，事关我们的未来，我们的存在与毁灭……我们知道自己跨出这一步冒了多大的风险。"[4]

这位经验丰富的议员兼党魁太清楚社会民主党人将要继承的遗产是什么。艾伯特在演讲伊始就指出，如果对军事与政治局势做出理性考量，新政府一定会提出停火申请；此时，他已充满预见地驳斥了"牺牲德国利益才能获得民主"这一"煽动性谎言"。[5]

这是艾伯特在1912年选举产生的旧帝国议会上的最后演讲。在演讲中，他不仅描绘了德国鉴于不可挽回的失败在国际角力场中的未来地位，也勾画了即将到来的休战之后的国内政治形势。他指出，不能指望"英法的沙文主义者与帝国主义者"；比起他们，他更希望与提出《十四点和平原则》的美国总统威尔逊在不羞辱战败者的前提下签署一个公正的合约。艾伯特在演讲中避免提到"敌人"一词，他呼吁威尔逊为一个"不会留下任何复仇精神与报复念头"的敌人说情。他建议成立一个国际联盟，在危急时刻以政治力量保证"暴力发生地的正义"重回民众生活。对于德国人在战争期间践踏了其他民族的自治权问题，他深表遗憾；而民主直到因"敌方的军事实力占优"才得以在德国实现，也令他痛心疾首。

艾伯特将马克西米连亲王的十月政府所引领的发展视为德意志历史的转折点："这是德国民主的诞生日……在过去的德国，来自所有阶级、民族和信仰的民众几乎完全被排斥在国事之外……对于人民和帝国来说，民主化成了生死攸关的一步。诚如名言所说：一旦人民进步而宪法停滞，革命必将到来。德意志人民的国家正在政治变革的道路上奋勇迈进，所有阶层都应感到欣慰。你们看看沙俄，这就是警告！"[6]

艾伯特所谓的"至关重要的制度变革"的核心在于人民主

权原则的制度化。新政府已经实行的帝国领导人议会制虽然尚未得到法律层面的承认，但对于艾伯特来说这是朝着"人们可以通过自由选举代表，勾画未来"的国家制度前进的第一步。

艾伯特的这一演讲并未过多着墨于社会主义；虽然他的社会民主长远目标听起来似乎是"消灭阶级矛盾"和"铲除经济剥削"，但是他的近期目标仍是在"现有的经济秩序"框架下的宪法民主化。

他制定的宪法修改方案也源于过去几年的政治经验，而非纸上谈兵。他既严厉谴责德皇的"私人军团"，也公开批判总参谋部"在宪法层面既不对帝国首相负责，也不向帝国议会交代的彻头彻尾的专制态度"。他的这番发言，毫无疑问触及了战争影响下帝国宪法修改的痛点。艾伯特要求帝国首相和各部部长对帝国议会全面负责，且军事权力必须从属于政治领导。他还尤其关注普鲁士选举权和政府组织的民主化问题。尤为突出的是，他明确地把普鲁士人民与饱受严厉批评的普鲁士领导阶层区分开来，同时指出，德意志霸权国家的生死存亡与其现代化潜力息息相关。

艾伯特的帝国议会演讲凸显出他明辨是非的洞察力，阐明了其纲领性要求。他不以辩术讨巧，而以眼光与理性服人。演讲包含犀利的批判，却并没有与那些理智的、有革命意愿的人们撕开难以跨越的沟壑。他所言之事尖锐无情，语气却始终谦逊有礼，这是一位在战争中遭受惨痛损失的男人的演讲——这里必须提一下：他的两个儿子殒命沙场。尽管如此，他并未任由自己的个人痛苦发展，使之成为对那些须对战争负责的人之间不可调和的仇恨。对这个人来说，爱国忠心并非空话，他是一个厌恶空话的人。他也不喜欢煽动人心，他内心是如此平和，令蛊惑毫无生存之地。有秩序地阶段性迈向社会民主主义——这才是他的计划。

在战败与革命的动荡时代，德国人难道还能拥有比这样的弗里德里希·艾伯特更好的存在吗? 这位清楚地知道德国的所需与所能的谨慎男人意味着多大的财富，德国人真的明白吗? 事实证明，只有少数人意识到了这一点。特奥多尔·豪斯在艾伯特去世后的一次纪念演讲中说道："15年前，这个54岁的男人去世时，我们的国家在一种突然的恐惧甚至羞愧中发现自己是多么为他着迷，当然，这种想法很快就被遗忘。这不应该也不可以被遗忘。"[7]

许多德国人到底反对弗里德里希·艾伯特什么? "艾伯特没接受过大学的洗礼，要知道在皇帝当权的德国，上大学是打开上流阶层的敲门砖……艾伯特不可能凭一己之力晋升，而是在他的阶层，通过他的阶层。"一位艾伯特的传记作家这样解释道。[8]也许这个说法有助于我们理解德国人和他们的第一位总统之间的关系。如果他是沿帝国社会的常规途径攀上高峰，由于符合当时的社会规范——例如通过大学教育，人们就能忽略其出身，像接受古斯塔夫·施特雷泽曼那样接受弗里德里希·艾伯特。当然，这还要以保守—自由政治光谱框架下的政治定位为前提。在人们眼中，艾伯特的横空出世并非个人现象，而是一个通过政党和工会上位的典型案例。他虽是各种社会阶层和政治组织形式的代表，但这在德意志帝国的分量不是很重，或者始终被当作局外人。

自1918年11月9日起，当坚毅强硬的艾伯特面对"纵容革命极端化"和"通过建立议会制民主共和国来迅速终结革命"两个选择时，人们几乎不用怀疑这位聪明的策略家会何去何从。

通过斡旋，艾伯特对以社民党为代表的纲领性社会主义和纲领性改良主义的分歧明确表达出自己的态度——既没能通过原则性的反省解决这一问题，也似乎没有解决的意愿。也许有人从中看到了艾伯特的局限，但是事实证明这位党主席此刻依然是一个实践者、实干家。他确实坚定不移地引领着政党，可在意识形态上却从未掌握过它。艾伯特在社民党内的晋升，处于社会民主理论与实践日益激化的矛盾之下，但他几乎不为所动，因为他始终是个行动派。他既没感到恐惧，也不曾体会社会民主深远的基于历史哲学的希望，既没有俾斯麦式的社会主义法律创伤，也没有马克思主义的未来期望。

艾伯特毫无疑问属于第二世代，他虽是奥古斯特·倍倍尔忠诚的同志，但在意识形态上早已相去甚远。1905年，资深党员赫尔曼·莫尔肯布尔任命艾伯特为党委会秘书。这个年轻人虽诚惶诚恐，依然一丝不苟地置办了打字机和电话。难道他对上一辈的迫害经历一无所知吗？难道他不懂阴谋诡计吗？彼时，距离1878年10月21日第一次颁布的帝国法律《反对社会民主党危险活动法》（1890年9月30日后失效）正式失效已近15载。一部分老龄化的政党领导，已无积极影响国家政务以达成民主化的意识。然而，这是艾伯特的强烈主张，这也让社民党处于危险的边缘。1914年6月30日，党委会决定派艾伯特和奥托·布朗带着资金前往瑞士，确保一旦德国爆发战争，政党被禁，社民党还能在流亡中继续发展。事实证明，这一后手是多余的，几天后艾伯特就回来了，社民党同意批准发行战争债券。

社民党人的这份小心谨慎源于历史经验造成的恐惧，它也揭示了1918年的局势已发生根本性转变。这个几乎半个世纪都以反对党面目出现，甚至还被短时冠名非法的政党，突然之间成了执政党。这是一次既不符合理论概念，也不为人们欣然接受的革命后果，因为社民党对政府职责常常敷衍了事。这对于艾伯特意味着机会，他是为数不多的几个有能力执政且赞成社民党参与执政的人之一。此外，他还为政党的社会基础提供了更广阔的视角：他可以带领工人走出他们生活了几十年的政治贫民区，他是在不否定出身的前提下达成政治晋升的象征。

艾伯特代表了马克斯·韦伯提出的责任伦理，尽管自己的个人生活及政治生涯会因此牺牲，他仍选择承担这一艰难的政治角色。纯粹社会主义学派和为了克服国难而要求妥协与联合的实际派之间的分歧不得不由他个人消化，而他也这么做了。他确非光彩耀眼之人，但这也恰是他所代表的这一政党的特点。行动力、意志力、小心谨慎、一个清晰的理念、一个目标——1918—1919年的德国迫切需要这些品质，而弗里德里希·艾伯特拥有它们。

枢密顾问冯·施利本脸色惨白地向宰相马克西米连·冯·巴登亲王汇报："革命席卷而来。人群从北部涌来，从博尔泽希工厂向市中心前进，几乎不费一兵一卒就占领了加德燧发枪步兵营。"这是1918年11月9日星期六早上10点30分[9]发生的事，接下来的几天乃至几小时里，人们紧急商议：怎样才能防止革命在首都爆发？情势十万火急，这次可不像1918年1月末至2月初的政治大罢工那么容易解决。彼时虽有柏林的3万工人和鲁尔区的5万工人参与，并非社民党所愿，在社民党议会党代表中的少数派成立的独立社会民主党中，也对其形式存在意见分歧。当时，柏林工人委员会的罢工纲领虽然敦促整个国家机构彻底民主化，以及年满20周岁的男女享有平等、直接、匿名的选举权，但并没有提出共和制和德皇退位的要求。为了避免大规模罢工被作为政治斗争的工具，也为了防止民众被极左势力所利用，当时的弗里德里希·艾伯特、菲利浦·谢德曼以及奥托·布朗都参与领导了大罢工。

而现在的11月，一切都危在旦夕：心怀不满的民众数量成倍增加，独立社民党也一致支持已在多地爆发的革命。

10月30日，水兵们阻止了帝国远洋舰队出海。这么做，未经帝国首相与最高统帅部的商议指示——这是一个不容忽视的信号。没过几天，基尔水兵起义。11月4日，这座港口城市落到了工人与士兵委员会手中。11月7日，自10月4日开始在马克西米连·冯·巴登亲王政府拥有一席之地的社民党多数派语气强硬地发出要求皇帝退位的最后通牒。以弗里德里希·艾伯特和菲利浦·谢德曼为核心的党派领导认为，只有这样才能掌控革命运动。"普遍民意认为皇帝是罪魁祸首，至于这是否合理已无关紧要。"11月6日，党主席艾伯特对最高统帅部代表格罗纳将军如是说。[10]11月7—8日，革命在慕尼黑爆发，左翼社会主义者库尔特·艾斯纳宣布共和；巴伐利亚国王路德维希三世出逃，下落不明；11月8日，不伦瑞克大公签字同意自己及后代放弃王位。一切如潮水般涌来。

此刻，多数党中所有隶属帝国议会跨党派委员会以及战时内阁的成员——无论是民族自由党、中央党还是进步人民党，他们与社会民主党同人们意见一致，认为在10月28日既成事实的帝国领导议会制后，仍需对宪法做多项根本性修正，首当其冲的是君主集权国普鲁士。在普鲁士，直到最后一刻（10月24日）才同意取消早该废除的三级选举权。在普鲁士实现民主选举、政府议会制、社民党参与政府事务，以及加强帝国政府内的社会民主影响力，与社民党共同构成帝国议会多数派的其他中间党派愿意接受上述举措。大家只是在"皇帝问题"上意见相左，中央党政治家费伦巴赫11月8日回应社民党的最后通牒时解释说："我感觉，我们正在辩论一件4点后也许就不再重要的事情。今天下午皇帝将会退位。"[11]

　　但是，直到周五也没有皇帝退位的消息。第二天上午，尽管帝国首都与皇帝这些天逗留的比利时斯帕的最高司令部间电话往来不断，也始终没有退位声明传来。虽然众人都认可这一声明的必要性，但无论是首相抑或多党派委员会中的各政党都绝不认为其意义在于废除君主制，因为他们相信只有威廉二世退位才能拯救君主制度。11月6日，格罗纳将军在柏林与帝国议会社民党团代表以及工会总代表团的会议中，还"简短而尖锐"地表明，想让皇帝退位门儿都没有，因为军队不可能在与敌人的最后交战中失去他们的最高统帅以及他们的"权威依托"。可是没过几天，他就改变了态度：在11月9日清晨的演讲中，他与总参谋长冯·兴登堡意见一致，在报告结束时坚决建议皇帝即刻退位。[12]国务秘书菲利浦·谢德曼在1918年10月29日给首相马克西米连·冯·巴登亲王的一封信中，汇报了美国总统威尔逊直言要求皇帝退位的照会："达成我方可接受的有条件停火，重归和平的前景因为皇帝仍居高位变得黯淡。"[13]然而11月1日，当国务部长德鲁斯奉宰相之命向皇帝详实地汇报德国已陷入军事与政治的困局时，后者说道："听着！我马上告诉您：我不退位！"[14]

　　在局势发生戏剧化巨变以及11月7日社民党发出最后通牒后，在首相乃至军队统领的敦促下，皇帝终于痛下决心发出声明，由相府于11月9日14点许公开发表："为了避免流血，陛下决定放弃德意志皇帝之位，但仍保留普鲁士国王王位。"[15]

仍保留普鲁士国王王位！11 月 9 日 14 时，如所有其他革命一般，此时想要拯救德意志帝国和普鲁士王国已经晚了。"对于一个糟糕的政府而言，没有比从其内部开始改革更危险的事情了。"亚历西斯·德·托克维尔评论 1789 年法国大革命时如是说。[16]认识到军事上走投无路的境地，终于要爆发改革国内愈发不公的选区分配、德意志议会制、普鲁士的选举权——普鲁士的领导层每次都等局势发展到不可抑制、无可挽回时才作出妥协的准备。其中，最典型的莫过于废除普鲁士众议院三级分立选举权的斗争。1918 年 10 月初，保守的多数派还想争取最高统帅部的支持，直到军队出于军事政治原因——以及日后被证明的有远见的国内政治博弈——拒绝其要求，他们才同意修改选举权制度，而此时已有上百万的德意志士兵殒命沙场。所有有识之士都将这些牺牲和尽职视为行使公民平等权利的反面案例。

受贵族、军人、新教、易北河东岸地主以及国家主义影响的保守派在普鲁士的历史中有多厥功至伟，他们在王朝末年的失败就有多悲惨，他们与迟迟不愿拱手相让却早已丧失权力的漫长告别就有多艰难。其实，只要让那些长期受歧视的"帝国的敌人们"——首当其冲的是社会民主党人，也包括一些天主教徒和进步人士——及时参与政事，也许一切还来得及。因为最迟到 1914 年 8 月，大多数社会民主党人已不再是曾经的没有爱国之情的革命党了。来自维尔滕堡的自由党人，帝国议会议员、马克西米连亲王战时内阁的国务秘书，日后魏玛国民议会制宪委员会主席康拉德·豪斯曼对此也深有同感："十月政府与生俱来的错误，在于它是十月才成立的政府。如果是九月政府，或者最好是三月政府，一切就还有斡旋的余地。"[17]

再回到1918年11月9日周六14点左右，皇帝的退位声明传到柏林。它能带来什么影响？一切早已于事无补。一位与革命党扯不上一点关系，甚至也不是议会制度的拥趸的贵族王子，只是一个善于审时度势的男人，在上午听了关于声明的详细预告后，便不再相信能等到明确的答复。马克西米连·冯·巴登亲王认为只要还有意义，公布皇帝确认无疑的决定就是他作为公民的义务。[18]紧接着，他在12点左右通过沃尔夫的电报台发布了——如枢密顾问西蒙斯所言——人们翘首以盼数日[19]，如今已避无可避的消息："皇帝即国王决定放弃王位。帝国首相的任期延续至国王退位、德意志帝国及普鲁士王国、王储放弃继承权，以及一切摄政相关问题得以落实为止。他计划向摄政王提名议员艾伯特出任首相，并就立刻通过普选成立德意志国民制宪会议提出了一份旨在最终确立……德意志人民未来的国家形式的法律草案。"[20]

"仍保留普鲁士国王王位"的皇帝的诏令在到达相府前就成了废纸一张。两小时前，马克西米连亲王发布的公报全面超越了皇帝的声明：那并不是一份预告，而是直接宣布了皇帝的退位。

1918年11月9日，社民党委员会决议与独立社民党人进行谈判。社民党在感到大规模革命运动步步逼近后，最终决定："在必要时与工人士兵共前进。社民党应当夺取政府，但尽可能避免流血。"[21]在那之后，帝国内阁社民党多数派成员谢德曼和鲍尔宣布脱离政府。

然而，就连马克西米连亲王想要通过专政力挽狂澜的尝试也失败了，革命局势日益尖锐，社民党委员会在最后一刻出面以期控制革命运动。这位帝国首相终于意识到摄政统治已无从谈起，首相之位必须立刻让与最强大的政党。

艾伯特最终是接受让位，他和亲王一样，对这一职务交接所产生的法律影响持积极态度。但说到底，这也只是一种影响，这种交接经不起宪法的检验。根据现行宪法，在任的首相根本没有擅自将职务交接给继任者的权利。然而，有时合法性影响比合法性本身有更强大的政治作用，而且这一流程从政治角度看毫无疑问是合理的。在11月7日的最后通牒中，这个如今最强大的政党要求加强其在内阁中的影响力：只有借助他们的力量，才能避免革命继续极端化。11月9日12时35分，社民党代表团出现在首相面前时，弗里德里希·艾伯特也说，社民党人认为想要维护安宁与秩序，避免流血冲突，就必须"把政府权力移交到那些民众充分信任的人手中"。他要求他的政党获得首相以及最高统帅之位。[22]在之后的谈判进程中，帝国首相宣布："既然我们手中已无实权，且形势如此，军队不听，那么我建议艾伯特议员接受首相之职。"在"一阵思忖"后，艾伯特回答道："这是个棘手的职位，但我会接受。"[23]

就在艾伯特在相府率众与社民党代表谈判之时，柏林街头的形势继续激化，出现了两次宣布共和国成立——菲利浦·谢德曼听闻卡尔·李卜克内西要在柏林城市宫殿的阳台上发表演说，并意图宣布成立"苏维埃共和国"后，匆忙走出食堂向帝国议会大厦的阳台赶去。此时此刻，他丝毫不为怒言所动，向等待着的人群发表了一次即兴演说："德国人民取得了全线胜利，陈旧腐朽轰然崩塌，军事主义已经完结，霍亨索伦家族也已退位。艾伯特组建了新政府，囊括了所有社会主义阵线。如今我们的任务是不要玷污了这份璀璨的、属于德国人民的完全胜利……德意志共和国万岁。"[24]事实上，谢德曼的这份演说抢得了先机，因为李卜克内西大约2小时后的16点左右才公开演讲："我宣布德意志自由社会主义共和国成立。在这个包容所有阶级出身的人的共和国中，将不再有奴仆，每一个诚实的工人都可以赚取工作所得的相应的工资。将欧洲变为停尸房的资本主义统治已经被击溃。我们唤回了我们的俄国兄弟们。在告别时他们曾对我们说：'如果你们在一个月内无法取得我们现在的成果，我们将离你们而去。'而现在我们只用了不到4天的时间。"[25]

李卜克内西的演说清晰展现了共和国成立时的政治格局：共和国一开始有两个对手，或者说是敌人，它们分立左右两边：失势的政治力量与统治阶级，以及自认是世界革命代言人的左翼社会主义者。后者想要以俄国为榜样，建立一个"无产阶级专政"的共和国。

人们到底想要在注定载入史册的11月的这一天获得什么？谁才是"人民"？德意志人民几乎没有一个政治或社会整体，各阶层在信仰、教育和财产上也相差甚远。与所有革命家一样，谢德曼或李卜克内西所说的"人民"，更多的是一种论战的、局限化的含义：指的是社会底层，或者更准确地说是指无产阶级。但是，1918年的德意志人民包含所有社会阶级：军官与士兵、雇员与工人、手工业者与商人、企业家与地主、政治家与公务员、教授与大学生。他们的政治诉求是一致的吗？换句话说，他们的诉求有可能一致吗？

让我们最后一次回到1918年11月9日的历史中："当11月阴沉沉的这天黎明破晓时，没有任何迹象表明这一天与其他日子有何不同。马路上川流不息，上班的人潮像往日一样涌入工厂、办公室和商店，小市民们仍能安宁地享受日常的清晨咖啡，看不到丝毫的革命气氛。"[26]在这一周六清晨表现得别无两样的不仅有"小市民们"，还有被呼喊声叫醒的革命工人："起床了，阿尔图，今天要闹革命了。"[27]他们睡眼惺忪地揉揉眼睛，还搞不清革命到底是梦是真。当阿尔图确信革命真的来了，且被同志们全副武装后，他立刻高喊着"再见了，克拉拉"，并冲到了革命的喧嚣中。11月9日一早，似乎还算平和，但好景不长，最终社民党领袖在8点钟宣布大罢工开始，属于社民党左翼的"革命头领"以前一天同伴恩斯特·多伊米希被捕为由，要求人们为了建立社会主义共和国而斗争，成百上千人涌上帝国首都街头游行示威，武装革命党人，占领关键据点，枪击交火和死伤随处可见。

11月10日周日，革命大获全胜，柏林被"全面推翻"。例如一位历史学家写道："在保皇派军官用来自卫的宫廷马厩里（彼时里面早已寻不到军官的踪影）发生了一场激烈的枪战。""总的来说，以庞大的工人队伍游行为主的起义并不血腥。"[28]让这些工人群众能感受到的，可能是他们让德意志帝国与德意志共和国在最大程度上实现了和平交接的希望——即使他们走上街头的最重要的动机可能是面包与和平。

那么，这些贵族及市民出身的历史作家们如何看待皇朝的末日呢？自由党人哈里·凯斯勒伯爵沿着舍内贝格的河岸走向国防部："一支示威队伍穿过国王格拉茨大街向波茨坦广场走来……在国王格拉茨大街与舍内贝格大街街角贩卖着号外：'皇帝退位'。霍亨索伦家族的此等结局令我感到窒息，它是如此可悲，如此微不足道，甚至都算不上事件的焦点。'早该来了。'今天早上，奥夫说。我在家换上平民衣裳，因为人们会扯下军官的肩章和帽徽……在威廉大街，我第一次看到一辆插着红色旗帜的汽车，这是一辆缀着皇家山鹰徽章的军灰色汽车。"[29]特奥多尔·沃尔夫则在11月10日的《柏林日报》发表文章，惊叹于建造得如此坚固，且有坚实城墙包围的"巴士底狱"竟会在顷刻之间被占领。"一周前，军队和市民间纵横交错的执政机器还安然存在，而且随着时间的推移，其统治似乎还有稳定之象……一个巨型的军事组织似乎还无所不包，各部门似乎还弥漫着不可战胜的官僚主义。昨天上午还一切如旧，至少在柏林是这样；到了昨天下午便一无所有了。"[30]

当人们讨论着皇帝的退位，当斯帕的最高司令部掂量着革命的风险和社会民主党的最后通牒时，皇帝的军队在哪里呢？这支军队有拯救皇帝和帝国的实力吗？当君主宣布和平让出军队最高权力，回归故里时，他们的首领在哪儿？即便毫无希望，但若还能与他们的被革命席卷的故乡拼死一搏，军队准备好继续战斗了吗？

11月9日清晨，格罗纳将军对皇帝暨国王说："军队会听从他们的领袖以及指挥官们的命令，平静且有秩序地班师回家。但军队不再听令于陛下的旨意，因为它已不再追随陛下。"[31]同一天傍晚，最高司令员、陆军元帅冯·兴登堡在现实地评估了局势后声明："如果陛下被叛军拖去柏林，当成罪犯交给革命政府，我可负不起责任。"[32]虽不情愿自己大势已去，皇帝还是听从了亲信的建议，在第二天黎明破晓前逃亡荷兰。这是长达500多年的霍亨索伦王朝历史的终结。这终结如此可悲，不难理解为何它的拥趸们急着与它撇清关系，且依然不在自己的政策中寻找错误。

在几小时内从一个君主制政府首相变为共和政府总理，艾伯特如何看待这一转折呢？他听到几个和谢德曼一起回到帝国议会食堂的工人与士兵说："谢德曼宣布共和国成立了！"艾伯特的脸涨得紫红，拿拳头敲着桌子喊道："这是真的吗？"他接着说："你没有权利宣布共和国成立！德国的未来如何，是共和国还是其他什么，这是由国民议会决定的！"[33]一个共和派社会主义政党的主席有此反应令人惊异，谢德曼震惊地自问，一个"这么聪明的人"，一个在11月9日上午还把持政权、将君主制称为"应该彻底抛弃的糟粕"的人，怎么会有这种反应？

艾伯特的反应绝不仅仅是虚张声势，他始终反复要求德国未来的宪法构架应当完全交予一个遵循普遍、平等、秘密原则选举产生的、代表民众意愿的国民议会。

"革命首先是一场军事革命，它在各个相隔遥远的前线与故乡同时燃起，其流程如出一辙：不费刀枪的崩溃，军官们的临阵脱逃，士兵委员会的统治，接着便是混乱一团，而士兵与水兵只是展现出一种惬意的度假感。"1918年12月30日，一位名叫恩斯特·特罗切的聪明的旁观者这样记录道。[34]在当下接管政府无异于在火山上跳舞。威胁着帝国存亡的诸多问题不容忽视，如何稳定革命政府，如何对待和平条约，如何保证帝国统一，如何保证供给，如何处理军队和士兵的回撤，如何维护宪法的地位，如何清算战争带来的不可忽视的经济及社会后果，如何将战时经济调整为和平时期经济，如何筹备建立国家与社会的新秩序……光是这几个关键问题就告诉我们：之前从未有过一个帝国政府面临着如此多的难题，也从来没有一个政府站在一个政治势力与宪法政治如此摇晃不稳的地基上。一位曾在轰然崩塌的帝国担任要职的高官说道："今日能建立并维护秩序之人，便是祖国的救星……"[35]弗里德里希·艾伯特的贡献是他在当下拯救了德意志帝国，虽然共和国最终还是失败了，彼时的他既不在职也已不在世。人们不得不问：艾伯特在特定历史局势下的决策真的正确吗？还是说换一种政策，共和国维稳的机会会更大呢？

历史的公正性提醒我们认清局限：我们这些后世之人知道共和国最终是覆灭了，而且随着几十年来人们愈发深入的研究，我们了解了其覆灭的真正原因。而1918—1919年的人们无法利用这一历史经验来作出抉择，隔着100年的时空距离来给出建议显然于事无补。另外，我们不该也不能放弃历史经验，我们必须质问原因，不怕作出历史评判。除了确实发生的事件，还必须关注在当时的纬度中其他可能及可行的选择。

要保证政府权力，首要的是什么？在一个深夜，斯帕的最高司令部总参谋部第一陆军总监正在研读法军总司令福煦11月8日递交的，给以中央党政治家马蒂亚斯·埃茨贝格尔为首的德国代表团的停火合约。和约要求德国解除军事武装，不但要撤出包括阿尔萨斯—洛林在内的德军占领区，还要求由法国及其他协约国占领帝国重要的战略桥头堡：美因茨、科布伦茨、科隆。[36]接受和约等同于承认帝国的军事活动宣告终结。将军知道，在军事上他们已无路可走。中午，柏林爆发了革命，看看它的榜样——就在一年前，俄罗斯的布尔什维克革命取得胜利——不禁让人害怕其陷入极端。卡尔·李卜克内西将布尔什维克人视为兄弟，几小时前他自己也是这么说的。将军听闻首都的局势，抓起电话拨通了连接总司令部与相府的秘密线路："你好，我是格罗纳。""你好，我是艾伯特。"

这一谈话的成果，使艾伯特与格罗纳缔结了对革命与共和国都至关重要的"协议"。这次，两人都是以一己之力在谈判着：格罗纳没有与最高司令冯·兴登堡商议，后者第二天才得知此事；艾伯特也没有询问社民党委员会，或是11月10日同一天晚些时候由社民党与独立社民党组成的革命政府的意见。最高司令部与艾伯特的结盟，是稳定政府权力的第一步具有决定性强权政治意义的行动。不对等的盟友间的动机十分明确：新总理此时还不具备真正的权力基础，他无助地感到自己被主要来自军方的右翼反革命势力，以及企图推翻政权的马克思主义斯巴达克同盟或是革命首领孤立了。艾伯特想尽快通过议会使革命中诞生的共和国合法化，并指望借助现有的国家权力机构的合作解决当前的各种问题。因此格罗纳提出最高司令部有条件地供新政府差遣这一建议，可以说是格外符合艾伯特的心意。

格罗纳的出发点则是尽快停火，这必须获得政治上的许可和负责。此外，另一个同等重要的动机，要不惜一切代价制止革命朝布尔什维克模式发展。只有借助艾伯特，这一目标才有可能实现。他在11月17日给妻子的信中这样写道："我认为艾伯特是一个直率、诚实、正直的人，陆军元帅和我想要尽可能保护艾伯特，只有这样，马车才不会继续向左滑行。可是市民的勇气去了哪里？一个正在消失的少数派居然把整个德意志帝国和它的所有公国彻底推翻，这是德意志历史上最令人悲伤的事情之一……如果李卜克内西的极端派控制了柏林，内战将不可避免。到那时，也别指望和平了。无论美国还是英国都不可能与李卜克内西政府和平相处……"[37]

艾伯特与最高司令部数次电报往来以及相应的号召后，联盟结成了。[38]最高司令部的要求并不算过分，包括维持部队的绝对服从、军务部署以及保证口粮供给。

基于这一联盟的基础，艾伯特在接下来的几个月里得以继续实现他的政治目标，保证帝国在宪法框架下进行变革。从这个角度说，联盟实现了他的心愿。但是这一结盟有一缺陷，直到日后才愈发清晰地显现出来：与革命政府合作是最高司令部在当时的情境中，所能走出的最聪明的一步棋。最高司令部的立场是：皇帝在逃亡荷兰之前，就已经把军事指挥权移交给了陆军总司令冯·兴登堡，而这指挥权来自皇帝，即旧宪法的授权，而不是新的当权者。最后一位帝国首相将相位交给了艾伯特，这无疑有益于最高司令部的主张：虽然这一行为在宪法层面站不住脚，但对于艾伯特在面对当局及军队时的政治合法性来说至关重要——这是一个大致合法的政权交接过程。在这种局面下，最高司令部进一步要求在革命政府之外自行行动，而不必听从于政治指令。鉴于既成事实的势力格局，尽管艾伯特在上文援引过的1918年10月的帝国议会演讲中强调了宪法政治面临的问题，但最高司令部在战时就惯用的跳脱于宪法之外的姿态依然存在。

艾伯特当然也可以有其他选择。但如果那样，他首先得为了确保获得马克思主义者的支持，而有向左派倾斜的倾向；此外，还必须承担第二次内战，甚至帝国覆灭的责任。在他看来，上述任何一种威胁都比与最高司令部结盟可能产生的后果来得严重。也许他还思量着，只要共和国成立，他就可以通过议会制宪的方式，来达到他在1918年10月帝国议会演讲中提出的，铲除军队凌驾于宪法之上的势力的目标。艾伯特并不认为军队会继续扩大势力或是不服从政治领导。

没过几个小时，第二个同样意义重大的联盟于11月10日结成，即社民党与独立社民党的执政联盟。这一结盟的存续时间非常短暂，但其重要性丝毫不亚于艾伯特与格罗纳的合作，且与后者形成了相互辩证的关系。虽然这三分之一独立党与多数社民党成员组成的自称为"民意委员会"的政府，并不像谢德曼所宣称的那样代表了所有社会主义阵营，但它至少代表了其中最重要的两支派别。两党领袖艾伯特与哈斯共同担任主席，但很快，精力更加旺盛的艾伯特就无可争议地成为革命政府的一把手。此时发生的一件事令他在当局面前赢得了好感，却失去了左翼革命派的信任，即他的有效期仅为一天的首相任命。尽管11月10日组成的政府的合法性来源于人民自治与革命，但艾伯特丝毫不避讳在民意代表这一称谓之外继续头顶首相一职。因此，1918年11月12日发表的《民意委员会告德意志人民书》也以以下句子开篇："产生于革命中的政府，遵循纯粹的社会主义政治领导，其目标在于实现社会主义进程。"[39]这里存在着双重合法性：旧势力的认可以及革命党人的自我合法化。从宪法角度看，两者皆站不住脚。

在柏林，仅凭社民党一己之力已无法力挽狂澜，成百上千人受到革命气氛的感染，独立社民党在首都民众中的影响力超越了社民党——至少暂时如此。此外，围绕在卡尔·李卜克内西和罗莎·卢森堡身边的力争建立"无产阶级专政"的力量也不容小觑，而他们是坚决拒绝与"政府社会党人"合作的。这样一来，情势一目了然：虽然社民党拥有广大的群众基础与最高司令部的支持，且其作为最大党的执政地位无法撼动，但为了不被任意一方碾压，社民党也需要盟友。艾伯特立刻向双方寻求合作的策略被证实是成功的。

在此过程中，与新联盟伙伴的分歧并没有妨碍他迅速做出抉择。想要缓解革命进程，就必须当机立断。在取消戒严和维护基本法等问题上，盟友们取得了一致意见，此外还包括一系列社会政治政策，例如确定8小时工作制，引入普遍、平等、秘密、直接的比例选举体制，所有年满20周岁的德国公民——包括迄今为止被排除在选举权外的妇女皆有权共同选举产生公民代表。这些政策在上文援引过的11月12日的《民意委员会告德意志人民书》中也有所体现。

与之相对，双方在原则问题上则存在分歧：革命政府是应当立刻着手准备选举产生，有权自主决定德意志共和国未来宪法的国民制宪大会，还是应当首先实现社会主义革命的诸多目标，例如大型企业的社会主义化，在包括管理、经济、司法、军队，乃至政治决策过程等社会各领域中落实在革命中诞生的工人与士兵委员会体系？在接下来的几周里，人们一直在争取这一选择，但革命形势意味着政府无法自主做出如此重大的根本性决定，因为它一直受到来自街头的压力，而街头的压力是由革命团体反复动员的。

看似清楚的选择，因为各种因素变得复杂起来：前线在两个联盟阵营及其拥趸间左右摇摆，在社民党中也有众多委员会体系的支持者，甚至还集结了一些市民委员会。但这些委员会的模式和1918年在企业与军队中自发诞生的工人与士兵委员会是截然不同的，后者在革命中发挥了政治功能，涵盖了政府与地方机关等多个层面。

那么，这一委员会体系究竟是什么？事实上并没有可以约束所有追随者的普遍有效的模式，更多的是关于委员会在单一领域和功能的精确理念与极度模糊的目标的糅合混杂。此外，各个委员会的运行模式也存在竞争关系，对于委员会的影响力也充满争议：它们应当是未来政治体系中全社会性的关键、整体的组成部分，还是应当局限于政府部门内部？

当时最为极端的委员会模式旨在将选举权局限于政治与社会的某个特定阶级，即群众中的"劳动人民"或者仅仅是工人与士兵。相应的，选举产生的代表只有有限的权力，即他们没有自主的——哪怕是暂时的——决策能力，或者说自由权限。而是听命于选举人的指示和委任，并有义务向他们进行直接汇报。民主制度中司空见惯的立法、行政、司法的三权分立不复存在，公务员、法官和军官都由选举产生。这些人由此成为负有汇报义务的政策实施者，而想要赢得选举，专业能力显然并非是至关重要的条件。

除了一个严格的委员会体系的这些核心要点，人们还讨论了经济委员会体系与政治委员会体系的可能性。虽然包含所谓的直接民主元素，但是因为选举权的阶级局限性，政治委员会体系显然无法与民主制度相统一。与之相对，局限于经济的委员会体系与民主是否相符，即便在今日的研究中仍存在分歧。直至今日，现实中也没有这样的搭配。无论怎样，大规模的质疑终难避免。

雨果·哈斯坚决捍卫的"第三条路"展现出一个模糊不清的轮廓：虽然他接受以遵循民主选举权的政治议会作为代表机关，但希望通过第二个议会——即某种只代表民众中的劳动人民的委员会议会——来限制它的权力。根据民主规则，这种委员会只能代表行业利益，不具备普遍的政治权限。问题是，什么法律规定竟可以把其他社会阶层排除在一个额外的、具有政治权力的利益代表之外呢？

有一点今天是确定的：一个只被从社民党到斯巴达克同盟

的左翼政党所接受的委员会体系,既不是一种组织模式,也不是一个政治上明确的宪法概念。这也说明,将委员会和布尔什维克党人对等绝不符合实际情况。事实上,既有以1917年俄国十月革命为榜样,视其委员会理念为建立"无产阶级专政"工具的委员会;也同样有以社会主义民主为导向的委员会模式的捍卫者,他们寄希望于委员会纳入国家政权机构,实现其"共和化"与"民主化"目标。为了驱散君主制幽灵,建立共和制度,他们认为,暂时通过有限制的人民选举选出法官或是由士兵选出军官,是有必要的。在革命最初的几周里,许多政府机关就是这么运作的。身兼监管责任的委员会被穿插其中,不仅时常打乱管理部门的组织结构,还大大降低了他们的效率,毕竟单靠共和思想还不足以保证管理部门的法律或其他职权。

同时,得让失去政治控制权的君主制拥护者在新的政府部门工作,在一些政治决策领域对于共和国的建立来说确实是极为沉重的负担。此时,革命政府常常进退维艰,而地方部门也时常脱离它的管控——无论它们是右倾复辟派还是左倾社会主义国家秩序的拥趸。

争议问题是:委员会有利于建设民主共和国吗?还是说,它制造混乱的能力或是独裁的欲望对共和国是一种威胁?艾伯特在乎的是影响和目标:鉴于那一年的布尔什维克运动,他不想看到失控的委员会统治。他认为,那是真正的,至少是潜在的独裁——总之与重新建设帝国的民主道路大相径庭。在艾伯特看来,布尔什维克主义与委员会体系没有太大不同。难道李卜克内西不是委员会体系的捍卫者吗?难道他的拥护者中没有布尔什维克分子吗?然而,艾伯特也没有过快地摈弃委员会,毕竟革命与之休戚相关,他自己的政党以及联盟党中也有不少人深陷委员会的讨论中。想要消灭委员会，就必须先与之合作。

革命政府两头行动，他们一边呼吁各部门继续履行自己的职责；一边要求在革命中诞生的工人及士兵委员会温和行事：我们要求工人及士兵委员会，乃至一切在政府权力过渡到人民手中时诞生的组织机构，不要插手煤炭业现有的组织结构，而是把这一多少有些挑战性的转型任务留给中央人民政府。只有这样，才能避免民众以及撤回的军队遭受最深重的灾难。[40]煤炭业的规则也适用于其他所有民生乃至国家秩序部门——这一由艾伯特与哈斯共同签署的号召发表于11月12日。两天后，即11月14日，人民代表们就更进一步要求自己组建委员会："为了确保人民的粮食供给，保障农村的安宁与秩序以及农村企业的顺利发展，新德意志政府在此呼吁各阶层农民群众，无论党派，共同自愿组建农民委员会。"[41]

这一呼吁的首要目的，是维持农业生产及对城市居民的农业供应。革命政府必须从一开始就防范大地主和农场主们切断城市的粮食供给，以此来抵制革命。一方面，要防止类似行为导致地方上的革命者自发地、无底线地干预政府事务。抵制和无节制的干预隐藏着同样的风险，即生活必需的食品的生产与输送完全停摆——鉴于已经存在的粮食短缺问题，这无疑是灾难性的结果。另一方面，人们试着用这一策略阻止委员会的持续极端化，并在政党政治与社会层面为它们创造一个更宽广的基础。此外，艾伯特在党内同志们的支持下不懈努力，成功地令社会民主党人打入委员会运动的政治机关内部，使运动趋于温和化，从而在与独立社民党、斯巴达克党以及革命首领的对峙中占有优势。到1918年12月16—21日德国工人与士兵委员会一般代表大会召开时，这一目的已经达成。

因为这些委员会是在地方或企业层面自发组成的，想要其发展成为跨地域的组织，自然需要一些时间。于是，革命伊始，柏林工人与士兵委员会就在没有其他授权的情况下，行使了代表所有德国委员会发言，并以革命名义控制革命政府的权力。这种越俎代庖不仅在旧秩序中不合法规，而且也有悖民主之名：人们并没有征求被代表者的意见，甚至可以暂时以技术问题为由不征求他们的意见。这种关键政府部门的革命式的自我任命是成是败？决定的关键并非是否合法，而是权力。那么权力在谁手里？是革命政府还是柏林工人与士兵委员会？

就在11月10日，极端的柏林工人与士兵委员会还想建立一个仅由独立社民党和斯巴达克党党员组成的执行委员会。不过，奥托·韦尔斯动员组成社会民主派的士兵委员会，执行委员会由社民党和独立社民党党员共同组成。这一柏林执行委员会在同一天还建立了民意委员会，并自命为最高革命机关。11月12日，"柏林大区工人与士兵委员会执委会"宣称："所有地方、乡村、帝国及军事机关继续履行它们的职责。上述机关的所有指令皆由工人与士兵委员会执委会发出。所有人必须服从指令。"[42]这样一来，如果执行委员会得以行使它的政治权力，那么连革命政府的工作也得听命于这一偏极端化的、由理查德·穆勒掌控的执行委员会。

11月23日，执行委员会进一步强调了它的地位。它确认道："在与帝国及普鲁士王国民意代表协商一致后，柏林大区工人与士兵委员会执委会将政府行政权力移交给革命政府，但执委会仍保留对政府的最大化控制。"[43]同时，执委会还强调，工人与士兵委员会拥有在各自工作领域行使全面控制的权力，但也警告地方委员会不得通过直接干预来制约民意代表的管理政策。这也说明，虽然执行委员会和民意委员会在前一天的一份正式协议里都极力伸张自己的权力范围，但彼此的势力斗争尚未决出胜负。双方都申明："革命书写了一个全新的宪法。"协议奠定了过渡时期宪法的基本纲领。"政权掌握在德意志社会主义共和国工人与士兵委员会手中。它们的任务是维护并扩大革命的胜利成果，同时镇压反革命。"[44]在普选出德意志执行委员会之前，各委员会全国性代表大会一致通过由柏林执行委员会暂行权力。然而，11月10日在布什马戏团召开的柏林工人及士兵委员会大会必须由民意委员会批准方可进行，这也是后者权力的体现。执行委员会口口声声宣称的行政权力的确在柏林委员会代表大会上移交了，据此，民意委员会并不是一个简单地依附于执委会的机关。同时，民意委员会则承认执委会拥有任命及监管帝国及普鲁士"关键内阁"成员的权力。虽然局势并不明朗，但由执行委员会，而非民意委员会制定各地方及各行业委员会的方针政策已是不争事实。[45]

　　民意委员会及其主席之一的艾伯特身处机构、人物、理念与时间的复杂政权漩涡中。艾伯特想要尽快建立民主制度，却不得不接受"革命的基本法"——以工人和士兵，而非全体人民的意志赋予各革命机关合法化地位，甚至连前者也没有机会民主地选出他们的代表。社会民主党的民意代表们认为，无论在时间还是事实上，他们的权力都是有限的。民意委员会的书信表明，社民党和独立社民党在他们的联合协议中无法就这一双重限制达成一致，以致之后的几周爆发了激烈的内部争执。民意委员会最终通过逐渐扩大自己的势力主宰了这次争吵——毕竟它拥有行政职权，且与昔日职能部门结盟，当下是强势一方。此外，越来越多的证据显示，民意委员会在民众中拥有更广泛的基础。

在上文提到的信件中，社民党与独立社民党的争端已初露端倪。11月9日，社民党领导层回复独立社民党的要求："德国应当是一个社会主义共和国。""这一要求是我们的政治目标。此刻，相关事宜必须由人民通过制宪大会决定。"[46]此言一出，众人不禁哗然，一个在革命中夺取了政权的政党不立刻着手实现自己的目标，居然要等制宪会议的投票结果。可是，在想要听取人民的自主决定这一核心问题上，体现的是社民党不容苛责的民主决心。当然，人们也可以假设社民党对赢得选举胜利胸有成竹。但为了民主信念，他们也做好了接受失败的准备。此外，这还是一项旨在避免内战的政治决定。在人民力量和军事领导被完全排除在外的情况下，内战并非没有可能发生。社民党高层的这一决定还表明，此刻党内多数是坚定的改革派而非革命派。

独立社民党领导层的回复也清楚地证明了这一点："只有先巩固革命成果，才可考虑制宪大会，因此该问题应当先搁置一边。"[47]这句话明确证实：在引入全民民主决策之前，独立社民党打算自行做出所有基本决策。这根本不是民主，甚至认为其是隐蔽的反革命也不为过。民主宪法的拥护者雨果·普罗伊斯还把这样一种体系称为"卷土重来的专制国家"。

但艾伯特相信，在搁置矛盾的前提下让独立社民党参与到政府事务中，可以令他们最终改变自己的政策，至少能暂时阻止他们与极端派联合。在社民党和左派社会主义者的矛盾日益激化之时，独立社民党的这一暂时性的中立确实足以保证社民党领导层贯彻自己的方针路线。至少从中期来看，艾伯特的政策是成功的。

那么，极端左翼分子的诉求是什么呢？在1918年11月10日的呼吁中，斯巴达克同盟就明确申明和"谢德曼们"以及"政府社会主义者们"合作是不可能的。他们会一直战斗，直到推翻现存的帝国政府和所有议会，所有权力掌握在未来由"劳动人民"选举产生的工人与士兵委员会手中。他们想要"无产阶级专政"，想要——如《红色旗帜》11月10日对"社会主义苏维埃共和国"的贺电中所示——一场布尔什维克革命。[48]早在10月7日的帝国会议上，斯巴达克同盟就已明确了这一立场——这比革命爆发以及艾伯特与格罗纳结盟要早4个多星期。[49]

自共和国诞生以来，民主化进程便受到威胁。中间派的艾伯特不得不寻求有合作意愿的市民力量的支持，这些盟友中的一部分很快也成为民主的巨大威胁。然而，此时此刻的艾伯特若还想有未来，就只能为当下做出决定。他自己，连同德意志共和国的悲剧就在于他无法影响日后局势。

在艾伯特开始朝着国民制宪大会的方向努力，并且做好诸如于1918年11月30日颁布选举条例等所有准备后，12月的工人与士兵委员会代表大会终于做出决定。在社民党领导层争取到多数社会民主派代表后，这次本身也需要艾伯特支持的大会迎来了期待的结果。毫无疑问，这是社民党多数派领导层的一项意义重大的政治成果：艾伯特绝非一个温和的老好人，他善施谋略，理念清晰，不但远超当时的政治敌人和对手，在盟友中也属翘楚。

不管怎么说，在宪法政治层面，这场无情的权力斗争于12月18日尘埃落定。在社民党代表吕德曼的提议下，"代表全体政治权力"的帝国代表大会委员会决定，在国民议会做出其他调整之前，将制宪及执行权移交给民意委员会。[50]在面临制宪国民大会或是政治委员会体系的抉择时，代表大会同样听从了执委会委员马克斯·科恩–罗伊斯的社会民主派提议："1919年1月19日星期日举行德意志国民议会选举。"[51]这一句平平无奇的话里，包含了划时代的内容！在德意志帝国上千年的历史中，德意志人第一次被要求通过普遍、平等、匿名的选举选出代表，以他们的名义讨论并制定出德意志宪法。400票比50票，代表中压倒性的多数决定在1月19日举行制宪国民大会选举。[52]

弗里德里希·艾伯特和社民党领导层取得了光辉胜利——尤其是国民大会这一决定是由革命本身，由德意志委员会最高代表机构做出的这一前提，更是令人印象深刻。由此，革命机构可以仅仅凭借自身的革命权力获得合法地位的革命过渡时期也终将结束。代表大会还成立了一个类似议会的监督机构，即任期为1918年12月19日至1919年4月8日，由27位社会民主党党员组成的德意志社会主义共和国中央委员会。独立社民党并没有参加委员会的选举，虽然它仍在中央行政与立法委员会以及民意代表委员会中占有一席之位，但此举已将其置于政治边缘地位。不过，在与联盟伙伴的矛盾中遭遇重挫后，共同革命政府的结局已可预见。在中央委员会成立后，一些极端派代表的威胁预示着劫难，他们喊道："我们要再次为自己说话！我们要再次走上街头！"[53]

革命日历表明，这一社会主义联盟的结局是恐怖的，这一结局在社会主义政党和团体内留下了深刻的裂痕。人们在核心问题"此时此刻就要民主，是或否"的立场上有着根本性的差异，除非争吵着的社会主义各阵营放弃自己的身份，否则差异无法弥合。"工人运动的统一"早已成为政治泡影。共同的传统和社会地位遮盖不了日益加深的政治分歧。

1918年12月29日，独立社民党党员哈斯、迪特曼和巴尔特最终退出民意委员会；1919年1月3日，他们的普鲁士同僚也违心地步其后尘。政治势力上被社民党高层斡旋出局的独立社民党已毫无还手之力地倒向中间派，以雨果·哈斯为首的相对温和的领导陷入党内左翼分子以及斯巴达克同盟日益增强的压力之中。在哈斯等人退出委员会之前，柏林就发生了血腥的巷战。左翼极端分子不断对民意代表施压，他们为了保护政府，从打入革命伊始就把人民水兵团从700人发展到1800人。12月23—24日，水兵团拒绝离开他们自11月9日以来就下榻的柏林宫殿及宫廷马厩。由于最近几周来，宫殿里持续发生殴打事件，且许多无价之宝不翼而飞，因此普鲁士政府以及市警备司令部认为水兵团必须撤离宫殿。早前，人民水兵团就被要求削减实力、撤离宫殿，在得到支付12.5万马克工资的应允后，他们也答应了上述要求。只是钱款到账后，撤离却迟迟未能兑现。

社会民主党派的市警备司令员奥托·韦尔斯遵帝国政府嘱托，在水兵团离开宫殿前，拒绝支付剩余的8万马克工资。指示还包括通知，自1919年1月1日起，将只支付60名人员的薪水。[54]水兵们最终将宫殿钥匙移交给了独立社民党民意代表巴尔特；接着，水兵们胁迫韦尔斯支付余款，并把他从警备司令部带到宫廷马厩，在那里扣押了他和他的一些同事，实行威胁与虐待。与此同时，负责守卫首相府邸的水兵们占领了电话总机，并不顾民意代表的抗议，封锁了前往首相府的通道。人们通过秘密电话叫来忠于政府的军队。冲突似乎在所难免。大学前响起枪声，两名水兵丧命，凶手至今不详。然而有那么一刻，政府军与叛军的战争似乎可以避免，水兵们和政府军朝着相反方向撤离，弗里德里希·艾伯特又一次阻止了他们近在咫尺的交火。[55]民意代表与水兵们在12月23日的谈判似乎取得了成功。[56]但是半夜1点至2点间，人民水兵团司令员弗里茨·拉特克却宣称自己不再是宫廷马厩的兄弟们的头领，也不再能保证奥托·韦尔斯的性命。[57]直到此时，还在场的民意代表艾伯特、谢德曼和朗斯贝尔格才向国防部长谢于希下达命令："为了救出韦尔斯，可以做一些必要的行动"。[58]社民党人真的是这样下达指令的吗？还是如国防部长事后宣称的那样，命令是"使用军事力量不计后果地击溃水兵们的抵抗"[59]？问题在于，这些天许多诸如此类的细节已无法确凿无疑地澄清，参与者们的描述各执一词；他们各自的动机清晰可辨，真相却无从考证。

受国防部长之命，7点30分刚过，利奎将军向人民水兵团发去10分钟的最后通牒，要求他们撤离宫殿和马厩，举白旗投降。水兵们没有执行这一要求，紧接着将军下令大炮与机关枪开火。轰击大概8点开始，9点30分左右结束。闻讯而来的人群和共和派部队纷纷谴责将军的军队。艾伯特以民意代表之名下令停火，在代表们面前打通的那通电话让人觉得他对这一军事行动毫不知情。[60]人们最终开始谈判，很快水兵们就举手投降，释放了韦尔斯：若干死者，众多伤员，可观的财产损失，这便是释放受到死亡威胁的市警备司令员付出的代价。

营救过程虽然清晰，不久前才选举出的社民党与独立社民党民意代表执委会在下述交涉中提出的问题却迟迟得不到回答。[61]独立社民党民意代表哈斯与迪特曼据理谴责社民党民意代表在12月23—24日授命国防部长介入之时并未征求自己的意见；同时，他们还批评社民党的同事们没有在12月24日上午举行的内阁会议上告知此事，甚至艾伯特还表现出对营救行动一无所知。迪特曼原则上并不否认军事干预的必要性，但他有足够理由质疑为了达成释放韦尔斯的目的而如此射击是否有意义。毕竟这样最先受到威胁的是韦尔斯自己的生命。此外，迪特曼批评人们在这一过程中显然完全让国防部长放手去干，也不无道理。看起来社民党民意代表的目的在于展示自己强大的实力。虽然他们并不承认，但已反复暗示无论是极端组织还是社会主义团体都无法长期压迫政府。独立社民党的另一则批评似乎也有理有据：一个10分钟的最后通牒简直可笑。将军的决定根本无法服众，所谓的最后通牒只不过是通知谈判了一整夜的人们准备好接受扫射的最终结局。事实也确实如此。当然，只有说到做到，最后通牒才有意义。

尽管存在对于过程的诸多描述，但充分的事实足以证实一项政治评判：事实上政府很可能受到了逼迫。至于奥托·韦尔斯的行为是否明智，民意代表针对水兵个人的措施是否合法，其实并不重要。艾伯特、谢德曼和朗斯贝尔格长期处于左翼极端分子的枪炮之下，被他们称作"杀人犯、鬣狗、无赖以及背叛者"。此外，也不能忽视斯巴达克同盟为了建立社会主义共和国，而持续威胁要把民意代表逐出政府。从政治实力上看，政府的基石依然摇摇欲坠，他们的权威被不断质疑甚至忽视。尽管左翼团体乃至水兵们不断触犯法律的事实几乎没有争议，但到底什么才是合适的举动，社民党与独立社民党领导层无法达成一致。就这点而言，柏林街头的动乱恰恰呼应了政府内阁内部的争议，后者对于是否允许旧部队增援政府，还是说这种援助有利于反革命的滋长也众说纷纭。圣诞前夕的骚乱使得政府来到了口头警告不如军事介入的地步。

然而一旦行动起来，社民党民意代表就成了过错一方。如果想要破坏与独立社民党的联盟，只需巧妙地提起他们的行动——虽然这一说法同样无法证明，但日后独立社民党民意代表迪特曼自己也这样宣称。另外，军事介入的方式与程度也不可能交由军队统帅一方决定：一到危急时刻，军队总会以军方介入换取政治利益，而右翼士兵与军官们不会放弃任何一个为自己增加筹码的机会。而此刻的关键在于将军事介入局限在贯彻国家权力垄断的行动上。现在社民党在绝大部分工人中的威望迟迟无法提高。社民党在帝国压迫之下政权缩水的恶果再次显现。在这方面他们没有专家，建立共和联盟的反复尝试总是在一开始就惨遭失败。社民党的革命领袖越来越依赖于军队力量，然而后者只是暂时表面上关心共和政府事务，其核心仍是伺机待发，谋求君主制的复辟。

中央委员会对于民意代表的听证会表明了哈斯与迪特曼主观上公正的论点，但这似乎只有在批评他们的社民党同仁时才显得令人信服。至于民意代表能从这一事件中吸取什么经验，他们并没有给出答案。这里所谓的"对于无产阶级的号召"是指什么？此刻看来合理合法的建立并扩大军队的建议有什么作用？独立社民党民意代表巴特的持续论战以及他对于人民海军的部分辩解与其说是让社民党人坚持联盟道路，不如说是迫使他们向右偏移。因此，圣诞假期第一天的一次大规模游行期间，在斯巴达克同盟因社民党机关报《前进报》发表了一篇反对人民海军的文章而占领了后者大楼后，独立社民党退出民意代表委员会也就不再出人意料了。独立社民党民意代表对此举的解释是中央委员会于12月28日认可了12月24日由艾伯特、谢德曼和朗斯贝尔格主导的军事干预行动。这可能是导火索，但是独立社民党的重要元老、修正主义创始人爱德华·伯恩斯坦的话也不无道理：对于这样的合作，独立社民党民意代表在"党内从来没有获得过支持，而这种合作没有双方的妥协是不可行的"。这也最终解释了伯恩斯坦与以卡尔·李卜克内西为代表的布尔什维克党团已经显现的矛盾。[62]然而，社民党领导人面对独立社民党左翼分子时，除了向当下更为安全的盟友，即军队倾斜以外别无他法。尤其是血腥的圣诞前夕只是接下来的一场内战式动荡的序幕，帝国首都在最终经历了暴力升级之后，这一倾向更为明显。

1919年1月4日，民意代表以警局被扩建为非法反政府权力中心为由，下令罢免独立社民党左翼分子、柏林警察局长埃米尔·艾希霍恩，但后者拒绝下台。1月5日晚上，柏林爆发斯巴达克同盟起义，在独立社民党温和派领导人不知情的情况下，艾希霍恩也参与了起义的准备工作。起义由独立社民党左派和12月30日成立的德国共产党共同策划。带着武器的斯巴达克同盟占领了报社区最重要的出版机构，包括一些平民出版社和10天前已经被占领过的《前进报》社。1月6日，以格奥尔格·莱德堡和卡尔·李卜克内西为首的独立社民党及德国共产党共同革命委员会宣布罢免社民党领导的帝国政府。同一天，社民党在政府区举行总罢工和大规模示威游行，以示回应。交还建筑的谈判失败，取而代之的则是更多公共建筑被斯巴达克同盟占领。民意代表任命社民党人古斯塔夫·诺斯克担任军事总指挥，他随即以最快速度调拨军队以及志愿军至柏林，开始对报社区的清扫工作。对抗持续了好几天，1月11日，军队进攻《前进报》大楼；12日，进攻警察总局。政府无力阻止这一切的发生，而起义者则不得不吞下自己酿成的牺牲苦果。然而，自由军团及常规军对于起义者以及许多并未参与起义的社会主义者的血腥报复却事出无因。他们犯下的最大罪行，是1月15日对罗莎·卢森堡和卡尔·李卜克内西的血腥谋杀。对此，弗里德里希·艾伯特勃然大怒，但他拒绝开设民事法庭。1919年3月，谋杀参与者被逮捕，并被移交至军事法庭顾问约恩斯处庭审。尽管执委会和中央委员会各有两名成员参与谋杀，但是军事法庭对他们的袒护却显而易见，最终的判决也相对温和。这一判决亦严重损害了社民党领导人的威望。

在批评政府军这些天镇压起义的血腥残暴的同时，也不能忘了动用军事力量的无可争议的必要性。只有这样，才有建立民主共和国乃至召开制宪大会的可能性。毫无疑问，斯巴达克同盟和他们的极端主义拥趸们的目的是从街头制止他们无法在革命机关里制止的事。他们不愿接受民主的游戏规则，哪怕在委员会和议会中也不打算遵守。从这一角度看，艾伯特和社民党领导层没有选择。那么，有可能约束供其差遣的军队吗？这显然值得怀疑。因为军官和军队太清楚，没有他们的军事力量，政府是多么孱弱无力：借助君主军队来实现一个民主共和国，这就像是天方夜谭。许多事实表明，艾伯特完全意识到这一悲剧所在，他第一次站在这无可避免的两难选择之前，在12月23日晚间至12月24日凌晨向中央委员会做的报告并不能令人信服。[63]

11月至12月间，政治前线有了新方向，社会主义政党与斯巴达克同盟右翼团体似乎找到了统一的可能，一系列政治骚乱确实加剧了各党派间阵营的对立化：温和的市民及社民党力量相互靠拢，而社会主义者愈发分裂。在一切尘埃落定之前，社民党暂时接管了政府事务，以贯彻民主选举以及国民大会的权力交接。到选举日（1月19日）那天，社民党革命政府再度控制住了首都局势：这是顺利进行选举的前提。撇去所有牺牲不谈，以艾伯特为核心的社民党领导层得以达成目标可谓厥功至伟。在这一共和国里，所有社会阶层，包括上流市民阶级，包括被剥夺了权力的旧统治阶级都有一席之地。弗里德里希·艾伯特承担了与许多战友同志日益疏远的后果，也要阻止社会主义共和国，或者说"无产阶级专政"的统治，而些人会感谢他吗？

1919年2月11日，国民大会的379张选票中有277张选举艾伯特为总统，这似乎是共和国充满希望的开始。而来自西里西亚旧贵族阶级的对手，拥有诸多头衔，曾任普鲁士国务秘书兼帝国内政国务秘书，现任德意志民族人民党党团主席的73岁的法学博士亚瑟·冯·波萨多夫斯基-魏纳伯爵只获得了49票——甚至还没有51张无效票票数多。在当选后，艾伯特宣称："我志愿、也必将成为全德意志民族的代表，而非某一政党的领袖。"

这句话为艾伯特赢得了满堂喝彩。但他接下来的话则只获得了社会民主党派的掌声："但是我也必须承认，我是工人阶级的儿子……我在社会主义思潮中成长，我从未想要否认我的出身或信仰……如今你们将德意志自由州的最高权力托付于我……一定不愿建立某党专政。但是你们选择了我，就是承认了在我们国家发生的翻天巨变，同时也承认了工人阶级在未来使命中的举足轻重的意义。"[64]

1919年2月的这一幕掩盖了真相。事实上，艾伯特提到的政治领导阶级的翻天巨变绝非平稳顺利。对于大多数国民来说，艾伯特就是党务工作者，最多算是出色的组织者，但绝对称不上合适的德意志人民的政治代表。而他的对手们也不惜使出各种下三滥的手段。彼时一张照片被公之于众，照片上红光满面的艾伯特和面黄肌瘦的诺斯克穿着泳装，似乎在暗示人民忍饥挨饿之时，艾伯特还在享乐——此后，到处都在议论"艾伯特的红泳裤"。

格奥尔格·格罗斯的一幅名为《一位社会主义者的生活》[65]的画像中，大腹便便的艾伯特坐在单人沙发上，他的鼻梁上架着单片眼睛，头上耸立着皇冠，双脚放在靠垫上。他拿着又圆又粗的雪茄，正一动不动地等待着一位亚洲面孔的仆人送上巨大的红酒杯——一副有着布尔乔亚习气与暴君特征的肥头大耳的高官形象。在另一幅照片拼贴画中，格罗斯把艾伯特的头按在一位霍亨索伦家族成员的身体上，他身处霍亨索伦家族布置的私密会议中，身边围着内阁成员以及叛乱分子卡普和吕特维兹，作品名为《霍亨索伦的复兴》[66]。

政治左倾分子喜欢诋毁艾伯特为"工人阶级的叛徒"。那些左派知识分子对艾伯特最大的善意莫过于结合着政治批判的个人敬意，就如库尔特·希勒在《世界舞台》中悼念艾伯特时所写："无数德意志共和国的公民敬仰他——不仅是作为象征，更是作为一个人。但是哪怕声称有人爱过他，哪怕只有一个人，那都是在卑劣地撒谎。"对于马克思主义知识分子来说，决定性的评判是："他始终以民主主义者的准则行事，即：对于这样一个男人来说，大多数人的意愿，无论是否局限，无论是否如他所愿，就是他的行为准绳。恰恰在最关键的时刻（1914年、1918年、1923年），作为社会主义者的他无所作为。他不了解和平革命和无产阶级革命，只要一有机会确认，就会有意识且坚定不移地支持那些与他们敌对的人。"[67]这毫无疑问是着眼于现实的批评，但如果从政治立场出发，很难说希勒如此刻画弗里德里希·艾伯特是负面还是正面——无论如何，这里对于总统的评价并没有损害他的名誉。

但是，恶毒的诋毁最终耗尽了艾伯特的心力：在超过170个诽谤诉讼中，他始终试着捍卫自己的个人名誉和总统尊严。最令他深受打击的罪名是叛国罪，人们声称他参与了1918年1月底的弹药工人大罢工，并以此阻挠了军事所需的补给。但不争的事实是，在最开始的拒绝之后，艾伯特参与罢工领导的唯一目的是取得影响力，以此阻止罢工的扩大与极端化。[68]他正确判断了局势，并取得成功。如果非要在这儿提出批评，那绝不是因为叛国，而是如库尔特·希勒的和平主义观点所言："他不是'叛国者'，他真叛国还好些呢！这样也许成百上千的死者至今还活着……"[69]但即便这一深思熟虑的立场依然简单化了问题，艾伯特是在爱国主义与和平主义的悲伤的两难境地中做出抉择的。

在1924年12月9日至23日的马格德堡诉讼期间，人们要求总统必须随时准备出庭作证，因此他推迟了一项紧急的盲肠手术，最终错过了最佳时期。法庭对于施塔斯富特和罗特哈特的《中德意志报》责任编辑的判决深深伤害了艾伯特，最终结论是：考虑到"因保护国家利益而扼杀罢工以及重新获得对极端工人团体的影响力"这一动机，艾伯特触犯了刑事意义上的叛国罪。仅仅因为公开的侮辱，被告被判处3个月监禁。[70]

在未来，任何人都能援引马格德堡判决称在位总统为"刑事意义上的叛国罪犯"（顺便一提，他的任期本该到1925年6月30日结束，必要时也准备再次参选——这次是全民大选）。这一判决的效果触动曾经的地方法院主席、数度出任总理及部长的威廉·马克思（中央党）做出艰难的决定，在这个国家，他将永不再因侮辱而发起诉讼。[71]判决也惹怒了其他市民阶级政治家，如德意志人民党主席兼外交部长古斯塔夫·施特雷泽曼。
在1925年3月1日发表于人民党党报《时代》上的悼词里，他高
度赞扬了艾伯特的个人品格，斥责了马格德堡判决的谎言。[72]

即使是没有社民党代表的政府内阁，也不认可马格德堡判
决。在讨论中，经济部长哈姆博士（德国民主党）说道："我
们每一个都被德国的蠢驴法官出卖了。"出身中央党的劳动部
长海因里希·布朗斯甚至认为政府应当发出公开谴责。只是怕
对上诉产生不利影响，政府才就此作罢，但仍向总统表达了内
阁在人情及政治上的一致态度："在与您的常年共事中，我
们看到了您的影响力，无论是于私于公，我们都尊敬您的人
格。基于以上认识，我们希望对您说，无论出自哪一政党，
我们都一致坚信您的所作所为始终以德意志祖国的福祉为准
则。"1924年12月24日，在内阁成员将这份声明递交给总统本
人后，人们通过沃尔夫的电报局将其公之于众。[73]

艾伯特也收获了认可。在魏玛共和国存续的岁月里，只有
极少数政治家能跳出自家政党的影响范围，赢得广泛尊敬。而
艾伯特做到了，他知道如何团结众人（当然是指那些能够融入
民主共和国的人）。因此我们说，他的身上寄托着共和国的希
望。中间及右翼政党对鲜有争议的艾伯特的评价里还混杂着些
许惊讶：一名马鞍工做总统，这可能吗？一个社会民主党人？
一个毫无疑问爱国、"民族的"社会民主党人？一个代表了他
所出身阶级的社会与政治特征的总统？一位夫人是工人的总
统？他的夫人本来无可指摘，可是德意志国的"第一夫人"是
一名女工？霍亨索伦王朝的帝后的接班人居然是这样两个人？
人们必须想象着这巨大的差别，才能估量共和国与帝国的差
别，也才能评判艾伯特对于共和国的积极乃至消极影响。

　　然而，艾伯特在中间党派中的威望越高，他就越不受社民党左派待见。在战争的最后几年，艾伯特还希望能重新统一各社会民主党派，但他看到自己中间派的政策将曾经的同志越发推向左倾，推向他这样的社会民主主义者再也无法妥协的社会主义与共产主义，想必艾伯特也是悲从中来。当艾伯特曾亲自举荐为党主席的雨果·哈斯在战争尚在进行之时带着党内少数派脱离社民党时——甚至还是出于艾伯特也认可的和平主义信仰——艾伯特这样的一位男人心里有何触动？当他在去世前不久得知被德意志马鞍工、泥瓦工及小皮匠协会除名，紧接着曾经的工会同事宣称不再关心这位晋升为总统的成员这些消息时，像他这样一位以团结为行事准绳的人会作何想法？比起右翼分子所有的侮辱、诋毁和嘲讽，这一系列举动，乃至"背叛工人阶级"这样廉价的骂名会不会更深地刺痛弗里德里希·艾伯特呢？

▃▃▃▃ 保罗·冯·兴登堡——帝国元帅、共和国总统

　　总统到访威廉港的帝国造船厂：总统的车慢慢地沿着码头行驶，成百上千名工人围在码头边。早先，威廉二世在此参观停留时，他们中的许多人也曾在场，当然那时到访的还是帝国元首，而非共和国首领。许多人对那时的辉煌和欢呼记忆犹新。但这次他们沉默不语，并没有向共和国的平民总统脱帽致敬。没有人挥动双手，无动于衷已是最好的形容……难道来看望他们的不是"他们的"总统吗？弗里德里希·艾伯特——像他们一样的工人出身，像他们中的许多人一样加入社会民主党，10年前还被皇帝和他的随从视为"目中无国的家伙"——就像他们自己一样？艾伯特的晋升之路是工人阶级与社会民主党人融入德国社会的象征。但是造船工人们没有鼓掌，他们沉默不语。

　　几年后，新总统到访威廉港的帝国造船厂：冯·兴登堡总统，一位旧贵族，气宇轩昂，身姿笔挺，怎么看都是一位带着昔日荣光，已然成为神话的普鲁士军官……工人们欢呼雀跃，高呼"总统万岁"。他们簇拥欢呼着的，是"他们的"总统吗？

　　目睹人们对于艾伯特到访的反应，国防部长奥托·盖斯勒感到十分难堪。艾伯特深受打击，尤其是看到人们对他和他的

政党为工人阶级争取到的一切所表现出的无动于衷。在盖斯勒看来，艾伯特欠缺代表国家的熠熠生辉的气质，这是造成人们对于共和国和它的第一位总统缺少感恩之情的原因。[74]"很奇怪，人们就是不喜欢艾伯特，但是知识分子常常语带崇敬地说起他。"古斯塔夫·施特雷泽曼如是说。[75]也许民众们还不习惯一个戴着礼帽的总统。人民想要谁当总统？他该长什么样？让我们再说说艾伯特的外表，据说马克斯·李卜尔曼这样描述："他是一个高贵杰出，但又无法诉诸画笔的男人。"[76]第二位总统比较好画，但他是一个高贵杰出的男人吗？

但不管怎么说，兴登堡总统都是一个堂堂正正的男人。即使到了老年，他高大魁梧的身躯仍如一根蜡烛般挺直，灰白的头发和胡须更为他平添了几分威严。兴登堡家族的悠久历史，足以与他世代服役的君王家族相媲美。他的嗓音低沉而洪亮，令所有看到他的人都不禁肃然起敬，"仿佛是一个天生的统治者。他从不故作威严，也完全没有必要，那是一种油然而生的气质"[77]。

1847年10月2日，兴登堡在波兹南出生。当时，他的父亲是一名少尉，后升至少校。1934年8月2日，在人生第87个年头还差两个月圆满之时，兴登堡在东普鲁士的诺伊代克去世。作为总统，他在希特勒被任命为总理一年半后手中就不再有任何权力，但直到下台前他多少仍是国家的象征。生于1848年革命前，死于纳粹独裁期间，即便兴登堡不曾驰骋政坛，从这些数字也足以窥探他的一生。1918年革命爆发，帝国覆亡，共和国与民主制宣告建立，那时的他已是71岁的古稀老人。第一次被选为总统时，他已年届"喜寿"（77岁）；第二次已是84岁高龄。要想处理1918—1919年发生的政治与社会巨变，他必须拥有非比寻常的思想与政治灵活性；即便他的朋友们也无法声称他具有这样的思想及政治灵活性，哪怕在青年时也不曾拥有。1925年和1932年，多数德国人选择他为总统，并非因为他拥有杰出的思想或政治能力，而是因为他是一个非常好的象征。1919年艾伯特当选总统是符合逻辑的，它是1917—1918年以来的政治与社会发展的结果，甚至可以说，早在1912年的帝国议会选举和1914年的"城内和平"中就已生根发芽。可是兴登堡的总统是怎么来的呢？

尽管兴登堡的母亲是信仰天主教的上将主治医师之女，但兴登堡从小信仰路德宗，并毫不犹豫地选择了军人这一职业。他的履历清晰明了：1859年加入军校学生团，1866年任第三近卫步军少尉，在科尼格拉茨受伤。1870—1871年，他以副官军衔参加了促成德意志帝国建立的普法战争，并最终作为代表参加了在凡尔赛宫镜厅举行的德皇登基大典。为了德意志帝国的建立冲锋陷阵，之后又目睹自己的国王在手下败将最著名的宫殿中加冕：这一切定在这位年轻的普鲁士军官心中留下了深刻的印象。这些象征着帝国权力与庄严，昭示着他与他的祖先搏命守护的霍亨索伦王朝辉煌的画面令他永生难忘。留着胡子的老皇帝威廉、俾斯麦、鲁恩、毛奇：这些人他都亲眼见过。他眼见着许多总理和部长上任又下台——但霍亨索伦家族始终生生不息。他是他们的臣仆，是他们的军人，他和家人还要感谢他们赐予他诺伊德克这片土地。这是弗里德里希大帝鉴于兴登堡家族的先人在西里西亚战争中的斐然战功的封赏。共和国行将就木之时，德意志工业把这块当时已不再是兴登堡家族资产的土地赠送给总统，使其对大农业利益产生直接影响，这一举动成为导致1932年布吕宁下台的重要原因。

让我们再来看看他之后人生最重要的几个时间节点：1885年调任至总参谋部，1888年任军事学院战事策略学教官，1889年出任普鲁士国防部步兵部总管，1889年调往奥尔登堡任团长，1896年任科布伦茨军团参谋长；1900年至卡尔斯鲁厄，升任中将及师长；1903年成为马格德堡第四军团主将，1905年任步兵司令。1911年，作为当时在任时间最长的主将，64岁的兴登堡终于结束戎马生涯，定居汉诺威。1905年曾有望成为总参谋长施里芬的继任，1909年还曾是国防部长人选。兴登堡的军旅生涯一直到退伍都可以称得上令人印象深刻，但其最高光的时刻则是德军在东普鲁士溃败之时。当时兴登堡被任命为第八军最高指挥官，他与参谋长埃里希·鲁登道夫一起在几周内成功解放了东普鲁士。在1914年8月23—30日的坦能堡大规模歼灭战后，兴登堡成为众口相传的"坦能堡英雄"。在9月5—15日的马苏里安湖战役中，他的进攻势不可挡。自那之后，兴登堡的传奇声名很快家喻户晓。到了11月，他已升为德军东线最高指挥官，并成为陆军元帅。在1916年的凡尔登战役后，他继任法金汉成为最高陆军指挥部总指挥，而他最亲密的战友鲁登道夫则追随他出任陆军总监。兴登堡的战略水平究竟有多高，他在军事上取得的巨大成功究竟是归功于他本人还是鲁登道夫等问题，外界众说纷纭。兴登堡的传记作家约翰·维勒–本内特认为，兴登堡的功劳在于他愿意放权给鲁登道夫，同时承担相应的责任。[78]毋庸置疑的是，兴登堡在军队管理层中最亲密、军衔最高的同伴们在政治上都有着勃勃雄心，或者说比起他本人有着更强的政治敏锐性。不仅是鲁登道夫，其在最高陆军指挥部的继任威廉·格罗纳，乃至日后的库尔特·冯·施莱谢尔亦是如此。为了发挥他们的全部能力，兴登堡始终不可或缺，但他从不插手他们的决策。

与军官团的其他人相比，兴登堡的智慧虽出类拔萃，但只片面地运用于军事之上——奥托·盖斯勒如此总结道。[79]对于兴登堡的理解力，其同时代人也有着截然不同的看法。比如，盖斯勒强调兴登堡语言精练，讨厌废话，有着典型的军人作风。当别人向他汇报时，他也非常欣赏简洁的风格。而古斯塔夫·施特雷泽曼则将准备与总统的谈话视为最耗时、最艰巨的任务，在他看来，兴登堡注意力高度集中，会提出建设性意见，而且理解力超群。特奥多尔·埃申伯格的评论则保守得多："人们必须用简单易懂的词汇缓慢清晰地向他汇报问题，只有这样他才能理解问题的本质内容。如果他不能理解某项汇报事件，可能会大发雷霆。"另外，据说只要他理解，就会深深记在脑海里，如果日后对方在后续汇报中与开始的描述有所出入，他就会用"令人尴尬的问题"使对方难堪。[80]

虽然称不上才思敏捷，但无论身处何种关键局面，兴登堡始终处变不惊，立场坚定，信心满满。这些品格恰恰是他那群才智过人、满腹经纶、生气勃勃的同伴们所欠缺的。显然，他的性格足以支撑起他熠熠生辉的军旅生涯，尤其是他拥有长达十数年的领导经验，使得他闪耀着自信与权威。"他的助手们害怕权力的耀眼光芒，而他则吸收他们的光，使自己更加光彩夺目。如果说兴登堡身边缺少创新之才，那么只能说他自己也并不擅长于此。帕彭和施莱谢尔就是最好的例子。"[81]虽说兴登堡并不那么聪明和善感，但他特别善于利用他人的智慧与敏感，他深知自己的影响力，且理所当然地施加影响，从来不会自我怀疑。

兴登堡的自信绝无炫耀或示威之意。在私人交往中，他总

是谦逊有礼，这点和艾伯特十分相像。此外，两者的另一相同
之处在于强烈的责任感，为此他有时会牺牲个人利益，这最终
对他1925年和1932年的竞选产生了决定性影响。他的责任感根
植于朴素而根深蒂固的路德宗虔诚派。然而，日后他却沉溺于
坚定的新教教徒少有的激情之中：在汉诺威的退休生涯里，他
热衷于搜集圣母怀抱圣子的画像。除了狩猎之外，这似乎是他
这些年来的最大爱好。[82]

　　兴登堡可靠吗？他的格言是："忠诚是名誉的核心。"他
特别喜欢在画上题写此句。[83]对于他的王朝，他无疑"忠心不
二"，但是兴登堡与他的政治或军事盟友的关系总是以对方深
深的失望而告终。埃里希·鲁登道夫、威廉·格罗纳、库尔
特·冯·施莱谢尔、海因里希·布吕宁、奥托·布朗——尽管
他们的性格与经历迥然不同，却都不得不面对出人意料的背
叛，其中以布吕宁灾难性的政治结局和施莱谢尔的致命打击为
最甚。布吕宁对自己下台的描写不仅苦涩，而且其锱铢必较的
客观性也足具毁灭性的力量，但人们怎么也找不到此时该有的
对于总统的批判刻画。[84]

　　为什么人们总是不断错判兴登堡的个性？格斯勒这样回
答："兴登堡的忠诚只基于他的社会地位意识，因此在与兴登堡
经年累月的关系中，人们都高估了那些私密会见的时刻。"[85]这
位国防部长还怀疑兴登堡臭名昭著的不忠（当然他没有点名）
还与衰老征象有关。虽然从心理学上来说，这种解释无法服
众，但人们希望身边围绕着熟悉的面孔这一愿望，一般都会随着
年龄增长而加深。从保守政治意义上说，布吕宁是不可信的。
而且，他的同僚以及儿子奥斯卡的耳边风足以动摇兴登堡与布
吕宁的信任关系，哪怕这些怀疑完全是空穴来风。在那次决定

性的谈话中，首相布吕宁声称此刻正是在宪法框架下完成政策右倾且不会动摇政府权威的绝佳机会，而兴登堡总统则粗鲁地回答：“关于您右倾的态度，也有不少截然相反的看法。”[86]

也许这位白发苍苍的老人并没有理解他的谋士们撰写的声明中透露出的伤感讽刺：“因为政府太不受欢迎，所以我将不再授予其颁布新的紧急命令的许可。”以不受欢迎为由撤走布吕宁后续政府工作的政治基础，同时将首相之位交予弗朗茨·冯·帕彭，其无耻行径可谓登峰造极。帕彭以及他的“男爵内阁”只有一个摇摇欲坠、帮衬寥寥的议会基础，他自身就是政治上不受欢迎的政府首脑的典型。这一举动不仅卑鄙，而且愚蠢，其背后的始作俑者甚至找不到一个说得过去的理由。当目瞪口呆的布吕宁追问总统是否想借此说出解散政府的愿望时，兴登堡同样言简意赅地回答：“是的。这届政府必须下台，因为它不受欢迎！”[87]

让我们再一次回顾奥托·格斯勒的解释，也许兴登堡的忠诚确实是以阶级意识为前提的，但此处还有一个更深层次的问题。因为兴登堡习惯军人的思维方式，所以他将自己的总统职位视为取代霍亨索伦家族执政的代理官员。同样，无论是总理、普鲁士的部长还是将军，无论他们在才智还是政治素养上是否远超自己，对于兴登堡来说，他们终究只是下属。只要他们说了他听不懂的话，他就会失去耐心！对此，人们选择了接受，而不是提醒总统搞混了总理报告和士兵汇报。问题在于兴登堡释放出的权威远远超出实际意义。即便像布吕宁这样的重要官员面对他时也更多地表现出军事化的尊敬，而非必要的、平民式的同僚关系，也非宪法赋予两人的职责划分。依据宪法，总统是陆军元帅还是获释犯人根本无关紧要。希特勒清楚地明白这一点，但他的前任们却仍然或多或少地秉持着1918年之前的军事化服从以及社会阶级管理思想。

兴登堡常用"我的同志们"这一概念来称呼易北河东岸的容克贵族，也常常像一位立宪制君主一般说起"我的政府"——当然人们也慢慢艰难地教会他必须向那些战死沙场或为了共和国献身的先驱们表达敬意。尽管他深知艾伯特为了拯救民主化所做出的贡献，尽管数以万计的党员们为了祖国奔赴前线，但他仍一如既往地对社会民主党人心存疑虑。虽然他自己也惊讶地发现，社民党人在主席之位上完全没有像他之前那样玩忽职守："我高兴地发现这里的一切都井然有序，无可指摘。"但是无论谋士们如何敦促劝说，他所能做的唯一一事便是在欢迎宴会上以"认可艾伯特全力以赴服务祖国的美好心愿"[88]致祝酒词。这两句话听着都像是对下级军官的讲话。

兴登堡是旧普鲁士上层阶级的代表，他是贵族血统，出身于旧普鲁士军官阶层，在漫长的一生里，无论经历何种社会与政治动荡，他的自我认识没有丝毫改变，甚至连动摇都不曾有过。即使在1918—1919年间，他在领导之位最直接地经历了霍亨索伦王朝的覆灭及其社会与政治体系的崩塌，即便如此他也依然固守己见。每个人都将1914年坦能堡战役的胜利归功于兴登堡，但没有人说出更关键的事：这里站着的这位，是发动并输掉战争的人之一，是要共同承担政治责任的人之一；然而，他是最高陆军司令部元首，这一部门在战争紧急情况下享有最大限度的自治权，它可以推翻及任命政府，可以推动或否决宪法改革。无论他与鲁登道夫在1916—1918年间的权力分割如何复杂，对外来说，代表最高司令部决策的都是陆军元帅，1918年10月28日在政府逼迫下对鲁登道夫短期的解职也不会改变什么。在这一时刻，兴登堡仍能在位似乎说明他对此毫无责任，但事实并非如此。就像他从前坐视在军事上对他帮助良多的霍夫曼将军垮台一样，虽然他的赫赫战功很大一部分要归功于鲁登道夫，但当兴登堡在美景宫里与皇帝进行令双方都十分难堪的会晤时，他却拒绝为他的陆军总监求情。

关键在于：在社会出身、成长经历以及政治态度方面，兴登堡是旧制度的代表。如果说他的一生是昨日的象征，那么艾伯特的一生则象征着全新的今天与明天。然而，恰恰艾伯特是兴登堡的前任，这是多么奇特的事情。

在另一件事上，两位总统的互补也格外引人深思：直到今天，普遍观点都认为艾伯特应当为其执政期间在政治上的一切失败负责，但鲜少有人就兴登堡本该负责的错误追究他的责任。兴登堡特别擅长明哲保身。这很好反驳，这一兴登堡的形象皆因其不可辩驳的老态而起，而1925年德国人选出的兴登堡是精力充沛正当年的兴登堡。这里所说的关于兴登堡的一切事实上同样适用于早年时的他，但现在让我们通过一个小故事来回想一下1925年时政治家们和有兴趣的民众所能了解到的兴登堡。

1925年秋，在慕尼黑进行了一场引起巨大轰动的审判，即所谓的"暗箭审判"。这一审判的直接起因是《南德意志月刊》[89]发表的一篇名为《暗箭》的文章。据传说称，德意志帝国输掉战争并非因为军事上陷入末路，而是因为德军被人背后暗箭所伤：被包括社会民主党在内的社会主义团体的"颠覆活动"暗伤，被革命暗伤。借此，马克西米连·冯·巴登亲王政府才有动机越过最高陆军司令部颁布停战申请。这一经问世便被视为在科学上立不住脚的暗箭传说[90]还与之前提到过的马格德堡诽谤诉讼有关，后者源于弗里德里希·艾伯特在1918年1月的弹药工人大罢工中莫须有的叛国行为。

暗箭审判之前的历史比审判本身更有趣。这一传说几乎在战败当下就已产生，它最早出现在1918年12月17日的《新苏黎世报》的一篇文章中，一开始只是源自对英语的错误翻译，但自那以后便成为右翼保守团体和复辟党人针对新共和国，尤其是社会民主制的斗争口号。与此同时，时任最高陆军司令部总司令的兴登堡出版了一部自传。[91]为了调查德军1918年溃败的原因，德意志制宪大会成立了议会调查委员会，兴登堡接受了审问，以上种种皆成为暗箭传说的有力支持。陆军元帅一定是知情的，他和同样愤懑的鲁登道夫绝对知道真相。他们于1919年11月18日接受审问，那时两人的政治态度已经毫无疑问地为世人所知，即对于选举产生的德意志民众的最高代表，他们没有作证义务。

前往帝国议会大楼的路上和接待处人声鼎沸，欢呼的人群将道路围得水泄不通，欢呼声远远盖过了警哨声。一束扎着黑白红飘带的波斯菊装饰着证人席。人们不愿强迫陆军元帅接受社民党主席的审问[92]，民主代表、曾经的普鲁士国会议员格奥尔格·戈特因被指定为谈判主席。戈特因自1893年起任普鲁士众议院议员，自1901年起任帝国议会议员。他十分尊重老元帅，在前往审问的路上一直搀扶着他。著名经济学家，同时也是狂热的民族主义煽动者莫里茨·尤里乌斯·波恩对于前副总理赫尔夫里希审问的判断对兴登堡和鲁登道夫也同样适用："调查委员会力不能及，有辱使命。"[93]兴登堡没有回答主席的问题，而是从口袋里掏出可能是赫尔夫里希和鲁登道夫共同起草的备忘录，不顾戈特因的要求滔滔不绝地朗读起来。对于现场的听众来说，这可不是什么开心事儿。兴登堡显然没有练习过，虽然他读得抑扬顿挫，声音洪亮，但经常读错重音。当他说道，"我们的和平政策失败了。我们不想要战争"时，主席打断了他。主席对他说，"证人无须做出价值评判"，因此他提出抗议。陆军元帅轻松应对："那我就让世界历史来决定吧。"[94]说完这句即兴之词后，他像没事人儿一样继续朗读。整个过程中他只让主席打断过这么一次。无论后者再怎么无助地尝试禁止证人做出价值判断，兴登堡都不再把这位议员放在眼里：形势越艰难，政党利益便越发抬头——可不是嘛！这些情况很快导致求胜欲的分裂和放松。我想要强大愉快的合作，却只得到拒绝与软弱。这次主席又试着打断，但是戈特因无法让兴登堡习惯于议会调查委员会的行事方式。他以军人的干练庄严地说出结束语，而它们比委员会所能揭露的一切都意义重大——前提是兴登堡说的是实话："我们对于严格教养和严格立法的多次需求均未得到实现。所以我们的作战行动必然会失败，崩溃必然会到来；革命只是最后一根稻草。一位英国将军说得有理：'德军被人从背后刺了一刀。'军队的精锐核心没有错，错在哪里，显而易见。如果还需要证据，那么上述引用的英国将军之言以及我们的敌人对自己能够获胜那无比的惊诧便是证据。"[95]

莫里茨·J.波恩很惊讶没有人追问元帅这位英国将军是谁以及如何引出的这句话——这足以令他感到难堪。这一莫须有的结论很可能是因一位英国将军在与鲁登道夫的一次访问中问道："你的意思是说你们被人在背后捅了一刀？"鲁登道夫煽动性地利用了这一由他引出的问题，声称援引自一位英国将军的权威陈述。[96]这么一说之后，兴登堡的无耻形象立刻跃然纸上。为了开脱陆军最高司令部和德意志帝国本该承担的责任，他们向世人抛出暗箭传说，或者说至少使其成为人们津津乐道的谈资。在共和国成立仅数月后，他们就用最恶劣的方式长久地毒化了政治氛围。数百万人相信了这一传说，希特勒也竭尽所能将其纳为自己的宣传法宝。自那以后，共和国的代表们被视为用颠覆性活动造成德意志苦难的"11月的罪犯"。

兴登堡绝没有沉浸在自我欺骗中。在1918年9月28日他与鲁登道夫的一次谈话中，两人都认同"即便我们在西线坚持"[97]，情况也只会愈加糟糕。如果说两人现在一致认为，因为布尔什维克主义的威胁必须严守东线，那也为时已晚。最高司令部想方设法让列宁能从瑞士回到沙俄，好让那儿的布尔什维克革命的关键性力量开始运转。即便是对于来自东方的"布尔什维克威胁"，自以为俄国起义可以缓解东线压力的短视的最高司令部也难辞其咎。然而现在关键时刻来到了：9月29日，斯帕的最高司令部召开了一场会议。1922年8月14日，当时在场的外交部长冯·兴策向议会调查委员会汇报了这场会议："我描述了盟友们的处境：保加利亚脱离了联盟；奥地利—匈牙利的离开只是时间问题；土耳其与其说是帮助，不如说是拖累；荷兰边境已进入和平外交阶段。朝远看，敌人的胜利指日可待。最后还有我们内部的困境。鲁登道夫将军介绍了军事情况，其核心为：从军队现状看，我们必须立刻停火，才能避免更大的灾难——我所理解的灾难是指我军被强行突破，遭遇惨败，最终导致部分或全面的溃逃以及投降。"国务秘书担心"从必胜到失败的巨大转变可能会给国家带来致命一击，其反弹力是帝国和王朝无法承受的"。对此，兴策又提出了多项建议，其中包括独裁。鲁登道夫将军驳回了这一建议："胜利已成泡影，军队的现状更需要停火。"看到陆军总司令和将军乐于接受"自上而下的革命"，兴策很是惊讶[98]。10月1日晚，在副总理冯·派尔家中召开形势讨论会。未来的总理马克西米连·冯·巴登亲王"认为如此突然地坦白我们的军事弱势会直接招致毁灭性的结果，停战必须以和解为前提"。勒登伯爵和冯·派尔虽然基本同意未来总理的观点，但也认为人们无法像前者所期待的那样等到总理就职演说："鉴于最高司令部的敦促，如果真要考虑到灾难直面而来的可能性，我们认为不可能将决定推迟到就职演说之后……"[99]1918年9月末，最高司令部判断德意志帝国的军事形势已到穷途末路，并坚持立刻发出停火请求，哪怕几天的迟疑也容不得。一份副总理的备忘尤其值得注意："另外，当时我们打算让人准时收集这些谈判的资料，以备日后随着事态变化有人想歪曲事实……弄得好像是帝国领导人一方阻碍最高司令部，迫使他们自己做出放下武器的决定一样。"[100]这些话语发表于1923年，也就是暗箭审判的两年前。

直到1918年10月2日，最高司令部才把帝国的真实军事形势告知出乎意料、大惊失色的党首。最高司令部代表少校冯·布斯舍男爵解释道：虽然德军奋起战斗，无论是军官还是士兵都取得了超人的战绩，"不曾辱没古老的英雄精神，敌人的超强优势也没有吓退部队……但最高司令部仍然不得不痛下决心宣布，在做出人性的衡量后，我们认为不可能迫使敌人接受和平"。最高司令部的意思非常明确：从军事上说，战争已经输了。报告中有没有提到来自祖国的"暗箭"是导致军事崩盘的原因呢？完全没有。最高司令部提到了两点决定战争走向的"关键事实"。首先敌人投入了超乎预期的大量坦克。如果德军想要投入与敌人相同数量的坦克，将会超出"我们工业竭尽所能的"最大产量，"或者其他更重要的事情不得不陷入停滞"。其次，"最为关键的是人员补给。在重大战役中，军队的后援力量捉襟见肘。尽管人们想尽一切办法，但是我们的兵营数还是从4月的800座左右降到9月底的540座左右……保加利亚的战败又蚕食了7个师团……只有1900年生的公民也参军入伍，我们每座兵营人数才能各增加100人左右。可是，这样我们最后的人力储备也用完了。战役不断推进，损失超乎想象，殒命沙场的军官数尤其巨大。这是致命的打击……因为美国的帮助，敌人们可以补给他们的损失……现在我们的储备已经枯竭"。[101]在这些天里，官方没有任何一个地方提到乘胜追击的德军被自己人从背后捅刀子的说法。

党内领导们的反应如何？相关报道也十分详尽：据马克西米连·冯·巴登亲王的观察，"代表们十分沮丧。艾伯特的脸色变得惨白，说不出话来；施特雷泽曼看起来像是被什么东西刺到了一样；只有维斯塔普伯爵反对无条件接受（美国总统威尔逊提出的）十四点和平原则"。[102]鲁登道夫将军也说，冯·布斯舍男爵少校注意到了代表们"强烈的情绪震动"[103]。如果说最高司令部数月来对帝国首脑和各政党就战事恶化问题完全瞒而不报；如果说兴登堡自己也曾认为哪怕立刻要求停火，德国还是可以得到隆维和布里埃，那么人们的震动也就不难理解了：多么荒诞的局面！

当多年来经历着可怕的牺牲，承受着摧枯拉朽战争的民众和士兵们突然听到：你们的斗争是徒劳的，德国输掉了战争，该是多么震惊啊！

情况很清楚：为了掩盖自己的失败和政治无能，兴登堡和鲁登道夫在议会调查委员会面前，即在公众面前声称德国的失败是由颠覆活动造成的。不难想象，这对百万之师造成的致命打击，导致无数人愤懑、失望、残疾乃至饿死：如果兴登堡说得有理，那么这些"11月的罪犯"就要对人们的徒劳牺牲负责，他们是造成德意志苦难的罪人。像兴登堡这样的男人，能胜任德意志共和国总统之位吗？

显然绝无可能。倒退多年，年轻的兴登堡可谓向民主共和国宣战的形象代表。自1919年11月18日以来，这已是昭然若揭。他所到之处皆受到尊重，但这其实是一个在其位上缺少一切政治乃至——尽管有各种不同的理解，但仍可以断言——道德修养的男人。这位保罗·冯·兴登堡绝不是如古斯塔夫·施特雷泽曼等共和国人所描述的那种改邪归正的人。从1918—1919年后，兴登堡没有丝毫改变：他代表在威廉统治时的德国，即在悄无声息中崩塌的社会、政治及军事体系。对于他这样一位老贵族来说，人们也不能苛责什么。他插手共和国的政治，并非在1925年之后，而是从他1919年上台后就已开始。要知道政治的评判标准是至关重要的。人们怎么能选择他呢？又有谁会选择这样的兴登堡呢？

由于1925年3月29日的第一轮选举中，没有候选人获得多数票，必须进行第二轮选举。此时，在曾经的海军元帅、政治问题与兴登堡不相伯仲的提尔皮兹的敦促下，兴登堡同意参选。[104]反对共和的亲君派政党德国民族人民党推举陆军元帅为候选人：巴伐利亚人民党、经济党、巴伐利亚农民联盟，以及德意志-汉诺威党与德国民族人民党一同支持在4月8日所谓的帝国同盟中公布的人选。[105]1925年4月26日，第二轮选举举行：在投票人数77.6%的这次选举中，兴登堡获得14655766

票（48.3%）。社民党、中央党和德国民主党三家魏玛政党的候选人威廉·马尔克斯（中央党）获得了13751615张选票（45.3%），他是一位品德高贵的法学家，曾多次担任帝国与普鲁士的政府部门主管。德国共产党候选人恩斯特·泰尔曼获得1931151票（6.4%）。

选举结果表明，尽管差异显著，但民主政党们还是可以确立一位共同候选人。德国共产党也要为兴登堡的当选负连带责任，因为他们坚持推举毫无胜算的凑数候选人泰尔曼，而不选在他看来 "不值一提的祸害"[106]。这样一来，白发苍苍的保皇派顺利入主总统府。而共产党获得的190万张选票哪怕分出一半，就足够让一位拥护民主与共和国的候选人成为魏玛共和国的政治核心。"泰尔曼获得的每一票都属于兴登堡"，德国社民党的竞选口号一语中的。为了国家社稷，社民党真心实意地与德国民主党合作，放弃了自己的候选人。相比之下，在选举即将开始前还反对选举兴登堡，呼吁自己的选民把选票投给威廉·马尔克斯的巴伐利亚人民党的行为就不那么值得称道了。"兴登堡会被普鲁士及易北河东岸的容克们滥用。"[107]但是，最终巴伐利亚人民党领导人决定与"普鲁士统治者在巴伐利亚的政党"保持一致，突然倒向兴登堡，其实之前他们还因为高龄以及内外政策原因反对前者。巴伐利亚人民党之所以会做出这样的态度转变，是因为社民党也支持马尔克斯，而他们自己则赞成推举一名市民出身的候选人。此外，人民党和中央党的差异以及马尔克斯是共和制拥护者也是主要原因。80%的巴伐利亚人民党选民没有选择中央党的候选人——那位来自莱茵威斯特法伦的天主教徒，而是把票投给了普鲁士的信仰新教的将军。[108]巴伐利亚人民党虽然跳出了自己的阴影，却站错了队。

1925年，超过1400万德国人选择了兴登堡。他站在了声望的巅峰，荣誉蜂拥而至：在之后的几年，兴登堡成为科尼斯堡大学4个学院的名誉博士，布雷斯劳、波恩、格拉茨大学众多学院的名誉博士，德国所有理工学院的工学博士，德国手工业协会的名誉师匠，190座德国城市或地方的名誉市民，勃兰登堡教区主教，黑鹰骑士团骑士，等等。作为外交部长，同时也是党主席的古斯塔夫·施特雷泽曼处境艰难。诚如他的国务秘书卡尔·冯·舒伯特以及哈利·凯斯勒伯爵所言，为了阻止兴登堡参选，他确实已经竭尽所能。[109]在第一轮选举中，德国人民党推选了曾短暂出任内政部长以及杜伊斯堡市长的法学家卡尔·雅勒斯为候选人，他是党内的右派。虽然在第一轮选举时处于领先，他却为了兴登堡出人意料地放弃了第二轮选举。为此，施特雷泽曼和人民党感到陷入绝境。在第二轮选举的最后时刻，虽然忧心忡忡，但他还是决定放弃反对兴登堡成为候选人的抵抗，而是寄希望于后者输掉选举。这被证明是错误的，但出于联合执政的原因，施特雷泽曼在人民党里找不出其他可行的选择了。[110]最终，他孤注一掷（埃里希·艾克），为了证明总统选举既不会影响共和制的国家形式，也不会决定外交政策施特雷泽曼宣称，德国人民党不仅会抵制"任何有违宪法的实验，而且会与认为必须在现在的辩论中谈论国家形式这一问题的所有人对抗，以此捍卫共和制的国家形式"。[111]海因里希·布吕宁乐观地坚信他（兴登堡）"会支持"保守的政体。[112]历史学家弗里茨·哈尔通在1923年歌颂了兴登堡"出众的人格与军事魅力"[113]。

我们该如何理解兴登堡的成功？很多时候，政治成功是心理暗示，而非成绩的结果。兴登堡是逝去的荣光的代表，在德国遭遇苦难时，他是德意志伟大的象征，自坦能堡一役后，人们视他为困境中的骑士，是"民族的"，是压抑中的德国人可以仰望的对象——哪怕现实截然相反，又有什么关系呢？大多数德国人想要相信兴登堡，他是父亲，也是皇帝的替代品。对革命与共和国的不满，新教徒对天主教徒马尔克斯的敌意——所有这一切共同决定了千百万德国人的选择。

对于民主党人来说，保罗·冯·贝内肯多夫和冯·兴登堡绝不该是威廉·马尔克斯的替代！自由派出版人特奥多尔·沃尔夫在《柏林日报》上评论兴登堡的当选："共和党人输掉了一场战役，至今仍是保皇派的陆军元帅冯·兴登堡成了德意志共和国的总统……昨天的选举是一场智力测试……大约有一半的德国人没有通过考试。这场'候选人兴登堡的冒险'……这场毫无理性可言的对'德国人情感'的投机再一次证明是成功的。"[114]外交部长古斯塔夫·施特雷泽曼不得不就这次选举安抚国外的情绪，同时还要强调兴登堡的和平意愿。

国外对于选举结果的声音虽有失公允，但非常有建设性。法国《时代报》写道："选举的意义在于德国人民在兴登堡身上看到他们曾经的军队统领的影子，想以此来否认他们在战争中的失败……德国撕下了面具，它本想借由这一面具相信它的民主感觉的正义性，而如今它向我们展示了它的旧面孔……此外，选举预示着共和体制的崩溃以及霍亨索伦王朝的卷土重来。"[115]法国人的担忧出于其外交及军事政治的天性，但是对于兴登堡赢得选举，其他国家，尤其是美国的反应都是批判性的。在这一批判里不仅隐藏着各自的国家利益，同时还有对于选举的象征意义的认识，正如历史学家弗里德里希·梅尼克在1925年5月9日所写的："这并非基于坚定的政治态度，而是出于关照各方利益的动机。"[116]

对于保举兴登堡上位的德国民族人民党和坚定的右翼保守党来说，这次选举无疑产生了连锁反应。"旧普鲁士回到新德意志，"议员弗里德里希·埃弗林这样评价，他声称兴登堡对着宪法宣誓并非本愿，他绝对会修改宪法。[117]德国民族人民党党团主席库诺·维斯塔普伯爵1925年5月19日在议会上对于陆军元帅当选对本党的必然影响的说明更加明确："4月26日追随我们的口号的1460万民众用这一举动坦白了他们追随强权统治者以及1918年前的过往生活的想法……这一在4月26日的选举中得以贯彻的意志意味着人们并不认同对于德意志本质来说陌生的、由国外的敌人强加在我们身上的共和民主议会制体系。这次选举表明这一体系没有真正在我们的民众心间扎根。"[118]

维斯塔普伯爵讲到了事情的核心。无论每个选择了兴登堡的选民有什么不同的动机，对于1920年民主共和国来说同样具有灾难性的议会选举来说，这次选举是新国家政体遭遇的最致命、后果最严重的失败。即使兴登堡的第一次公开发声更多的是在安抚民主中间派而非右派，也不能动摇这一事实。

事实上，对于魏玛宪法的宣誓，新总统是非常严肃的，但这里仍不得不补充说明：是以他自己对于誓词以及对"祖国的义务"的理解。因为他对宪法的理解和对政治的认识非常有限，所以像特奥多尔·沃尔夫在他对于总统选举的评论中所担忧的那样：他越来越依赖于顾问，危险并不在兴登堡本人，"而是他身边人的密谋……他们很快就会试着利用接受军事教育、秉持着军人思维的总统在政治上的经验不足，来激化他与那一部分有着民主思想、昨天没有投票给他的民众间的矛盾"[119]。事实果真如此。只有这一格局才能成就"一个在宪法里没有规定的总统之子"，即奥斯卡·冯·兴登堡少校（日后成为中校）以及一群宪法没有规定且不用承担政治责任的顾问。就像社会民主党的竞选宣言所称，兴登堡绝对是一个被"德意志民族帮派"滥用的"手足无措的老人"，但是社民党为威廉·马尔克斯竞选所写的这一宣言的另一段更形象地描写了民主制的现状："兴登堡是君主制和战争的象征！但是德国是共和国，德国需要和平。"[120]直到1932年，魏玛共和国的情况日暮途穷，以至于3个坚定不移的民主党派——即社会民主党、中央党和德国民主党——在1932年春天也把兴登堡视为拯救共和的最后机会，而他们不得不这么做，因为只有他才有可能打倒希特勒。想来这是多么可悲啊！1932年兴登堡成为唯一出路的很大一部分原因就在于1925年的选举结果，因为假如马尔克斯当选总统，那么在7年任期结束后，他极有可能会再次当选。这只是空想，但从历史上看，也并非没有可能，它表明共和国的覆灭并非不可避免。

魏玛共和国有过两任总统，艾伯特是希望，而兴登堡则是危险的象征。如果人们像在1932年那样寄希望于兴登堡这样的总统，那说明共和国的情况相当糟糕，甚至可以说已是毫无希望。

第二章

共和国总理与外交部长（1923—1929年）

—— 古斯塔夫·施特雷泽曼与魏玛共和国的理性共和主义

共和国的总理情况怎样呢？1919—1930年，魏玛共和国共有过9位总理，他们在任时坚守议会制度，或至少这样尝试过。在这9人中，只有一位堪称杰出的政治家，那就是古斯塔夫·施特雷泽曼。当然，其他8位政府首脑中也有令人尊敬的政治家，例如1919年的第一位总理、社会民主党人菲利普·谢德曼以及最后一位总理——在1928—1930年赢得议会多数支持，且在1920年就已执掌过相位的赫尔曼·穆勒。中央党出身的总理康斯坦丁·费伦巴赫（1920年）、约瑟夫·维尔特（1921年）以及实力无疑是3人中最强的威廉·马尔克斯（1923—1924年及1926—1927年）也值得一提。[121]在两位无党派总理威廉·库诺（1922—1923年）以及汉斯·路德（1925—1926年）中，曾任帝国银行主席以及埃森市长的路德无疑政治实力更胜一筹。在仅仅11年的岁月中，共和国就曾有过9位总理，此外政府还经常处于执政联盟的新旧更替中，这展现出魏玛政府的不稳定性。

在1930年3月30日到1933年1月30日希特勒上台这不到3年的时间里，在任的3位总理再也没能取得议会多数支持，他们更多地依赖于冯·兴登堡总统的信任。中央党政治家海因里希·布吕宁的内阁暂时得到社民党的宽容，甚至存续了2年零3个月。而他的两位继任弗朗茨·帕彭及库尔特·冯·施莱谢尔将军的在位时间则非常短暂。3人虽风格迥然不同，却共同代表了魏玛共和国的解体。

1930年前政府的动荡不能归咎于上述各位领导，或者说后者只有很有限的影响。真正原因在于政党间的脆弱联盟，这也恰恰反映了共和国艰巨的经济与社会问题。即便是远胜于他人的最重要的总理古斯塔夫·施特雷泽曼在1923年两度入驻政府，也不过数月时间。但无论怎样，他是唯一一位出身于相对弱小的联盟政党，即右翼自由主义倾向的德国人民党的政府首脑。毫无疑问，他是20世纪最重要的德国政治家之一，是除了弗里德里希·艾伯特以外魏玛共和国的最大希望。虽然他担任总理的时间很短，但作为外交部长，他代表了1923—1929年不断变换的内阁里稳定的外交政策，是共和国民主制最好年月的象征。然而这一角色绝非理所当然，在德意志帝国即将终结以及德国战败之时甚至差点儿成为泡影。这又是为什么呢？

古斯塔夫·施特雷泽曼原是君主立宪制的支持者，在那之后又成为理性的实用派共和党人，也就是说他本是那一类最开始反对在战败及1918—1919年革命中诞生的共和国的政客以及政治活动家，但最终他又投身于共和国事业。那么，谁是这些理性共和党人呢？施特雷泽曼又是怎样成为他们最杰出的代表的呢？

"理性共和党人"这一概念，是由19世纪末20世纪初最重要的历史学家之一弗里德里希·梅尼克提出的。他在一篇1918年末的杂志文章中总结道："毫无疑问，绝大多数德国民众至今仍保留着君主制的情感，而君主制自己却因其不体面的终结以及帝国最后一位统治者彻头彻尾的失败给了这一情感致命一击……我留恋往昔，始终是由衷的君主制拥护者，但着眼未来，我将成为一位理性共和党人。"[122]

之后的历史编纂者经常批判性地评价"理性共和"这一概念，并用它来隐晦地对应充满激情的民主党人。但这种评价简化了问题所在：它假定共和制的国家形式是不可争议的准则。事实上，那些在君主制统治下生活了好几十年的人们有着君主制的思想根本不值得奇怪；更不要说，德意志帝国及其诸多公国从诞生之时的1000年前起就始终延续着君主制度。当然，一些"共和城市"，即帝国自由城市和汉萨同盟城市除外。

此外，对于理性共和党人的批判观点还包含一个根本错误：共和国和民主制不是一回事，无论是当时还是现今，许多君主制政体同时也是民主制国家。尽管如此，对于魏玛共和国的政治思想来说，"共和"与"民主"总是被当作同义词。出于这一原因，反共和制也同样被理解成反民主制。[123]

与之相反，理性共和党人的标志是他们既批评反思1918年君主制的覆灭，也从现实出发思考1918—1919年间可能有的其他出路。他们中不乏有人在1918年革命前就坚信德意志帝国，尤其是霸权国家普鲁士急需彻底的改革。[124]既然他们以政治理性为准则，那么目标就不在于清晰定义的政治内容，而是借助对于历史以及现实的政治问题的理性分析来找到实际解决方案——这里说的解决方案，一方面排除了复辟的可能性，另一方面也坚决拒绝政治非理性主义。同时，从一开始就动摇着共和国根基的政治暴力行动与谋杀也同样不会发生。托马斯·曼在1923年纪念被谋杀的外交部长瓦尔特·拉特瑙的演说中，就鞭挞了当今青年人"误入蒙昧主义的明显倾向与危险。蒙昧主义是所有时代的威胁，它狂热地追求绝对"。[125]是的，民主制的本质是放弃追求绝对，它代表了相对主义，人们将其定义为多元化。

魏玛的理性共和主义是时代特有的现象，它既不与政党绑定，也不局限于社会阶级，而是以民主与法制为基础。弗里德里希·梅尼克在1922年这样描述这一在多个政党中盛行的思想："在工人阶级共和党人与资产阶级阵营保皇党派中间还存在着为数众多的市民阶级中间派，人们可以把他们称为全新出现的理性共和党人。他们的信仰程度各不相同，有人只是为了暂时适应不可避免的世事变化；也有人坚定地、理性地、真诚地认为这是历史的必然走向。"[126]从这种意义上说，这一思潮除了弗里德里希·梅尼克、马克斯·韦伯、托马斯·曼和古斯塔夫·施特雷泽曼[127]以外，还有为数众多的著名代表，其中职位最高的就数社民党人弗里德里希·艾伯特了。但这种说法是错误的。魏玛共和国是一个没有共和党人的共和国，关键问题是共和党人在德国民众里占多大比重，能发挥多少有质量的政治影响，以及这些变化在什么时刻发生。答案就在选举结果及各党派的输赢中。1920年后，理性共和主义逐渐式微；1930年后，其影响力大幅下降是不争的事实。虽然在社民党的宽容下，理性共和主义在布吕宁政府中还有显现，但随着后者因兴登堡下台，绝大多数理性共和党人也销声匿迹了。还有一点值得一提：他们中最有政治影响力、最重要的代表古斯塔夫·施特雷泽曼在1929年10月3日去世了。

与生长于社会民主思潮中的工人阶级的弗里德里希·艾伯特和来自易北河东岸普鲁士军官贵族世家的保罗·冯·兴登堡不同，古斯塔夫·施特雷泽曼[128]出身于信仰新教的下层经商市民的中间阶层。1878年5月10日，他出生于柏林的腓特烈斯海因城区，那里主要聚居着小市民和无产阶级。古斯塔夫是家里存活下来的7个孩子中的老幺。他的父亲除了从事罐装啤酒的批发生意，还出租公寓，并经营着一家餐厅，因此家境相对还算殷实。尽管上头有许多哥哥姐姐，但年轻的施特雷泽曼仍感到十分孤独。虽然家庭成员多未受过教育，但他一头栽进历史与文学作品的世界里拼命阅读。当时的他受尼古拉斯·雷瑙和德国浪漫主义影响，成为一个有些感伤又爱幻想的人，总是显得落落寡欢。他后来的演讲中的激情，很有可能就来源于这一早年的成长经历。

古斯塔夫·施特雷泽曼天资聪颖，成绩出众，这使他成为家族中接受大学教育的第一人。但因为他是在一所所谓的实业中学参加高中毕业考试，没有古典语言成绩，所以无法像最开始计划的那样学习文学与历史。最终，他决定学习更符合家庭情况的"可以用来谋生的"国民经济学。他先是在柏林注册，之后又转学到莱比锡。在那里，年仅22岁的施特雷泽曼凭借关于柏林罐装啤酒贸易的博士论文取得博士学位。虽然论文主题与父亲的职业不谋而合，但其实这并非是施特雷泽曼而是导师的决定。施特雷泽曼原本想研究理论国民经济学，但最终他完成了一项完全原创的研究，为此他利用了广泛资源，其中包括大量数据和时间跨度极大的生产数字。他的论文不仅全面介绍了当时柏林罐装啤酒贸易的情况，还研究了零售业的萧条。从这一范本出发，他演化出了对于经济结构转变的预判。与这一个10年的常态相比，施特雷泽曼的博士论文可谓脱颖而出，而且还十分罕见地兼具幽默。

有了这样的背景，古斯塔夫·施特雷泽曼之后的职业及政治生涯也一脉相承：获得博士学位后，他留在萨克森，凭借超群的组织与新闻天赋，在短时间内创立了多个中小型经济协会。他时刻留心当时的经济政治标志，精力充沛地代表中小型企业进行成功游说，而这很快导致其与大工业利益联盟的矛盾。年仅25岁时，施特雷泽曼就已经是跨地区、跨行业的知名协会顾问，这也势必使他与政界有了接触。

在此期间，古斯塔夫·施特雷泽曼与高贵又兼具魅力的柏林实业家之女凯特·克雷菲尔德结婚，两人婚姻幸福，育有两子。[129]凯特拥有广泛的社会关系，这对施特雷泽曼缔结并扩张自己的关系网络大有好处。当还是大学生的施特雷泽曼参与成立革命社团，坚决反对其他学生社团的反犹主义时，两人就已互许终身。但妻子的犹太出身并不是施特雷泽曼反对反犹主义的原因，在他还没有认识凯特之前，他就已经批评过这一倾向。他的妻子是一些柏林沙龙的核心人物，而他自己在1863年成立的柏林星期三俱乐部中担任过一段时间秘书。这一俱乐部的成员原本多为顶级科学家，后来慢慢也有政客和工厂主开始游走其中。施特雷泽曼既是小资产阶级，也是文化市民阶级，他将政治与文化有意识地结合起来。

施特雷泽曼很早就显现出对于出版与政治方面的偏好。在协会领导的工作之余，他还操起新闻出版的副业。早年害羞孤独的他渐渐培养出了令人赞叹的沟通能力，无论是笔头还是口头的遣词造句都愈臻成熟。也正是因为这一点，从经济向政治的转向自然而然地发生了。作为受过高等教育的小资产阶级市民，作为新教徒和1848—1849年革命传统传承而来的自由主义者，帝国时期的施特雷泽曼只有两个自由党派政党可以选择。他原本更倾向于进步党，也就是说在宪法秩序、选举权力以及社会政治方面是弗里德里希·瑙曼的国家社会主义协会的拥护者。因而，他的立场更偏向"左倾"自由主义。但他的经济与协会事务的当事人则倾向于保守的民族自由主义。施特雷泽曼选择民族自由党可以归结于他的政治野心，尤其是该党支持他在萨克森州议会选举圈的参选。在一场辉煌的、现代化的选战之后，1907年只有29岁的施特雷泽曼就获得帝国议会代表的议席。虽然他在1912年的选举中遭遇挫败未能再次当选，但1913年他就在东弗里斯兰选区的补选中获胜，重新进入德意志帝国议会，自此直到1929年去世从未间断。很快，这个热情洋溢的议员就成为最具影响力的议会代表以及德国最好的演讲者之一。

施特雷泽曼的政治立场经常在两个自由派政党间摇摆，这也不断引起人们对他的质疑。事实上，这一模棱两可的态度的更深层原因在于施特雷泽曼对这两个政党都各有偏向，但又没有一个政党能让他完全接纳。这一结合两种自由主义思潮的态度也深深烙印在他之后的魏玛共和国政策里，并产生了一种自相矛盾的效果：一方面，在整个政治生涯中，施特雷泽曼基本上处于两头倒状态，他既"左倾"也"右倾"，非常善于结盟，因此也常被指责为机会主义者。另一方面，也是这种"结盟的能力"造就了他在20世纪20年代的诸多成功，毕竟鉴于议会中常常无法产生多数派，人们就不得不需要其他政党的支持。这并非施特雷泽曼一心想要往上爬，而是出于除了中间党以外魏玛各纲领党与利益党所不具备的善于妥协的美德。施特雷泽曼的一大特征是源于其经济政治经验的实用主义。事实表明，虽然各种矛盾与变化不断，但他的政治行为始终一脉相承，扎根在一个超越时间与社会变革以外的坚实的政治基础之上。

古斯塔夫·施特雷泽曼政治生涯的矛盾对内政并未产生过

多影响，但深远影响了外交政策。虽然历史上对他的国家主义评判如他的政党名字一样太过简短，但事实上从19世纪早期开始，自由主义宪法运动就与民族统一运动相结合，这在左翼自由党人间也不例外。1871年俾斯麦统一德国后，这一民族趋势也丝毫不曾减弱，可以说，施特雷泽曼的民族爱国主义是跨越几代人演变而来的传统。此外，作为经济政治学家的他还受到欧洲帝国主义经济要素的影响。19世纪末20世纪初的欧洲国家大多奉行殖民主义，一些强国的帝国目标也因此愈发强烈，以至于在"一战"开始前以及1914年起的战争的条件下，一种极具攻击性的帝国主义势力日渐抬头，且绝不仅限于德意志帝国之内。德国感到自己的殖民实力大幅落后，且因为地理上处于俄国、法国和英国等强国之中而饱受被围困的恐惧，尤其是认为受到英国的帝国主义及其海军舰队的威胁。这种恐惧，在施特雷泽曼身上体现得尤为明显。

基于这一对今人来说十分陌生，但饱含时代特征的观点，德国渐渐对邻国产生了广泛的兼并主义战争目标。除了左翼政党外的为数众多的政治家，乃至德国社会的很大一部分人群都沉溺于这一想法。施特雷泽曼本人虽不完全认同例如民族主义的全德意志联合会鼓吹的狂躁激进目标，但他的征服计划也同样相当完善。与大多数德国人一样，他误认为帝国被卷入了一场防卫战，这在日后被证明是错误的。施特雷泽曼从经济政治和安全政治两方面论证战争的合理性。与现今的研究成果相悖，从安全政治出发，施特雷泽曼将矛头对准英国，认为其是引发世界大战的罪魁祸首。难怪直到1918年秋初，施特雷泽曼对战争的理解还抱有几乎所有致命错误。他甚至还是1917年无限制潜艇战的支持者之一，这不仅有违背人权的嫌疑，还触发美国加入战争，可谓是一记政治昏招。

古斯塔夫·施特雷泽曼很多年都没能摆脱激进的帝国主义者和兼并主义者的形象，尤其是他没有像其他许多人一样抓住最后调转车头的机会。当时多数党对于政治及军事形势的观点渐渐有所转变：在先前多次尝试之后，1917年7月19日的帝国议会上，社会民主党、中央党以及进步党在中央党政治家马蒂亚斯·埃尔茨贝格的提议下决定通过德意志帝国议会和平决议，要求在保持现有领土划分的基础上进行和解，但决议也包含许多模棱两可的表述。虽然施特雷泽曼也认为和平谈判迫在眉睫，但在军事形势板上钉钉前，他仍不愿放弃所谓德国获胜的幻想。除了反复强调的深入骨髓的吞并心愿，人们还可以从战略角度解读施特雷泽曼对于和平决议的拒绝。不管怎么说，因为这一策略，施特雷泽曼与曾在跨党派委员会中合作过的议会多数议员产生了严重分歧。这一分歧直到魏玛共和国早年还产生着负面政治后果。人们研究的核心问题在于：这个第一次世界大战中的帝国主义分子是怎么变成欧洲的和平政治家的呢？再进一步说：他日后的外交政策仅仅是为了掩盖过去的、也从未改变过的民族主义？无论怎样，因为这一矛盾，令施特雷泽曼在历史中的形象亦正亦邪。

然而，问题比人们能演绎出的其他可能性更为复杂，因为不能基于这一事实存在或莫须有的外交转变来解释古斯塔夫·施特雷泽曼，而必须把它与他最基本的内政目标结合起来看。如果说，早年和晚年的施特雷泽曼在外交政策上的矛盾是不争事实，那么虽说有一些可以从策略上加以解释的诡计，他的内政仍展现出从一而终的连续性。

1917年民族自由党主席恩斯特·巴瑟曼去世后，古斯塔夫·施特雷泽曼成了帝国议会党团主席。在社会政治与宪法政治领域，施特雷泽曼是一位坚定的改革者。作为一位毫无争议的"进步者"，即便要考量政治联盟的选择，他也更靠近以改革为导向的多数派政党，而不是自己所在的民族自由党或是普鲁士的保守党派。与这些人不同，他认为不能再将社会民主党人视为局外人，而应在社会与政治上接纳他们，必要时还要与他们结盟。最迟到1914年8月社民党统一发售战争债券，他不再怀疑他们的爱国主义。作为国民经济学家和经验丰富的经济政治家，从政伊始他就认识到社会经济的结构性转变也需要工人阶级发光发热。他在腓特烈斯海因时周围的无产阶级风貌很可能是促使他产生这一认知的原因。施特雷泽曼善于将个人经验作为范本分析，使其转换为普遍现象，并从中推导出政治结论——这是他的政治风格的普遍特征，在他的博士论文，日后的理性共和主义抑或外交政策的转变中均有体现。

施特雷泽曼与帝国议会多数党，尤其是社会民主党和进步党的最根本共识是取消普鲁士三级选举制度。该制度严重歧视社民党，是融合进程的巨大障碍，而普鲁士人口又占了帝国总人口的三分之二。虽然施特雷泽曼对于普鲁士选举制度民主化的建议偶有出入，但其原则性要求始终不曾改变。同时，施特雷泽曼在战争结束前就早已公开提出的德意志帝国议会化的目标也是帝国政治的核心：1916 年 10 月 26 日，他在帝国议会演说中要求"加强人民代表的权力"[130]；1917 年 3 月 29 日，他在帝国议会上宣称未来必须由帝国政府而非皇帝对德意志帝国议会负责。他的目标是议会制君主国。[131] 这样的革命可以废除德国的君主立宪制，引入一个可持续的议会体制。施特雷泽曼的这些建议，指出了1918 年 10 月的革命乃至魏玛宪法的方向。这对于他来说当然不意味着国家政体转为共和制，而是一个议会制的君主国，施特雷泽曼赞叹其在英国的变体，而10月在未发生革命的情况下完成的宪法政治变革，则被视为其变体在德国的实现。

革命爆发的3周多前，1918年10月13日，军事溃败的全貌已逐渐显现，此时即便是保皇派的施特雷泽曼也在民族自由党代表面前苦涩地总结道："旧体系已经彻底完蛋，它已经无药可救，也没有继续存续的必要。"他批评皇帝的"左右摇摆和战前的个人政治"，批评皇储傲慢的行为以及错误的政策还有最高陆军司令部的玩忽职守。最后他表扬了"社会民主党堪称模范的姿态"，尤其是弗里德里希·艾伯特。[132]在11月8日革命前夜，施特雷泽曼甚至支持社民党和独立社民党敦促皇帝退位以及皇储放弃继承权的要求，此外他还再一次强调在普鲁士废除三级选举制度的必要性。

然而几周后施特雷泽曼却被蒙蔽了心智，又重新支持起皇帝和最高陆军司令部。这显然是一个政治错误，因为日后鲁登道夫和兴登堡全力支持的"暗箭传说"直接毒化了魏玛共和国的内政氛围。为什么施特雷泽曼在这件事上如此反常地失去了理智呢？这是因为：一方面，与他时有结盟的社民党以及中央党政治家马蒂亚斯·埃尔茨贝格激烈地攻击他，视他为兼并主义者和帝国议会和平决议的反对者。另一方面，他处于新建自由党派政党的争执中，此时进步党对他的攻击丝毫不逊于社民党和中央党。[133]若不想变得形单影只，他就只能与这些政党为敌，更加明显地表现出民族主义与保皇派的倾向。只有这样，他才能鼓动曾因为自己坚定的改革政策和对于皇帝及最高司令部的批评，而对他失去信任的民族自由党同志齐心协力重建德国人民党（DVP）。但是，他的"右倾"罪过并不长久，古斯塔夫·施特雷泽曼是一个很现实的政治家，他的社会经济理想很现代，他的宪法政治原则很坚实，他作为议员的投入也很突出。既然这里说的是连续性，那么如果公正地评判他的策略变化与战后完全改变的外交方式，就知道它们绝不是因为机会主义，而更多的是对于影响深远的外界震动和结构变化，对于因战败和革命而加速的社会现代化进程的反应以及 1919 年和平条约的结果。自那以后，再也没有什么兼并主义可言，只剩下修正主义，尤其所有政党都有充分理由认为《凡尔赛和约》是"强制和约"。施特雷泽曼猛烈抨击魏玛国民大会接受《凡尔赛和约》，但无法提供一个可行的替代方案。施特雷泽曼的理性共和主义是在他 1923 年进入政府后开始的吗？看起来似乎正是如此，后人也经常这样认为。其中一个原因是为了赢得中间偏右的市民阶层选民，施特雷泽曼和他的德国人民党对德国民主党（DDP）在 1919 年魏玛共和国成立之初非常成功的坚定左倾自由共和主义路线表现出了更强的保守态度。此外，人民党在 1919 年夏天国民大会上拒绝接受魏玛宪法。在宪法协商阶段，施特雷泽曼出人意料的低调，他甚至没有担任党团主席一职，而是积极投身于政党新组织的构建中。德国人民党对魏玛宪法的批评主要不在其民主内容，而是因为宪法规定彻底从君主制转变为共和制以及通过中间党否定了德国人民党。这一关系演变成一种特殊的辩证法。事实上，施特雷泽曼在 1918 年 11 月就告诉左翼自由党人：民族自由党人要"在不侵犯个人言论自由的前提下，在共和制国家的基础上"共事。[134] 在 1920 年 3 月右倾极端分子引发的卡普政变中，德国民主党甚至还怀疑他与叛乱分子沆瀣一气。但事实恰恰相反，早在 1920 年 3 月 4 日，他就在一次人民党管理委员会例会上明确表明自己远离右翼保守反动政党德国国家人民党（DNVP）的态度，并指责后者反对魏玛共和国和共和国政府的"不负责任立场"。在 1920 年 3 月 13 日卡普政变伊始，德国人民党领导依据施特雷泽曼的一份报道以极尽严厉之辞谴责了这一完全出乎意料的暴力颠覆活动。"德国人民党虽然将本届政府视为反对党，但再三强调只有以宪法规定的方式重新举行才能促使其下野，我们从没想要通过暴力颠覆现有政府。"[135] 在一次内部会议上，施特雷泽曼认为必须进行公开声明："……我们从来没有支持过任何反动政策……不管怎样，我们要求立刻停止此等违法状态，重回合法的基础之上。"[136] 这一对于暴动的反应，表明施特雷泽曼事实上已承认了魏玛宪法规定的秩序。也就说，他并非人们声称的在 1923 年，而是早在 1920 年春天就已是有据可查的"理性共和党人"了。

自1919年起，施特雷泽曼的内政道路愈发偏向中间派。在是否追随他的脚步这一问题上，他所在的德国人民党常常犹豫不决，然而无论是他的政治原动力，还是他的论点抑或他的口才都非其他党员可相提并论。又是这个像牛一样壮实同时又相当敏感，"长着四四方方的肉脸"（沃尔夫冈·施特雷泽曼）的男人看起来就像是他的"政党同志"和温和保守派的驯兽师。他日后更让人印象深刻的角色是魏玛共和国的外交部长，这经常会诱导人们错误地认为主要是他作为外交家的重要地位为他赢得了积极的评价。这一片面之词没有认识到在20世纪20年代的国内与国际形势下，如果施特雷泽曼不是一位位高权重的内政及政党政治家，他就不可能成为一位成功的外交部长。他的每一项外交决定和目标，都必须在各种联盟非常艰难的多数派组建下得以贯彻实行。而这一说服工作在1925年及1927年德国民族人民党执政时尤为艰难，为此需要他倾注作为议员的热情，它根植于"视议会制为可以高谈阔论、以理服人的场所"这一经典的自由主义理念。要不是口才超群，施特雷泽曼很可能无法说服许多怀疑论者信服他的政策中的理性内容。一位英国外交官认为无论是外表还是内在，施特雷泽曼都和温斯顿·丘吉尔十分相像，他自然而然地得出结论："与丘吉尔一样，施特雷泽曼真正的长处在于反驳而非阐释——在反驳时他才思敏捷，玲珑剔透，而且完全掌握了反讽这一武器。"[137]但这到底只是他的喜好，还是他直觉感到无法仅仅依靠辩论的理性，才让自己激情澎湃？左翼自由主义对手特奥多尔·豪斯对他忍无可忍，他的评价可见一斑：[138]"古斯特夫·施特雷泽曼博士哪怕不是当今德国政坛最厉害的演说家，至少也是语言最流利的。那奔腾如流的措辞中奇妙的自信，那些重点部分中不容忽视的激情，还有随处可见的幽默评论都为他赢得了共鸣。"[139]

尽管他是一个"声音铿锵有力，有时又有些沙哑"的演说家，尽管人们很快就发现他在每一次"理性共和主义"联盟中不可或缺的作用，但施特雷泽曼还是引起了许多人的仇恨，甚至成为一系列失败的暗杀计划的目标。另一方面，也有许多人对他肃然起敬，深信他独一无二的历史地位，其中之一便是与施特雷泽曼情谊甚笃的英国驻柏林大使维斯康特·德·阿伯农。他曾这样评价施特雷泽曼：他坚信"有朝一日我们这一时代的历史被书写，他一定会在其中拥有一席之地。像迪斯雷利、皮尔、格莱斯顿、巴尔弗、劳合·乔治等许多英国最出色的政治家一样，他所激起的猜疑比赢得的赞美与信任要多得多。没有人真正爱他，没有一个政党完全信任他，但他却因其雄辩，因其清晰坚定的见解和正确的判断而变得不可或缺"。[140]事实上，去世之后，对他如潮般的好评才蜂拥而至。

　　施特雷泽曼展现在众人面前的始终是善于抉择且雷厉风行的形象。他超群的才智与理解力有时会使他在谈话中显得不耐烦，他会主宰谈话进程，甚至陷入大段的独白。他拥有清晰的判断、直达目标的果断和随时准备适应新环境的能力，这是他得以以小党出身在政治上成功斡旋的前提。但为了贯彻自己的政策，他经常行事不计后果，甚至罔顾自己的同盟或对手，这也是他时常遭人厌恶的原因。在与德国民主党的争论中，施特雷泽曼没少使用言辞激烈的口诛笔伐，致使民主党认为自己在1917—1918年遭受的敌意皆因此而起，于是也从未间断过反抗。但主要还是因为德国民主党和德国人民党是自由党派中的竞争对手。

　　另一个例子是施特雷泽曼与中央党政治家，又同为理性共和主义者的马蒂亚斯·埃尔茨贝格时而合作、时而敌对的复杂关系。当然，对于他们的相似点，即独自追求政治目标时的冷酷无情，两位政治家都选择视而不见。施特雷泽曼经常猛烈抨击埃尔茨贝格，这也往往是对后者自1917年起率先发动的攻击的回应。在施特雷泽曼眼中，这些攻击只不过是战术上的虚晃一枪，但当他评价埃尔茨贝格到1917年为止的兼并主义时则认为他俩至少是差不多的。这两位实干型政治家若是合作，本可以让魏玛共和国的开端更为顺利一些。可他们的纷争造成如此悲剧性的影响，不免令人扼腕叹息。埃尔茨贝格被暗杀后，施特雷泽曼在1921年9月4日的《德意志声音》上发表了一篇发自肺腑的追忆。虽然文章总体还是持批评态度，但他同时强调了埃尔茨贝格作为经济政治家的充沛精力和出色水平，替他驳斥了种种中伤，从他作为政治对手的视角尖锐地分析了埃尔茨贝格政策中的政治互文。施特雷泽曼坚定不移地谴责政治暴力与谋杀，充满远见地预言了因政治引发的暴力超脱法律严格约束将会给共和国带来的毁灭性后果。此外，他很早就批评过为右翼所累的政治司法对于右翼极端刺客的宽容。[141]

施特雷泽曼热衷于政策的内容构建，也热爱政治斗争。他热衷成功，虽经历过一些失败，但也赢得过许多胜利，这不仅仅给他带来朋友。他从年轻时起，就罹患甲状腺疾病且反复犯病。1919年夏天，他就因此缺席了多次党内重要商谈和数周的国民代表大会。因为疾病，他也没有参加关于魏玛宪法的表决。出于同样原因，1928年他也没能庆祝自己的50岁生日。尽管如此，他还是为了重要而艰辛的谈判，为了议会讲演或是党团内部以及国际会议硬撑着病体奔忙。另外，他还饱受心脏和循环方面疾病的困扰。

尽管其一生都有疾病与各种挫折相伴，但施特雷泽曼个人仍有许多令人喜爱的方面，他和谐的家庭生活和享受生活的闲情雅致就是明证。他热爱美酒佳肴，醉心于文学与音乐，也喜欢社交和聊天。遇到钟爱的文学段落，他会通篇背诵，尤其是歌德与莎士比亚。据阿伯农称，他甚至可以用英语原文背诵莎士比亚。[142]另外，他还精通历史，这在他的许多演讲中有所体现，他喜欢以史为鉴，以历史视角归类现实问题。

凭借这一身本领和个人的政治经验，施特雷泽曼踏入了魏玛共和国的政坛——并成为共和国"最伟大的政治家"（乔纳森·莱特语）。早在1923年共和国建国不久陷入最严重的危机之时，仅仅是第四大党团主席的施特雷泽曼成为总理，并不顾一切反抗，一举结束了他国对鲁尔区的占领。这一切都证明了，他清晰的视野、超常的勇气和政治的理性。

第三章

魏玛共和国的诞生与维系

（1919—1930年）

公民选举与革命继续

"工人、市民、农民、士兵——德意志的所有阶级：团结起来吧，参加国民大会。"这一1918年由西塞·克莱恩书写的德意志共和国宣传部的口号，呼吁民意代表政府于1919年1月19日举行选举。

这是历史上第一次[143]全体年满20周岁的德国人有权通过普遍、平等、直接、匿名的选举，选出国民制宪大会的政党组成。这次选举的全新变化包括妇女获得选举权、选举年龄从25岁降至20岁、确定了比例选举制度。这一制度以及上述其他原则，是因为社民党饱受德意志帝国自1891年埃尔福特纲领[144]通过以来，实行的多数选举制和最终投票制的负面体验而提出的。当时，帝国的选区划分越来越不公正，导致1918年8月24日的选举法修改无法实现，比例选举制度的确立结束了这一局面，保证德意志民众的政治理念按比例得以恰当体现。虽然1920年4月27日国民大会上决定的议会选举法更为多样和全面，但1918年11月30日由人民代表表决颁布的关于选举魏玛共和国国民制宪大会的规定的基本原则得以保留[145]，并以宪法规定的基本原则写进了魏玛宪法第22条。相比还没有相应执行法律的选区划分和其他选举细节，比例选举制度已经得到了宪法保护。

这一选举制度日后遭到猛烈抨击，因为它导致选票乃至政党体系分裂，无法形成尽可能完整的政治代表。自1930年9月的选举起，这一后果为纳粹党从小派别迅速成长为大党铺平了道路。但在那之前，比例选举制度的劣势就已显现：因为参与选举乃至最终成功进入议会的政党数量众多，加大了选民判断以及政府组阁的难度。早在20世纪20年代，对于比例选举制度的批评声就慢慢发展为进行选举制度改革的建议。尽管这些批判确实在理，但1941年赫尔蒙在流亡美国时，将纳粹党的成功原因主要归结于比例选举制度，就有失公允了。[146]

在宪法意见征集过程中，德国民主党主席弗里德里希·瑙曼的批评并没有引起共鸣："对于比例选举制度，尽管事实证明这是毫无疑问最公正的选举制度，但依然还存在某些担忧……比例选举制将导致议会政府制的流产；议会制和比例制是水火不相容的存在。"[147]瑙曼试图借鉴英国的议会制说明，只有基于多数选举制选举产生的政府与反对党共存的两党制，才是议会制得以顺利运转的前提。他还指出，比例选举制会加大组阁难度，但依然遭到议员不解，与他出自同一政党的内政部长雨果·普罗伊斯甚至大唱反调，认为回到多数选举制是缺乏政治远见的表现。社民党代表威廉·凯尔在讲话中肯定了这一观点，认为人们不能触碰"革命的伟大成果"[148]。然而，魏玛的政治经验证实了瑙曼对于政党体系加剧分裂以及议会多数组阁困难的忧虑。例如，除了相对较大的6个政党外，国民大会中已经有3个少数派的代表。1930年9月14日选举产生的议会最终包含来自15个政党及其政治团体的议员。

魏玛共和国的纯粹比例选举制度还存在另一个问题，虽然在宪法征集中也有提及，但人们仍寄希望通过选举法加以矫正：比例选举制是纯粹的政党选举，个人候选人退居幕后，人们只能决定名单，而不能决定个人。因此代表将比以往愈加依附于政党。议会选举法确定了35个选区，这些选区结合成16个选区联盟。[149]被选出的代表与他们的选区关系相对松散，但这些选区大多很大，横跨多个行政区域。此外，代表还要和自己以及其他政党的候选人一同参与选举，也就是说他和其他许多政治家一起代表"他的"选区。通过复杂的余票利用方式，经过多次修订的议会选举法保证没有选票丢失，而议会也展示了自己忠实反映民众政治声音的形象。但正是这一方法，使选举准备阶段不得不与大中型政党达成妥协，甚至让融为一体的小政党和利益联盟有了可乘之机。

获得了这一民主选举权的德国人是如何投票的呢？[150]1月19日的选举结果表明，弗里德里希·艾伯特领导下的社民党自11月9日开始实行的路线赢得了明确的支持，但社民党并没有获得绝对多数。而以君主制和立宪制捍卫者身份参加选举、旨在恢复被十月改革和革命废除的宪法与社会制度的德国民族人民党（DNVP），以及属于自由主义保守派的德国人民党（DVP）则遭遇了重大失败，他们总共只获得将近15%的选票。就算把身边的小党也算进去，形势也不会明显改变，因为他们总共只拿到了1%的选票。与所有形式的保守党的失败遭遇一样，人们也同样拒绝了以独立社民党为代表的坚定的社会主义路线，只有7.6%的选民选择了这一极左翼政党。由此产生了由中间偏左到中间偏右的三个被称为"魏玛政党"的压倒性多数，即社民党、中间党和德国民主党的联盟，他们总共获得了76.2%的选票；其中，社民党以37.9%的选票遥遥领先于获得19.7%票数的第二大党中央党。另一方面也可以看出，人们并不想要由社民党和独立社民党组成的纯社会主义多数党联盟。理论上说，由剩余所有政党组成的纯市民联盟也有可能与左翼政党相抗衡。但事实上，这一所谓的联盟没有任何实际机会，因为他们本可以在革命动荡尚未平息之时，将遥遥领先的第一大党排除在组阁之外，也很可能由于中央党多数派和左翼自由主义倾向的德国民主党与德国民族党之间不可调和的对立而无法提供可行的选择。

总体来说，政治中间派获得了压倒性多数，在德意志帝国的最后几年已经开始相互靠拢的3个政党最终形成了联盟，这一选举结果确保了民主共和国的稳定。这一联盟也保证了社会融合，因为它将以社会平等为目标的天主教中央党、擅长动员广大知识分子力量的德国民主党的民主市民力量，以及社会民主党人及其代表的部分有组织的工人阶级团结在一起。与之相对，社民党因为没有获得希望的绝对多数而生的失望就显得微不足道了。一方面，在政党成立过程中日益深化的政治自由主义分歧，在1919年还未明显显现出其负面影响。这一选举结果，使得魏玛三党在国家的基本政治问题上有可能达成相互谅解。但从深层次来说，他们的意见却迥然不同。在信仰及其带来的文化政治后果方面，天主教党派无法与反天主教甚至是反宗教的左翼自由党人或社会民主党人达成妥协。另一方面，比起以市民–知识分子、中产阶级乃至部分大工业主为代表的德国民主党，中央党内基督教工会为数众多的雇员代表与社民党人有着更多的共同利益。但此时，重中之重在于要对和平条约作出中央的政治决定，以及决定未来德国的宪法秩序——而恰恰在这几点上3个政党才有可能做出妥协。

在那几周，各州内的制宪议会也开始选举。国家层面的结果符合预期吗？撇去图林根州不谈（1919年只在图林根州内举行了选举，全国范围的选举直到1920年6月20日才得以实现），其他地方的选举参与度大相径庭。符腾堡州有90.9%的人参与州选举，其比例甚至高于国家层面选举，巴登州（88.1%）和巴伐利亚州（86.3%）的数据也相当可观，而在普鲁士只有75%的民众参选，黑森州甚至只有73.2%。也就是说，德国南部各州选举参与程度最高，而且选举日期也更早，分别是1月5日至1月12日，均早于国民大会的选举日。普鲁士和黑森的选举直到1919年1月26日才举行，因此不排除选民热情已经消退的可能。而在普鲁士，由于斯巴达克同盟起义及其被镇压引起的柏林"一月骚动"，不仅阻挡了潜在社民党支持者参加国家乃至州议会选举的脚步，甚至还使社民党失去了许多志在必得的选票。因此，参加1919年1月26日普鲁士制宪州议会选举的柏林人只占城市总人口70.25%，低于1919年1月19日普鲁士平均参选比例5个百分点，但还是比德国民族主义堡垒东、西普鲁士各地要高得多。[151]在这次选举中，独立社民党超常发挥，以6个代表名额仅次于8个代表的社民党成为第二大党。[152]而在早前的国民代表大会选举中，虽然两周前刚刚卸任的极端派柏林警察局长埃米尔·艾希霍恩是独立社民党的头号候选人，或者也恰恰因为如此，独立社民党在柏林选区也成绩斐然，只比社民党少获得一个议席（4比5）。[153]只有在日后成为共产主义堡垒的梅泽堡地区，独立社民党才取得更成功的结果。在当地，独立社民党议席比其他所有政党的总和还多（5比4）；而在独立社民党一向一党独大的萨克森州选区，该党获得10—14个议席。[154]在评价1919年1月的选举时，必须考虑这些特殊情况。

综观德国最重要的一些地方议会选举结果，可以看出，除了一些特殊情况，其基本还是与国民大会的结果相一致。值得一提的特征，是各党派在各地迥异的优势情况，例如信仰天主教的中央党就取得了截然不同的成绩。在新教主导的"红色"萨克森，他们只获得了1%的选票，而在巴登州则获得36.6%的选票，超越社民党成为当地第一大党。这种差异是魏玛政党的典型特点，他们很大程度上都扎根于地方，即便是最重要的几个大党在有些选区也只能变成小党派。这一地域主义对政治意见的构成影响重大，总体上人们可以说，比起当今各党派，魏玛政党的各自特色要鲜明得多，他们是地方、社会阶层或是宗教利益的特殊代表。这当然加剧了一个共同联盟中政治融合的难度。

3个魏玛大党在普鲁士取得了74.9%的选票，在萨克森65.5%，在维滕堡80.3%，在巴登更是达到91.5%。但是巴伐利亚是个特例，中央党在此地并未参加竞选。极具地方特色的巴伐利亚人民党获得相应的民众支持，以35%的选票超过社民党的33%成为第一大党，德国民主党以14%成为第三大党。但是，巴伐利亚这一与其他各地相对应的，由巴伐利亚人民党、社民党和德国民主党组成的、社民党人约翰内斯·霍夫曼领导的执政联盟只有1919年5月31日至1920年3月14日不到一年的寿命。在那之前，巴伐利亚人民党和德国民主党从未加入过社民党及独立社民党组成的政府（曾经还包括巴伐利亚农民联盟）；在那之后，自从1920年3月爆发卡普暴乱后，社民党在魏玛共和国时期就再也没能进驻过巴伐利亚政府。[155]

州议会的选举结果也保证了新共和国的政治稳定，但革命并未彻底结束。虽然柏林的社民党人民代表政府在选举前几天成功镇压了斯巴达克同盟起义。但1919年1月10日，3万名矿工在西部的鲁尔区举行大罢工；在杜塞尔多夫，人民夺走了警察的武器；在不来梅，作为对柏林事件的回应，工人与士兵委员会宣布"社会主义共和国"成立。另一些北德港口城市也受到动乱的巨大冲击：从1月9日开始，起义者们先后占领汉堡、德累斯顿和斯图加特的报社；1月13日，莱茵威斯特法伦工业区工人与士兵委员会的一次会议决定矿区社会主义化，并引入委员会体系；1月18日，德国中部褐煤矿区工人举行反对社民党人民代表政府的大罢工；1月19日，即大选当天，工人及士兵委员会逮捕了杜塞尔多夫市市长；1月22日，汉堡爆发斯巴达克同盟暴乱；1月25日，多个鲁尔矿区矿工集体罢工，抗议对罗莎·卢森堡和卡尔·李卜克内西的谋杀；同一时间，不伦瑞克工人与士兵委员会议会商议讨论基于委员会宪法成立西北德意志国家；1月27日，威廉港革命水兵发动起义，起义之火很快蔓延到其他港口城市；1月28日，社会主义德意志共和国中央委员会成员要求"确保工人委员会继续存在的可能性，否则人们将面临巨大困难"[156]。在与民意委员会进行讨论之后，1919年1月28日中央委员会发表公开呈文："工人委员会的未来合法地位尚未确立。寻找合适的形式确保代表工人阶级特殊利益的工人委员会合法存在，这是德国国民大会亟待解决的任务。"[157]尽管中央委员会的政治势力微不足道，但这一由社民党人组成的陪审团决议仍值得思考，尤其是受弗里德里希·艾伯特之托起草宪法初稿的宪法教授、刚刚被任命为国务秘书的雨果·普罗伊斯在同天内阁与中央委员会就其未来地位的会议上说道："我对宪法是否会就工人委员会的要求进行补充，持怀疑态度。但不管怎样，在全国及各州国民大会召开之后，工人委员会的政治活动就必须停止了。"[158]在另一场合，普罗伊斯向中央委员会成员解释道："一旦我们拥有一个能作为组织基础的真正的政治民主制度，工人委员会的绝大多数活动应当局限在经济领域开展。在国民议会以外再设立一个由工人委员会、市民委员会、农民委员会或是诸如此类组成的议会的想法，只能代表某一行业阶级，是一种反动思想，已经不再适用于当今的时代。"[159]

这一享有绝对优先权的普遍政治代表原则，在1919年最初的几个月里绝非无懈可击。通过宪法确保在革命过渡阶段产生的委员会的合法地位，这一在工人阶级和政治左派里广泛流传的要求，是1919年上半年革命的驱动力之一。在这一社会与宪法规定下，议会选举之时，暴动此起彼伏。起义、以实现宪法或社会要求为动力的政治罢工、一些工人与士兵委员会失控的政治弄权、即便在制宪国民大会选举产生后共和国中央政治委员会中仍不绝于耳的讨论声，这一切都表明：选举结果暗示的政治中间派的稳定都是假象，相当多数的民众和政治活跃团体乃至社民党自身并没有明确采用典型民主制的路线，而只是以政治形势继续存在的坦诚为出发点。

选举结果背后已然显现出日后改变的动态因素。因为选举参与度的不同以及政党体系的变革，未来的选举已远远偏离了1月选举的结果。以西普鲁士为例，易北河东岸各地极低的选举参与度预示着一个巨大的潜在变化——显然，1919年1月，因为革命而感到不安的德意志民族党人根本没有参加选举。无论是国民大会，还是普鲁士地方制宪大会，投票人数都寥寥无几，后者的投票人数只占人口数的53.84%。虽然波兰边境的动荡局势也起了推波助澜的作用（例如在奥博蕾，投票人数只占总人口数的56.22%，与普鲁士一样也远远低于平均数），但也不能排除上面提到的政治动机。另一方面，也许许多支持社民党或是社会主义的选民因为失望而对选举敬而远之，他们发现社民党以及独立社民党并不能真正代表他们的政治目标。虽然德国共产党是1918年12月30日斯巴达克同盟从独立社民党独立后成立的，但他们并没有参加国民大会的选举。此时，社会主义阵营的分裂已经显现。人们脱离独立社民党并新成立一个独立的左翼极端政党的最后动机使独立社民党不再反对选举产生国民大会。另外，共产党中央本想要参加选举，却被62票对23票否决，也可看出德共反对议会制的意图。[160]

回顾魏玛共和国建立后的选举，无论是右翼还是左翼，长期来看都没有1919年1月选举中表现出的那么弱势。与之相对，中间派则比选举结果展现得更为无能，或至少更为脆弱。1月19日的结果尚不能对未来的政治结构作出定论。

▬▬▬ 政党的变迁

　　被选入国民议会的政党中有一些在革命前就已存在。如社民党和中央党都是帝国时期的大党，拥有几十年的传统。1917年4月6日，在雨果·哈斯、格奥尔格·雷德波尔以及威廉·迪特曼领导下，在哥达成立的独立社民党原是"一战"时社民党议会党代表的少数派。他们一开始并没有明确的纲领，其和平主义的思想也与社民党多数派基本一致。但与多数派不同的是：他们反对发行战争债券。总的来说，这两个政党是一脉相承的，但毫无疑问独立社民党在意识形态上更左倾，宣扬社会主义化和委员会体系。

　　自由主义与保守主义的市民阶级政党也在不断地修正续存，包括保守党人和名为德国民族人民党的各个保守小团体，德国人民党里为数众多的民族自由主义者以及德国民主党中进步人民党成员。即使是以维护韦尔夫家族为己任，曾一度寻求自治的地方性政党德意志汉诺威党也是1869—1870年就已成立。虽然革命之火早已燎原，但直到国民大会选举之时，政党的主要政治结构都不曾改变，其传承性不容忽视。

　　当然，在战争与革命的影响以及对一个民主共和国的期待下，德国政党体系还是发生了变化，[161]即造就了一个真正的全新政党——德国共产党。它诞生于社民党与其日益极端化的左翼的分裂，以党领导为代表的大多数越来越偏向中间派，而另一方则将布尔什维克革命视为榜样。在魏玛共和国时期，德国共产党越来越依附于俄罗斯。诚然，战争与革命是这一发展的关键推动力。但早在战争前，社民党内部就已明显存在改革修正主义与东正教马克思主义的紧张对立。[162]

自由主义阵营的分裂也同样可以追溯到帝国时期，但近几十年来已形成不同政党组织的明确形式。早在1871年帝国议会选举时，除了民族自由党外，自由党和进步党都参加了选举。1918—1919年，几个政党差一点可以合并为自由主义大党，但党首们在古斯塔夫·施特雷泽曼身上产生了分歧。基于他在战争年代外交政策上的兼并主义，曾经的进步人民党党首们不愿与他组成共同政党。[163]

古斯塔夫·施特雷泽曼本人在1918年11月为了成立统一的自由主义政党而殚精竭虑。截至目前的研究，尚不能明确解释为什么一度充满希望的谈判，最终会演变为成立两个政党的结局。但不管怎样，曾长期主导的论点得以修正，为此起决定性作用的是施特雷泽曼的个人威望。事实上，他一开始已经做好准备放弃新成立的、共同的自由主义政党党首的位置——当然，他有理由相信未来仍能重新上位。然而，面对种种攻击，若他还想继续在政治上有所作为，就没有其他选择。在德国民主党成立过程中，影响巨大的海德堡社会学家阿尔弗雷德·韦伯在一次内部会议上，攻击施特雷泽曼"令人感到羞耻"的个性，被包括施特雷泽曼本人在内的多人称为"过分"和"不要脸"。[164]总的来说，左翼自由党人，尤其是德国民主党内位高权重，在经验与执行力上却远远不如施特雷泽曼的政治家们之所以排斥后者，与其说是出于内容原因，不如说是出于他的强势性格。

虽然有些民族自由党人加入德国人民党或德国民主党，但同时存在两个自由主义政党一事导致两者的差异比共同之处更为引人注目。至于成立两个政党是否真是弊大于利，很难一概而论。在整个20世纪20年代，施特雷泽曼最终还是成功地将他的政党带上了既成事实的理性共和主义的道路（虽然未必是纲领性的），同时还影响着几乎不可能追随坚定的民主共和主义的自由主义偏保守派选民。共和国建立伊始，德国民主党就远远超越了进步人民党的政治地位，把它称为魏玛政党也毫不为过。这不仅仅因为它对于宪法制定的重要影响，也因为它和其他市民阶级政党，乃至执政盟友社民党和中央党不同，对于魏玛政体，它毫无保留。1918—1919年的冬天，德国民主党成为一场学术与政治全新开端的组织平台。包括如阿尔伯特·爱因斯坦、阿尔弗雷德·韦伯、马克斯·韦伯、恩斯特·特勒尔奇、雨果·普罗伊斯、弗里德里希·梅尼克等一系列顶尖学者，以及如特奥多尔·沃尔夫、格奥尔格·伯恩哈特和赫尔穆特·冯·戈尔拉赫等大名鼎鼎的出版家，德国民主党在短时间内动员大量支持者参与其中。然而，也恰恰是德国民主党堪称共和国日益严重的党派政治动荡的代表。1918年11月20日成立的德国民主党，到1919年已经拥有超过90万名党员，但到1929年只剩下11.3万人。到20世纪20年代末，德国民主党已经损失了超过半数党员。[165]随着党员人数的不断缩水，德国民主党的支持者也逐渐流失。

虽然右翼自由主义竞争对手暂时从中得利，但并没有达到预期的程度。几周后的1918年12月15日，古斯塔夫·施特雷泽曼和企业家雨果·施蒂内斯建立了德国人民党。到1918年1月，该党对外宣称已有10万党员；到1920年4月，党员数一直增长到 31.52 万人。但从 1921 年起，德国人民党也开始走下坡路。至今从德国民主党处夺取的胜利成果只能覆盖这一左翼自由党约三分之一的损失。[166] 这一量级表明，中上层市民阶级以及既不保守也不信仰马克思主义的知识分子团体，对于共和国的热情是非常短暂的。德国民主党和德国人民党的社会结构，很大程度上是由受过教育的市民阶层组成，主导两党的多为管理和教育界的高官以及以律师为主的自由职业者。除了两党内都有的独立手工业者及工商业者的旧中产阶级，德国人民党还拥有一支由富裕市民及大工厂主组成的力量。正是这样的社会结构，造成了两个自由主义政党的松散组织，社民党和中央党通过各自的工会组织赢得的凝聚力是他们所缺少的。虽然绝大多数党员和选民都信仰新教，但两党并没有像中央党那样跨越社会阶层与政治差异一统人心的宗教力量。最后，比起因坚实的社会基础和意识形态而团结一致的社民党人，受过教育的自由主义者的自我社会意识，他们突出的个人主义以及自由主义政党的绅士做派也是建立牢固组织和长期融合的障碍。1919 年的选举结果，对于德国民主党来说极为有利，因为当时的社会形势极为动荡，但受到整装待发的氛围的鼓舞，许多市民还是将选票投给了德国民主党。在革命形势下，德国民主党获得了成为社民党执政同盟的机会，代表准备充分的市民阶级参与新建共和制的民主国家。

一切都是为了尽快建立新的国家，改善糟糕的经济、社会及外交环境，以及重振因革命失败而遭受重创的国家自信心。毫无疑问，德国民主党的命运与魏玛共和国的命运休戚相关，对此其他任何政党都无可比拟。1919 年 12 月 13—15 日，在莱比锡的德国民主党特别党代会上颁布的政党纲领明确表示："德国民主党的基础是魏玛宪法，保护并贯彻魏玛宪法是政党的使命。"[167]

早在1919年10月19日颁布的"准则"中，德国民主党的右翼邻里党派德国人民党就已声明，要"在现有的国家形势的政治原则框架下协同合作"。但同时他们又补充道："参照历史，并出于天性考量，德国人民党认为由人民自由意愿通过合法方式建立的象征德意志统一的帝国为最合适的国家形式。"[168]两党的人事及组织形式的延续性不尽相同，其对于建国的政治目标也明显对立。从这一意义上说，只有德国民主党勉强算得上是新的政党。

1918年11月12日，在雷根斯堡成立的巴伐利亚人民党（BVP）是另一种意义上的全新开始。[169]虽然这只是一个在巴伐利亚地方政治上拥有主导地位的政党，但它是唯一在国家政治层面拥有一席之地的地方性政党，在一些全国性的决定性事件中甚至成了天平上最重要的砝码。1925年总统大选第二轮选举中，他们灾难性的投票成就了兴登堡就是一例明证。巴伐利亚人民党并没有参加国民大会选举，但自1920年起它就是议会的常客，最开始它获得了4.2%的选票，之后支持率略有下降。巴伐利亚人民党是中央党在巴伐利亚的分支，总的来说比中央党保守得多。在建党纲领中，它将自己定位为强调邦联主义的宪法政党。属于国民大会中央党党团的巴伐利亚代表们直到1920年1月8日才解散了工人阶级议会，此前，他们在压力之下，于1919年7月31日投票赞成魏玛宪法。在议会里，巴伐利亚人民党主要与中央党合作，当然也时有矛盾。通过1927年11月28日的《雷根斯堡协议》，两党在长期的疏远后，再次建立组织明确的但事实上自1930年起才开始的深化合作形式。在魏玛共和国期间，巴伐利亚人民党的地方政治缺乏明确的主心骨。

1919年3月31日—1920年3月14日，它是霍夫曼领导的地方政府下社民党和德国民主党的执政盟友，但又在市民卫队的参与下推翻了政府，取而代之的是由极端保守派古斯塔夫·冯·卡尔领导的市民阶级政府。因为与国家政府就解散市民卫队以及废除巴伐利亚紧急命令的矛盾不断加剧，后者也没能坚持多久。虽然党内的政变及分裂势力气焰不灭，但在1923年希特勒发动政变后就不再能左右党内的多数派意见。1924—1933年，巴伐利亚人民党出身的赫尔德领导下的地方政府再度亲近魏玛共和国，但仍属于右翼，以至于其与德国民族人民党的联系经常妨碍其与中央党的关系。

在德意志帝国时期，19世纪主流的政治思潮从组织上得以加固，1918年之后也依然存续，例如自由主义与社会主义各自的政党政治的分裂。尽管政治上天主教具有强大的凝聚力，但巴伐利亚地区的独立削弱了它的力量，而帝国的保守势力开始聚集在德国国家人民党中。然而，以重建帝国为己任，强调社会出身的复辟派德国民族人民党，也不是德国保守派的不变代表。到了20世纪20年代，不愿追随1928年10月20日当选为党主席的阿尔弗雷德·胡根贝格的右倾路线偏极端派以及温和保守派选择了退党。此外，从共和国建国伊始，其他市民阶层政党也不乏保守分子。

只有德国共产党才称得上真正意义的全新政党。从某些程度上说，德国民主党和巴伐利亚人民党也勉强够格；至于其他政党，都只是指其政治及组织上有条件的重建。通常情况下，极端化和政治中间派倾向可以互补，魏玛共和国伊始的德国共产党和社民党就是很有启发的例子。其结果是：左翼共产主义者和中间派坚定的民主党人政治谱系的扩大。德国政党重建的时间点发人深省：巴伐利亚人民党成立于1918年11月12日，德国民主党成立于11月20日，德国民族人民党成立于11月24日，德国人民党成立于12月15日，德国共产党成立于12月30日。除此之外，社民党、中央党、独立社民党和德国汉诺威党同时存在。

光是这些数据，就足以证明社民党领导层以及人民代表委员会推动的民主化政策的严肃性：革命领导没有阻止任何形式的政党组建或政党活动，哪怕该党有明确的反革命或反民主倾向。即使在革命进程中，社民党领导对政党政治也采取非常宽容的姿态。

对于许多人来说，当时的政治形式非常开放，当人们回顾那段历史，也会发现魏玛三党的革命联合执政从一开始就具有连续性的特征。在共和国伊始，以雨果·普罗伊斯为代表提出的、第二次世界大战后由特奥多尔·埃申伯格采纳的"临时民主制"[170]的说法反而令人困惑。政治延续性加深了左翼政党内部的分歧，却也为中间派的融合铺平了道路。在弗里德里希·艾伯特以及中央党议员马蒂亚斯·埃尔茨贝格对现状做出批判性评判后，1917年7月19日魏玛三党在议会上对和平条约做出表决，开启了今后的合作。当时由社民党、中央党和进步人民党组成的新议会多数派，被要求在不被迫割让领土以及对方不进行经济、金融及政治制裁的前提下签署和平谅解条约。虽然这一条约没有取得直接影响，同时因为再度向好的战争形势也没有构成三党持续合作的基础，但至少是一个全新开端。

早在1917年7月13日，在上述三党以及施特雷泽曼的民族自由党和保守党派的共同参与下，帝国议会罢免了宰相贝特曼·霍尔维格。尽管这一在最高陆军司令配合下完成的宰相罢免事件从政治上说并不明智，体现了议会破坏性的力量，也是议会在政治角力场上日益重要的证明。而魏玛三党以及民族自由党的建设性合作的代表事件是由马蒂亚斯·埃尔茨贝格发起的，在1917年7月危机时建立的旨在确立和解条约的多数党跨党派委员会。这一没有固定章程和成员的委员会一直延续到革命爆发。

随着社民党进入1918年10月马克西米连亲王的政府内阁以及10月革命带来的议会化，中间派松散的议会合作终于得到了话语权。1918年8月24日的"小型选举改革"可被视为序曲，虽然对于社民党来说，这次改革并未走得很远，也没能得以实践，但这毕竟是国家层面的选举权讨论第一次得出结果。

即便在革命的几个月里，中间派政党的合作也仍在继续：推动这一合作的是经验丰富、精力充沛的议员马蒂亚斯·埃尔茨贝格。10月3日，他成为马克西米连亲王政府的国务秘书，11月9日之后依然高居国家领导层。作为德国停战委员会主席，他于11月11日在康边签署了停战协议，1919年2月13日成为谢德曼的内阁部长之一。1918年11月15日，艾伯特任命出身于进步人民党，后加入德国民主党的柏林贸易大学法律教授雨果·普罗伊斯为内政国务秘书。上述这些例子足以展示出魏玛执政联盟在革命前以及革命中的跨党派合作。帝国议会势力在战争将尽之时日益增强，同时跨党派合作在帝国存在的最后几周获得了宪法承认，这是该政治进程得以持续的重要原因。

从议会化本身来说，从最初到1918年11月9日及至国民大会选举，都展示了一以贯之的政治路线。1918—1919年冬，除了贯彻建立一个典型的议会制共和国之外，是否还有其他政治可能？要回答这一问题，必须将社民党、中央党、进步人民党以及施特雷泽曼的民族自由党推动的革命前改革政策，以及社民党在这一政策中建设性的参与纳入考量。在这一阶段，他们没有选择独立社民党，而是与有改革意愿的中间派市民阶级政党合作，并将这一合作关系一直延续到11月9日之后。这一政党结构的存续保证了宪法政治的相对稳定（虽然并没有带来社会稳定），指明了未来政治联盟以及建立一个议会制共和国的必要性。

当然，这一政党的延续性还有听上去颇为自相矛盾的负面影响：恩斯特·弗兰克尔第一个把它称为"德国议会制的天生的负担"[171]。在制定宪法的数十年间，德国政党得以发展，但他们的政治实践不是怎样分割权力，而是怎样面对权力：议会可以发言，但几乎没有政治行动力；预算否决是议会少数有效的权力工具之一，更多地起到破坏性作用；强调纲领和意识形态成为不可避免的结果；政党无法影响政府组阁，但可以推翻政府。对于贝特曼·霍尔维格的罢免，证明了这一在战争末期形成的议会权力的两面性。取而代之的总理是一位依附于最高陆军司令部的官员，根本没有能力领导一个摇摇欲坠的帝国。

造成革命期间一些错误决定，以及共和国末期议会号召力日益衰弱的原因，是领导层缺乏经验且不懂妥协。例如，社民党就不仅仅是一个革命期间在艾伯特的领导下将民主制贯彻始终的政党，在20世纪20年代，它也越来越成为一个情愿助力"能干的反对党"也不愿承担政治责任的政党。社民党这一自我毁灭式的特征愈演愈烈，其议会党团甚至在1928年11月17日置自己的部长于窘境，迫使社民党出身的总理赫尔曼·穆勒在议会上反对先前由其内阁通过的一项草案——虽然社民党这么做也许有其考量，但仍称得上一出"荒诞的闹剧"[172]，这也是议会决议功能低下的明证。但社民党这样的举动也非常态，社民党历史上也出现过一大批既有执政意愿也有执政能力的政治家。除了艾伯特，就要数普鲁士政府首脑奥托·布朗[173] 了。但恰恰在国家层面上，这样的政治家少之又少。就像社民党议会党团对自己的政府缺少忠诚度一样，普鲁士社民党地方议会党团主席恩斯特·海尔曼对普鲁士联盟政府的态度也如出一辙。[174]

无论怎样，社民党这种对于政府事务的保留态度并非一家所有，这在市民阶级政党中也不少见。另外，面对会得罪人的决定，作为社民党左翼竞争对手的德国共产党往往不愿承担共同责任，因为这样会损失他们在工人阶级中的选票，哪怕社民党议会党团中愿意寻求合作的那一部分党员意志坚定；也可以预见，右翼政党的阴谋诡计、中间党的摇摆不定，以及德国人民党的不愿妥协，势必会破坏好不容易形成的联盟。

中央党是一个例外，它参加了魏玛共和国所有的政府内阁，甚至共和国的10位总理中有4位来自中央党。此外，中央党和社民党以及德国民主党在最大的行政区普鲁士组成了联合政府长期执政。无论是主要以发展经济及农业为导向的保守党阵营，还是以工会为指导的工人阶级阵营，社会的多样性并不影响中央党与双方的联盟。最后不得不提的还有其借助宗教信仰平衡内部矛盾的能力。上述一切，都使中央党与其他魏玛政党明显区分开来。在宗教与文化问题上，中央党教条严格，但在外交及其他内政事务上则一向善于随机应变。

在德国政党体系的延续性方面，议会制与生俱来的负担对每个政党的影响程度不尽相同。但总的来说，中央党和其他多数市民阶级政党中的绝大部分党员及选民从根本上是反对革命的，对于共和国的建立也曾再三犹疑。哪怕中央党之后成为魏玛共和国的支柱之一，但其保守势力依然坚持宪法政治的倒退，以及削弱议会以增强总统的权力，这一倾向自 1930 年后更是甚嚣尘上——当然，议会越来越难以妥协的事实在很大程度上刺激了这一态度的形成。1920 年后，中央党在议会的席位就开始减少，加之巴伐利亚人民党的独立也分走了部分选票（1919 年 19.7%，1920 年 13.6%），维护中央党内部稳定因此变得愈发艰难。虽然比起另外两个民主政党和其他所有政治中间派，中央党在 20 世纪 20 年代的损失相对较小，但也足够引起关注。所幸一直以来，中央党总算稳住了 1920 年时的水平，仅有小幅回落。中央党拥有相对稳定的选民根基，1932 年 11月 6 日，其支持率降到最低点，为 11.9%，即对应 423.1 万选民。中央党是继社民党后魏玛共和国的第二大党，但其成员数鲜少超过 20 万人。[175]

除去 1919 年的大选，在之后大选中，几大党的选票份额并不高，这主要是因为突出的地方主义以及政党的分散：直到 1932 年 7 月 31 日议会选举前，社民党都是第一大党。但除去 1919 年国民大会（37.9%），它只在 1928 年 5 月 20 日的议会选举中获得过接近 30% 的选票，此后支持率一直在 20.4%（1932 年 11 月 6 日）至 26%（1924 年 12 月 7 日）间徘徊。这还是在社民党拥有一批坚定的选民，且始终是在魏玛共和国最具影响力的政党的前提下。但很快，社民党的号召力也极速下降。像德国民主党一样，在共和国伊始，社民党达到了其动员力量的最高峰：1920 年政党有 1180208 名党员，到了 1925 年只剩 806268 人。[176] 但如果把社民党的这一党员数发展趋势与其他左翼政党对比，还是可以看出社民党在维护与选民及成员的良好关系方面的优势的[177]：在与独立社民党左翼合并前，德国共产党只有 7.8 万名注册党员，直到 1920 年 12 月合并后才达到 37.8 万名，但这一数字只维持了很短的时间。到了 1925 年 7 月 1 日，其党员数跌落至 114204 人 [178]，这一状况一直持续到 1930 年。（1930 年 7 月，德国共产党的党员数为 12.4 万人），共和国末期，德国共产党的党员人数翻了将近一倍，但仍然只达到同样增长的社民党党员数的五分之一。

根据独立社民党公开的数字，直到 1920 年 12 月分裂前，该党的成员数呈上升趋势（1919 年：75 万人，1920 年 10 月：89.5 万人）[179]，但到了 1921 年春天，注册在案的党员数下降至 34 万人左右。但这些数字的正确性还有待考证。如果这些数据符合事实，那么独立社民党在共和国最初短短几年中与选民及党员的关系极为良好。在对待独立社民党和德国共产党时，潜在的社民党党员和选民几乎如出一辙。在政党分裂以及与社民党合并后，绝大部分选民和党员都流向了德国共产党，而领导层则压倒性地偏向社民党；另一小部分党员及选民日后选择了小党派或是销声匿迹，这也是独立社民党事实灭亡后从社民党到共产党整个左翼阵营选票比例大幅下降的原因。在 1920 年的议会选举中，社民党、独立社民党和德国共产党共获得 41.6% 的选票，1924 年在选民人数只有些微减少的情况下，左翼阵营的票数只占总票数的 33.1%。

社民党在选民中的一大支柱是有组织的工人阶级，即成员总数超过 500 万的德国共同工会联盟（ADGB）以及共同自由雇员联盟，他们中的绝大多数都是社民党的拥趸。[180] 无论是独立社民党还是共产党都无法深入地打入这一工会联盟与社民党的同盟，哪怕后者中有组织的工人阶级偶尔也会对社民党领导层表现出不满。

与左翼及右翼中间派政党不同，在反响平平的开场后，德国民族人民党的选民及党员数从 1920 年至 20 年代中期迅猛增长。1919 年其党员数约为 30 万—40 万之间，1922 年就已达 70 万，1923 年达到 95 万，自 1924 年起则开始缓慢下降。[181] 这一趋势与其选民发展也基本吻合：1919 年 1 月人民党只获得 10.3% 的选票，在 1924 年 12 月的议会选举中，其支持率已上升至 20.5%，但之后又极速下跌（1928 年：14.2%；1930 年：7%）。自 1930 年 9 月纳粹党崛起后，更是分走了人民党的大量选票。但因为这两党都是反民主主张，所以这一选民的迁徙并未改变整个政治格局。

这一党员和选民的快速流动，表明魏玛共和国的政治在 1919—1920 年就已十分动荡；到了共和国末年，这一局面愈发严重。中间党派的右倾倾向从德国民族人民党和德国人民党自 1920 年起的发迹中就可窥一斑，这证明 1919 年 1—2 月选举所宣告的共和国之稳定是多么虚妄。

由于信仰和地方主义的限制，魏玛共和国的政党普遍缺乏凝聚力，这在中央党和德国民族人民党中尤甚。莱茵兰、韦斯特法伦、巴登和西里西亚的天主教教区是中央党的堡垒，而民族人民党的重心则是在信仰新教的易北河东岸旧普鲁士各省。另外，与帝国时期的保守党不同，民族人民党在易北河西岸也有所斩获。这一地域上的扩张主要是因为其社会基础跨出了战前保守主义的范畴，通过德国国家店员协会的帮助在德国西部及北部的工业城市站稳了脚跟。然而，德国民族人民党 40% 的选票还是来自易北河东岸[182]，这也是其地方与社会根源的证明。

撇去中央党和德国民族人民党不谈，绝大多数魏玛政党缺乏凝聚力还有另一个原因，那就是阶级政党。虽然至今尚未有对魏玛政党党员及选民的社会结构的全面研究，但还是能总结

出一些基本特征。普遍适用于魏玛政党的结论是：他们不善于
与年轻一代沟通，更不要说妥帖地去代表他们。直到主要由年
轻一代发起的"运动"——纳粹党的出现，这一群体的积极性
才被调动起来。在1930年前支持者人数多于纳粹党的魏玛各
政党中，也只有德国共产党在年轻人中有相对较强的号召力，
也只有在它的领导层中有众多年轻人活跃的身影。这一情况不
能简单以年轻一代更倾向于政治极端化来解释，因为它有着更
复杂的原因：那些德高望重的政党早在1918—1919年时就已
形成寡头政治，世代更替受现存体制的惯性牵制，因此相当
有限——与之相对，新成立的政党在这一方面要容易得多。此
外，德国共产党以及日后的纳粹党发动了多起反对魏玛共和国
的极端抗议运动，年轻人的就业前景暗淡，甚至是否能融入魏
玛社会都成问题，因此对于社会、经济以及意识形态的不满也
主要在年轻人中蔓延。

那么政党们关心的是哪些社会阶层？哪些人感到自己的意
见真正被倾听呢？首先还是要先说一个更普遍的问题：执意贯
彻妇女选举权的社民党从中获利最少，甚至因为女性的参选而
吃了亏。一份按性别对1920年议会选举的849762选票进行的统
计，毫无疑问地表明女性普遍倾向于中间右翼或右翼政党，而
整个左翼联盟在女性中反响平平[183]：

	男性选票	女性选票
中央党	41%	59%
德国民族人民党	44%	56%
德国人民党	49%	51%
德国民主党	53%	47%
社民党	57%	43%
独立社民党	59%	41%
德国共产党	63%	37%

中央党的这一特殊地位，也许可以从它与信仰天主教的女选民相对更为紧密的宗教羁绊来解释。一项针对1928年议会选举的研究表明："女性最喜欢中央党和巴伐利亚人民党，在剩下的大党中，政党越'左倾'，就越不受女性欢迎。"[184]如果女性没有选举权，那么大选的结果绝对会大不相同：社民党和德国共产党将会大获全胜，而中央党、巴伐利亚人民党以及德国民族人民党则会铩羽而归。[185]如果把各自党团中女性代表的比例和女性选民的倾向性做对比，结果会更矛盾：这里出现了一种"消极的相互关系"，即女性越不喜欢的政党，党内女性代表的人数就越多[186]。例如1928年议会选举后，社民党党团内女性代表比例为13.1%，德国民主党为8%，而德国民族人民党仅为2.7%，中央党则是3.3%。抛开天主教因素不谈，这一情况也足以说明虽然共和国史上首次赋予两性政治平权，但并未获得大多数（非天主教）女性的支持。

唯一两个在所有主要社会阶层都拥有可观份额的党派，即中央党和德国民族人民党，除了明显的地域偏重问题外，还受到宗教信仰的约束。虽然对这两党，尤其是民族人民党而言这并非绝对之词，但其党员和选民的宗教关联仍不容忽视，例如1928年选举后，民族人民党议会代表中92%信仰新教，只有8%信仰天主教。尽管如此，比起中央党，民族人民党代表的宗教政治利益还不那么显著，毕竟在德国人民党和德国民主党中，新教信仰也占统治地位。这同时也说明德国民族人民党在新教徒中并没有垄断地位。但它在那些积极投身政治的新教牧师中一呼百应，可见这一团体绝大多数是拥护国家君主制的。

虽然德国民族人民党的政治目标毫无疑问延续着"一战"之前的保守主义传统，但它已成功地大幅拓宽了自己的社会基础：除了大地主、政府高级官员、神职人员和工厂主，城市及乡村中产阶级、手工业者、农场主以及职员组成的新城市中产阶级中也有相当部分成为它的拥趸。此外，甚至还有少量工人，尤其是来自东易北河乡村地区的工人支持人民党。当然，这些阶级对于该党的政策影响微乎其微，但它们的存在却使政党在表面上得以名正言顺地使用"人民党"之名。[187]

拥护中央党的天主教信众的社会组成与人民党类似，既有高层官员，也有工人阶级，其中工人阶级主要来自基督教工会。此外还有农业及工业利益代表，但主要是中产阶级。最后还有少数自由职业者。[188]到了魏玛共和国末期，大概有略超三分之一拥有选举权的天主教徒把选票投给了中央党，但其选民数总体是缓慢下降的：中央党的凝聚力也不如从前[189]，与教会关系不如以往密切，在长期参与政府事务过程中做出了一系列不受欢迎的决定。但作为政府政党，在面对截然不同的社会经济利益时不得不做出内部妥协，以此实现不断变化的执政联盟：这一切使政党渐渐不堪重负——尤其是其还代表多方政治利益，既包括保守派，也有左倾偏中间派的共和倾向。帝国（绝大部分中间偏右）和普鲁士（中间偏左）的不同联盟为政党各派提供了平衡的空间，但他们消磨着党内的妥协意愿，并使得国家层面的联盟谈判与普鲁士的政府组阁紧密联系起来。

至于其他政党，基本可以判定是阶级政党，虽然未必是自愿，但事实上他们是排斥其他社会阶级的。例如，德国共产党就是绝对的无产阶级政党，其政策自然由领导同志以及以莫斯科为最高指示的共产国际决定。自1924年共产国际召开第五次世界大会后，德国共产党就达到了绝对的布尔什维克化，摒弃一切反对主张。

与社民党以及德国共产党不同，独立社民党有数量相当可观的知识分子与自由职业者的拥护者，在领导层中也不乏来自这两个阶层的人士，尤其是律师。虽然总的基础仍是无产阶级群众基础，但战前信奉理论，依据理论行事的社民党精英阶级大多流向了独立社民党，而绝大部分工会战线的干部则留在了社民党，此外的三分之二则由工人组成：1930年的准确数字为：60%工人，10%公司职员，3%公务员，17%家庭妇女[190]，其中家庭妇女主要来自工人阶级家庭。选民和党员未必来自同一社会阶层，社民党的市民选民比例并不低，1930年的估计数字甚至达到40%。[191]

在对于特定选民集体的吸引力方面，社民党和德国共产党的有趣差异有时并不在数量。例如，在响应竞选号召时，科学家和艺术家的倾向就截然不同：艺术家们几乎一致为共产党奔走宣传，而科学家们则一致支持社民党。

对于职员阶层，包括社民党在内的所有左翼政党几乎束手无策：1929年，德国有350万职员，其中大多数是日薪结算，在左翼政党看来，他们几乎等同于无产阶级。虽然从经济状况看这符合实际，但这类竞选口号伤害了一个既有阶层下降也有阶层上升可能性的群体的脆弱自我社会认识，越是经济上接近无产阶级，就越不想在社会中被视作无产阶级。与之相对，声称职员们拥有"错误的社会意识"，这只是马克思主义者认为社会意识来源于经济基础的这种意识形态认知。就这点而言，瓦尔特·本杰明的社会心理学结论也无甚大用：通过来自市民阶层的回忆与理想画面，职员们的意识形态展示了"一种对于现有经济现实的独特的叠化"，它与无产阶级极为相像。"如今，没有一个阶层对于日常生活的具体现实的思想和感知比职员阶层更为异化。"[192]

如果像彼得·魏斯那样只从经济以及相应的马克思主义层面理解"社会主义民主思想"，同样也是某种认知上的误解。"工会成为领导层用来安抚工人的武器。这里培养了一种个性。社会民主主义综合征削弱了阶级归属感，它建立在成员的恐惧之上，巩固了其与生俱来的胆小怕事，并将他们拖入既非无产阶级也非中产阶级的小市民阶层，以便为将来的反动目标蓄势。"[193]这一尖锐评论一针见血，但也忽略了一个问题：社民党的"小市民化"绝不是由领导层强加在成员和拥护者身上的，而是工人运动"消极融入"[194]帝国时的衍生品。与其他社会阶层成员一样，哪怕只有些微社会阶层上升的可能，工人们都尤其敏感。对于这种在任何一个可能跃升至更高层次的阶级时被屡次证明的社会心理，光凭革命口号和单纯的经济学是绝无可能改变的。此外，对于魏玛共和国绝大多数的社民党人来说，这个自1918年起便受法律保护，且在许多社会和政治领域得以实现工人阶级参政的国家，并不是一个简单的亟待革命的阶级国家。

随着法律特权阶级的废除，以及对工人阶级的社会偏见和政治排外的消除，进一步发展的社会与经济结构变革与随之而生的社会重组相辅相成——雇员阶层的不断壮大就是明证。市民阶层的中间派政党以及首当其冲的社民党因为这些变化而陷入艰难的社会处境：一方面他们是坚定不移的阶级政党，另一方面他们的社会基础却在飞速变化；和之后的通货膨胀以及经济危机一样，持续4年多的战争也起到了社会经济熔炉的作用。但是政党们仍像革命前一样对待选民，只是基于1918年秋天后发生的政治体系变革而稍加调整。

纳粹党在1930年后的成功，虽然主要是经济危机的后果，但同时它也是当时的德国政党未能深刻认识到社会变革造成的。从行为模式上看，纳粹党不像阶级政党一样对待选民，但相当依赖小市民阶级。同时，它拥有一种跨越阶级的混乱的民族共同体意识形态。与之相对，从中期来看，大多数魏玛政党的社会局限性成为共和国的沉重负担。

上文已有提及，两个自由主义政党的选民及党员基础主要由中产阶级以及一部分大资产阶级组成，其中绝大多数都是新教徒。从社会阶层看，两党几乎没有区别，但偏保守派的德国人民党中包括大工业主利益的工业派要比偏左翼自由主义的德国民主党更为突出。支持德国民主党还是德国人民党并不取决于社会地位，而是政治信仰。但不管怎么说，这两个政党与工人阶级几乎毫无瓜葛，与雇员阶层也只是有限接触。党内为数众多的是高级官员、老派中产阶级、社会地位较高的市民阶层、自由职业者以及科学家等。[195]

除了中央党，魏玛共和国的政党都代表了相对明确的阶层利益，面对相对有限的群众阶层。如果政党能代表更多样性的社会利益，并相应地培养政党内部的协作能力，那么利益代表这件事本身对于魏玛共和国的政治体系并无大碍，甚至还能降低与其他政党联盟的难度。但这种对立的经济与社会利益间的均衡只是浅尝辄止，且越到共和国末期就越发稀少。取而代之的是社会的大部分人将这些政党视为纯粹的、往往是个人或个人政治利益的捍卫者。那些执政党则是从一开始就受到格外的蔑视。这又反过来增强了那些因为不愿妥协而拒绝参与政府事务的议员和党干部的势力。矛盾的是，比起其他政党，那些执政党——哪怕是中央党——反而更少实现自己的政治目标，却不得不为选民失望买单。多亏社会党拥护者们的一贯忠诚与政治天主教教义，才保证了社民党，中央党未像其他政党一样因为这样引起的损失而支离破碎。值得一提的是，在中间偏右政府执政4年半后，作为反对党的社民党在1928年的选举中获得的票数大幅提升，获得了自1919年1月19日后的第二好成绩。同样，中央党的选票也持续低迷，除了1932年7月31日的选举，而那恰恰是首相布吕尼倒台，中央党被排挤出政府之时。从1920年起，德国民主党就因参与执政引起选民的强烈不满。德国民族人民党的参政经历也不堪回首，比起1924年党选举，4年后他们丢掉了将近三分之一的选票。

毫无疑问，对于魏玛共和国的政党，尤其是国家层面的政党来说，接管政府是件令人沮丧的活计。短命的政府几乎不可能实现稍有意义的政治目标。在魏玛共和国的历史里，只有少数例外可以跳出这一规律，其前提是无论联盟或政府怎样轮换，某一职能部门很长一段时间内都由一位部长领导。最好的例子就是外交部。古斯塔夫·施特雷泽曼从1923年8月13日担任外交部长，一直到1929年10月3日他在任期内去世。正是因为其长期在位，才得以决定性地影响这些年德国的官方外交政策。但即使是如此成功的持续性政策，也很难对他所在的政党有所帮助。

▰▰▰ 国民大会及其成果：1919—1920年

■ 制宪，组阁，立法

　　1919年2月6日魏玛国民大会成立大会召开时，人们对于这种形式的政治形式还毫无头绪。在革命爆发前，社民党、中央党和德国民主党开始通力合作，其共同目标是通过选举产生制宪大会以终结革命，并最终通过这一选举结果建立相应联盟。这是人们在1919年1月19日预设的道路。国民大会于1919年2月10日就临时国家权力通过了过渡宪法，过渡宪法取代了革命法律。在这一宪法的基础上，2月13日，3个政党成立了以菲利普·谢德曼为领导的新政府。在接受这一宪法后，社民党民意代表们功成身退，革命政府以此践行了民主议会制原则。谢德曼这样对代表们说：“女士们、先生们，在顺利召开国民大会并颁布临时宪法后，我们作为临时政府的历史使命就已完成。现在，我们把从革命中接过的权力交到你们的手中。”[196]（不绝于耳的掌声）很少有一个革命政府能如此坚持奉行自己的原则，尽可能快地召集制宪大会，并最终在颁布临时宪法后立刻下台。

　　在1919年8月11日正式宪法颁布前的半年里[197]，过渡宪法是德意志帝国政府的法律准则，它明确定义国民大会的任务是“制定未来的国家宪法以及其他紧要法律”；它以统一的德意志国家为前提，赋予"基于普遍、平等、秘密以及直接选举产生的代表人民意志的政府"以重大的议政权。各州按人口数的比例组成州议院，决定国民大会上的政府草案通过与否。如果无法达成一致，可以将有争议的草案直接发回国民大会作最后定夺。若国民大会与州议院一致通过，法律便得以生效。若无法达成上述共识，总统可以召集全民公投。至于发生总统拒绝呼吁民主公投的情况该如何处理，过渡宪法并未说明。也就是说，过渡宪法赋予总统在争议下终止继续商讨某一草案的权力。最后，1919年2月10日颁布的法律保障了自由州的疆域状态。根据日后的正式解释，自由州几乎等同于共和国。[198]因此，对于领土划分的变动只有在相关各州全部同意的前提下方可进行。

关于各联邦州的条款绝没有看上去那么理所当然。在构建统一国家的各种方案中，社民党、独立社民党和德国民主党原则上倾向于中央集权的宪法。临时宪法确定的邦联原则即根植于德意志传统，也是1918—1919年革命的产物。从国家法上说，德意志帝国是一个由诸侯联盟组成的国家联邦。[199]在革命时期，除了分裂主义以及在普鲁士兴起的反对普鲁士霸权国家的自治抗争以外，也有意见认为随着各诸侯国君主的倒台，其联盟也应随之失效，从国际法上说，各国成为主权国家，它们接着可以决定支持还是反对统一。更重要的事实是，革命成为每个州自己的革命，自身带有邦联结构的烙印。1918年11月25日，在各州州长与民意代表委员会的第一次会议上，上述事实就起到了重要作用。例如属于独立社民党的巴伐利亚州州长库尔特·艾斯纳尔，大肆宣扬自己与帝国革命政府相左的关于邦联主义的政治意见，并将其塑造为社会主义的宣传工具。[200]

在接下来以雨果·普罗伊斯的草案以及研究报告为基础的制宪准备中[201]，各州的巨大影响力依然明显。1919年1月25日，各州代表与民意代表委员会在柏林召开第二次政府会议，弗里德里希·艾伯特表达了柏林革命政府"在未来的所有重要政治问题上建立国家领导与各州代表间更紧密的联系"的愿望，但同时也明确强调"关于宪法问题的决定权完全掌握在制宪国民大会手中"[202]。就这一点，绝大多数南部代表都表示反对。对此，普鲁士司法部长海涅也提出异议："如果革命是从某个中央地带爆发……承载了统一的德意志情感，那么也许可能实现一个中央集权的德国。但革命是从一系列地方革命开始的，我们应该只团结那些本身就可团结的东西。"[203]普鲁士的社民党革命政府此时也坚持捍卫这一德国最大州的生存权，认为基于其他州以及那些坚定的中央集权派政治家的反对，其霸权地位岌岌可危。

那么普鲁士该何去何从？雨果·普罗伊斯原本想要废除拥有三分之二国土面积和五分之三总人口的普鲁士大州，但这一计划被证实是不可行的，仍影响深远的德国邦联制度救了普鲁士：这一最大州的社民党革命政府成了邦联制的支柱。就像影响了1919年1月雨果·普罗伊斯领导下的共同委员会制定的临时宪法草案一样，这次各州再次得偿所愿。至于国民大会是否拥有不受各州意见左右的制宪主权这一原则问题，则仍然悬而未决。

除了国民大会的职责以及各州在国家层面的政治权限，临时宪法还规定了总统和政府的地位。现有的预期依然发挥着作用。除了宪法国家强有力的元首榜样外，总统还有一个主导性地位：他领导国家事务，是国际法规定的国家代表，颁布已通过的法律以及缔结的协约。此外，包括最高陆军司令部在内的所有政府和军事部门的部长必须获得国民大会信任方可执行公务，且对国民大会负责。这一议会制政府的必要前提是国民大会从十月革命中习得并加以修正的，它以此证实了由它引入的议会制。过渡宪法规定总统由国民大会以绝对多数选举产生，其任期到未来以正式宪法为准则进行国家元首选举时终止。鉴于弗里德里希·艾伯特在革命进程中取得的声望，他当选这一最为重要的政治职务是众望所归。迅速决定革命过渡阶段最有权力的政治人物，也给了缺乏执行力的政府部门更高的政治分量。相比在执政与任命上相对独立的总统，政府则陷入了双重依赖：它一方面由总统任命，另一方面又必须获得议会的信任。在最后几个月里成为艾伯特之后明确的二把手的谢德曼被任命总理一职，这也显示出政治上的排序。艾伯特很早就认识到国家元首是相对稳定也是起到稳定作用的位置，而总理则要更多地面临政党政治的洗牌。[204]另一方面，事实也很快表明，革命爆发的那几个月里，雷厉风行的政治家成为总统后，在政治上必须变得更为克制与保守。也许身为总统的艾伯特本可以更多地参与到日常政治中[205]，但这很可能有悖于他对宪法的理解。另外，他凌驾于各政党之上的职位也明白无误地使他疏远了自己的社民党基础。他的政党政治权力基础比看上去更加羸弱。

迅速通过的过渡宪法只有10个段落，但它很大程度地预告了魏玛正式宪法的基本面貌。原则上，国民大会在宪法相关问题上拥有自主权，但基于包括各州在内的共和议会宪法的普遍基础，事实上仍确认了德国的邦联制构架。牺牲政府成就强权的总统，议会部长负责制，立法机关与行政机关的分离——上述这些最后也都成为正式宪法的关键要素。关于总统，在说到《权力暂行秩序法》时，独立社民党代表科恩博士提道："草案太执念于旧法以及陈年规则……它拼尽努力不惜一切代价继续发扬1918年11月9日前依法建立德意志帝国的传统，仿佛1918年11月的倒台只是微不足道甚至不曾发生的事……我们受够了君主制，绝不想它绕着共和君主制的弯重新回到我们身边……人们不应该参照法兰西或是美利坚合众国的例子。那里有着民主文化和传统的完全不同的先决条件，这是所谓的德意志公民所缺少或已经失去的……"虽然科恩提出的总统委员会的建议并不可行[206]，但仍有理由认为这样的总统制存在危险。在那之后的1928年，菲利普·谢德曼也批评了1919年引入的总统制宪法形式。[207]

1919年2月10日颁布的《权力暂行秩序法》成为1918年十月革命和1919年8月颁布的最终宪法之间一个重要连接。从宪法角度看，革命事件和变革背后也高度展示着君主立宪制国家转为民主议会制共和国的持续变化。

代表革命中改革连续性的3个政党的联盟谈判在2月初开始。中央党和德国民主党的目标是使在过去几个月内对政治决策无足轻重的市民阶级政党参政议政。早在2月6日，独立社民党便已拒绝了社民党的联盟邀约（至少艾伯特并没有认真对待这一次仅仅起到免责辩护的邀约[208]）。社民党提出议会民主制，但独立社民党声称保证"革命反对布尔乔亚以及军事独裁的民主与社会主义成果"是他们参与政府的前提。[209]谢德曼的内阁有7名社民党党员，中央党及民主党政治家各占3名；无党派人士布洛克多夫–兰佐伯爵被任命为外交部长。前几天刚被选为国民大会主席的社民党人爱德华·大卫博士被任命为没有职务的部长，曾经的帝国议会主席康斯坦丁·费伦巴赫（中央党）被选为国民议会主席。内阁中最重要的人物除了曾经的国民代表谢德曼、诺斯克和朗兹贝尔格，还有中央党政治家马蒂亚斯·埃尔茨贝格。他虽然没有职务，但他负责停火协议的核心问题，这是他还担任民意代表政府国务秘书时的职责范围，而传统的内政与经济事务的关键职位由德国民主党的雨果·普罗伊斯和欧根·西弗出任。

基于其民主共和制理念，德国民主党参与政府事务并不意外，但中央党内部对于是否参政则存在争议。早在1917年起，是否和社民党一起参与曾经的帝国议会，就在党内引发不同声音。[210]中央党犹疑的关键是对革命的排斥，以及应该由社民党一人"把车从烂泥里拉出来"的论调。此外，普鲁士革命部长阿多尔夫·霍夫曼的马克思主义文化政治，以及比他温和得多的社民党继任康拉德·汉尼施的教育政策也起到了一定作用。因为中央党曾发起过针对社民党的激烈宣战，让中央党也对社民党有所提防。[211]只有在中央党加入的前提下才参与社民党的联盟，德国民主党的这一决定促使中央党做出关于未来政府的抉择。[212]最终，中央党以64比5（巴伐利亚）的投票结果决定在4个前提条件下参与执政[213]：1. 保护"我们的文化宝藏"；2. 保障私有财产；3. 严防极端社会主义；4. 保证国家的邦联体系。[214]其中第一点，致力于颁布一部保障天主教教会权利的宪法。[215]此外要求成立民兵队，在必要情况下瓦解工人及士兵委员会反对制宪大会的企图。[216]中央党参政的动力是马蒂亚斯·埃尔茨贝格[217]。而促使中央党"怀着沉重心情"，出于"国家公民的责任感"做出这一抉择的关键，是人们相信在政府中可以阻止社民党尤其在文化政治上走向极端化。另外，中央党也认为，想要阻止经济政治中的社会主义实验，以执政党的立场要比反对党立场高效得多。政府纲领中的经济政治部分也证实了这一判断。人们还考虑到，如果不参与联盟，那么中央党势必被排除在重要部门之外或者被忽视，这是该党在其历史中常有的经历。人事政治中的平权，是中央党在普鲁士以及国家层面都在追逐的目标之一。此时，总体上也得到了实现。

对于埃尔茨贝格来说，中央党参与结成稳定的议会制联盟和重要的外交原因。如果中央党拒绝参政，那么就会形成社民党的少数派政府，如果"左倾"势力施压，很可能无法坚持其原有的国民大会享有绝对自主的理念。也许这意味着议会制的死亡时刻。一旦中央党决定加入联盟，那么它就和社民党以及德国民主党一样，将自己的命运与共和国的命运捆绑在了一起。如今，停止战争、签订和约，以及构建新共和国的主要责任就落在了这些政党身上。

在德国历史上，第一次得以贯彻的议会制政府组阁过程中，社民党认为"无条件承认共和制的国家形式，清楚考虑财富与资产的经济政策，以及深入的社会政策和相关企业的社会化"[218]是与市民阶级结盟的前提条件。社民党党报《前进报》在1919年2月10日写道，结成议会多数派是可能的，基于市民阵营的差异也是必要的，但出于政治势力的原因，结盟不能与身为最强政治力量和最大工人政党的社民党为敌；独立社民党拒绝了合作，当然这本身也无法构成多数派。"至于在政治民主制基础上构建新宪法，可以预见社民党是可以与另外两个政党（德国民主党和中央党）合作的。"在文化政治问题上，可与德国民主党合作，与中央党则几乎不可能，但更多是地方层面。在社会政治问题上，基于中央党强大的工会羽翼，它比德国民主党更接近社民党。"既然与市民阶层政党的合作在所难免，那么只有纯粹的权宜问题才是关键所在。"[219]这是一场理性而非爱情婚姻。

1919年2月13日，新政府在国民大会亮相。总理谢德曼宣布了联合政府纲领。4项外交要求除了坚持美国总统威尔逊提出的14条纲领外（这也是唯一在德国承受范围内的和约），还包括遣返战俘以及平等加入国际联盟。值得一提的是社民党领导的内阁将"重建德国殖民疆土"写入了执政目标。

内政纲领包括行政民主化、改善教育系统以及"在民主基础上建立一支民兵队伍"。社会以及经济方面的政策包括给予战争遗属以及战争致残者抚恤金，资助在战争中严重受损的中小型企业主，在尽到告知义务的前提下进行食物按需配给，一旦市场供需稳定后就予以取消，公开监管"有私有垄断性质"的行业。宪法应保护所有人的结社自由，工资及工作条件应当由雇主与雇员或工人共同商议。另外，人们还承诺资助乡村企业以及在农村落户的人。政府还计划对战争盈利、财产以及遗产继承征税并改革所得税。最后，总理还提到对基本权利的保障，例如宗教信仰自由，新闻、科学以及艺术的言论自由等。[220]

内阁记录以及国民大会辩论表明，除了分管部长雨果·普罗伊斯，谢德曼的政府对于制宪议程的影响微乎其微，他们几乎不讨论相关问题。其主要工作重心在于和平谈判。[221]从某种意义上说，宪法生效的基础一方面是革命爆发几个月里的草案和谈判，另一方面则是议会的全力商讨。

在内阁报告中，这几个月里其他重要的内政事件也鲜有记载，甚至柏林的三月起义也只是间接提起。[222]类似还有1919年

2月17—21日德国共产党和独立社民党抗议政府军进驻而在鲁尔区发起的总罢工。在总罢工之后爆发了斯巴达克同盟起义，并最终被政府军镇压。虽然这一大规模运动标志着持续的政治与社会动荡，但内阁也并未就此进行详细讨论。

在巴伐利亚州州长库尔特·艾斯纳被谋杀以及一系列发生在慕尼黑的其他以政治为目的的暗杀之后，巴伐利亚也成为革命运动的中心。艾斯纳是在前往州议会开幕式的路上被民族主义分子阿科–瓦利连开两枪射死的。由于独立社民党在选举中遭遇了毁灭性的失败，艾斯纳本将在开幕式后毫无悬念地宣布辞职。

1919年2月22日，独立社民党和德国共产党在巴登州首府曼海姆宣告苏维埃共和国成立（当然，这只是一出持续了几天的闹剧）。1919年2月28日，不伦瑞克宣布苏维埃共和国成立，莱比锡和图林根宣布总罢工，强迫实行社会主义以及紧接着的极左翼恐怖统治，这一切动荡都是潜在或是公开存续的内战的证明。重建政党，选举产生制宪国民大会，颁布过渡宪法以及建立合法政府，上述一系列权宜之计只是在宪法意义而非现实意义上终止了革命：独立社民党和共产党出于对议会民主制进程的不满，而组织的大规模工人革命运动仍生生不息地开展着。起义想要达到通过选票无法实现的社会及普遍政治目标。诚然，这些起义并未成功，但它们带来了广泛的政治影响；它们从一开始就使共和国蒙上动荡的阴影，不仅加深了市民阶级对布尔什维克革命的恐惧，还令市民将社民党和德国共产党等同起来。这非常矛盾，因为社民党本身致力于对抗极端左翼思想，并因此渐渐丧失了在工人阶级内部的威望。此外，社民党陷入了两难局面，为了维系法治宪法国家，它必须贯彻在政府中的垄断地位并镇压起义，这时不得不动员复辟保皇派的军事力量以对抗自己的部分拥趸，其中不乏极端左翼政治目标的追随者。这一发展的悲伤顶点，是上文提到的总罢工以及1919年3月3—8日在柏林爆发的起义。此时，国防部长诺斯克再次被授命全权负责镇压起义。起义者们的大肆破坏活动以及自由军团的"复仇"导致大量无辜平民的丧生。据估计，"柏林流血周"的死亡总数约为1200人。[223]1919年3月11日，中尉马尔洛赫一声令下，29名人民水兵被射杀。事后，马尔洛赫被起诉杀人罪及滥用职权罪。由于判决书上表明对击杀罪的起诉客观上是不公正的，所以1919年12月9日的法庭上宣判其无罪。[224]镇压极左翼起义，并通过司法形式对应负刑事责任的犯罪嫌疑人进行不容置疑的清算——这一举动不仅是政府的权力，也是一种义务。但在政府的荫蔽下，极右翼军队对不同政见者进行恐怖打击，却几乎可以完全逃脱法律的制裁：无罪宣判或是极其轻微的判罚是常态。对于共和国来说，自由军团的危险一点儿不比人民水兵小；从长远看，自由军团及供其茁壮生长的政治社会土壤甚至成为共和国最大的威胁。

另外，政府并没有尝试通过谈判来分离群众运动中的相对温和派。事实上，各方对于应对1919年3月的大规模暴动，在一开始就意见相左。由大柏林工人委员会组成的执行委员会是罢工运动的领导，它由社民党和独立社民党党员共同组成，而德国共产党并不在其中。在其党报《红旗报》中，共产党呼吁推翻政府。仓促中，政府军将两者视为一体。当然，血腥的内战时期绝非分门别类之时。3月4日，罢工工人代表前往魏玛，政府几乎不为所动。政府公开拒绝了工人提出的条件，但承认他们关于基本社会政治要求的工作纲领。无论从实际还是战术上看，这都是比较聪明的应对方式。基于破坏的升级以及越来越多违法行为的产生，社民党党员于3月7日退出了罢工领导，一方面这几乎避无可避，另一方面也预示着人们放弃了对民众可能的温和引导，进而寻求军事解决。此时，社民党领导应当意识到单单凭借投入军事力量无法解决问题。然而，几周后的1919年3月末，在鲁尔区再次爆发了要求社会主义制度的起义。这次斯巴达克同盟依然不是唯一的闹事者，极左翼之后紧跟着再次出现了极右翼犯罪活动，促使许多工人继续本已偃旗息鼓的总罢工：4月3日，矿区37.5万名矿工中有25万名停工[225]。在1919年4月8日对罢工工人的讲话中，被派往鲁尔区的社民党专员卡尔·瑟弗林认识到很难让工人理解政府的目标并不是"用武力镇压经济运动"[226]。

出于不同动机，这几个月来的罢工和起义损害了执政党，尤其是社民党在左翼及右翼分子中的权威和声望。任何对魏玛国民大会制宪讨论的评价，都必须考量小城市的和平氛围与以首都为首的工业中心动荡之间的反差。正如日后的普鲁士内政部长瑟弗林所言，鉴于其灰暗的现实，魏玛共和国笼罩在一种不切实际的欢快氛围之中。

此外，在包括莱茵兰在内的许多地区，分离与自治运动也在如火如荼地开展。为了防止波兰在上西里西亚地区有所行动，当地还派驻了自由兵团。在国民大会商讨期间，德国的统一仍受到威胁。普鲁士的问题激发了地方主义的滋生，其中一部分诉求并非针对国家，而是反对普鲁士的存续。

问题与动荡始终伴随魏玛制宪大会。临时宪法也是在匆忙中拼凑而成，以致几周后的1919年3月4日就需要一部补充宪法来填补临时宪法的一些空缺。这使得最终宪法的落地越发迫在眉睫。人们必须解释清楚，有效期至11月9日的宪法以及民意代表委员会诸多有法律效力的规定应当如何处理。假如旧帝国的法律法规与宪法以及1919年2月10日颁布的《权力暂停秩序法》相冲突，国民大会需就其继续生效做出最关键的补充。在所谓的"最高级别的应对行动"[227]中，过渡宪法还规定民意代表委员会以及新政府颁发或宣布的法规同样有效。国民大会必须在1个月的期限内呈递通过这一方式颁布的所有法规清单，1919年3月29日国民大会履行了这一义务。国民大会保留在3个月内废除法规的权利。

考虑到魏玛宪法诞生的复杂情况，不得不承认宪法之父雨果·普罗伊斯的杰出贡献。他不仅起草了宪法初稿，还在宪法制定中的每个细节事必躬亲。[228]同时身为国务秘书兼内政部部长，他也为第八届委员会、制宪委员会、国民大会及其全体代表大会的顺利召开积极奔走。当然，承认他的功劳并不代表承认之后生效的魏玛宪法是所有宪法中最好的一部或否认其存在的重大缺陷。这一宪法既不能称之为一部纯粹的、逻辑自洽的法学产物，制宪者们也无法明确预判宪法生效后的实际情况。传统与负担，宪法诞生时的现实情况，以及其妥协的特性发挥着共同的影响。

如果我们回顾一下宪法制定的过程，它的诞生会给人一种非常迅速的印象。早在1919年2月20日，议会就顺利通过了第一部预算法[229]，即1918年（第三次）追加预算。2月24日，在内政部部长向国民大会呈递政府草案后，议会就开始讨论制定宪法。1918年12月3日，雨果·普罗伊斯向民意代表委员会递交宪法草案第一稿[230]，1918年12月9日至12日，内政部的专家会议详细讨论了这一次草案，之后在上文提到的由各州代表参加的讨论会上，代表们提出了形形色色的修订方案。普罗伊斯设想的许多宪法目标都没有得到实现。例如，建立国家中央集权的组织构架，或是出于实际原因由他提出的放弃制定详细的基本权利目录等。普罗伊斯担心太过详尽的基本权讨论会像1848—1849年那样占据整个商议时间，以致一些本质问题或与宪法商议相关的政治事件被忽略或忽视。同时，因"反动"影响而被普罗伊斯拒绝的全民公投也被写进了宪法。1919年1月3日，内政部确立宪法第一稿，其标志性特征是要求建立"去中央化的统一国家"[231]。在这一草稿作为草案呈递到国民大会时，最关键的改动是独立州，原本的去中央化的统一国家现改为联邦国家；原本注定要瓦解的普鲁士虽未能称霸一方，但它作为魏玛共和国最大也是最重要的州经受住了革命的冲击。宪法第29章中对普鲁士的分割计划是没有机会的[232]，因为普鲁士的社民党革命政府不但享有国家领导承认的政治优先权，而且此时已经获得了足够的政治力量，与其他州联手的话至少可以暂时阻止对于独立州领土的重新划分。1919年1月24日，社民党人保罗·希尔施领导的普鲁士州办公厅一致决意在宪法商议时对分割普鲁士提出反对意见。[233]早在前一天，文化部部长汉尼施就在中央委员会的一次会议上说道："普鲁士政府意见一致，割裂普鲁士的企图是决不被允许的。"[234]作为支持，希尔施补充道："如果分裂普鲁士，我们就是帮了协约国一个大忙。"[235]

　　弗里德里希·艾伯特也始终坚持："国民大会召开前不在各州边界内重新分割领土。"[236]1919年1月14日，民意代表委员会讨论普罗伊斯的草案和报告，民意代表朗斯博尔格大肆宣扬统一国家，而艾伯特言简意赅地回应道："哪怕我理论上赞同朗斯博尔格，但我相信国家统一只可能建立在邦联制的基础上。在这次革命中吸取的经验也这样教导我们。我们必须尝试在邦联制国家中尽可能地从经济上振兴国家实力，草案应当追随这一道路。"[237]

草案绝不仅仅追随这一道路，艾伯特也认为普鲁士不能以现在的形式继续存在。[238]虽然雨果·普罗伊斯也在被其称为"统一与分裂之间的……妥协草案"[239]的第二稿中单单以牺牲普鲁士来贯彻自己宪法理念的中央集权基本思想，且在其他方面则接受未来国家的邦联制基本结构，但普鲁士革命政府依然成功阻止了破坏其领土统一的临时决议。

雨果·普罗伊斯对于普鲁士制宪会议选举将会产生的结果做出了完全现实的判断。他正确指出，在柏林召开的代表德国五分之三人口的普鲁士议会与国民大会势均力敌，其政治意义将远超其他独立州的州议会："我担心在国民大会产生正式决议前，普鲁士就已经团结一致，甚至有可能搞砸将来的德国宪法。到时我们便再也无法建立一个高效运转的德意志统一国家了。"[240]虽然普鲁士大选在国民议会大选之后，虽然在决定自己的宪法前，普鲁士也在有意识地等待着国民大会的决定，但在过渡时期，广义上国家—地方问题以及狭义上普鲁士问题的解决似乎并不关乎宪法讨论，而只是政治势力的较量。无论是德国的邦联制政体传统，还是革命的邦联制特点都影响着抉择。

1919年2月21日，经过民意代表和国会的激烈讨论，修改后的宪法被呈递给国民大会，2月24日，国民大会进行第一次审议，然后进一步呈交给由28名成员组成的宪法委员会。其中，社民党以11名代表成为委员会中的最强政党，而主席一职则让给一位德国民主党政治家担任，即经验丰富的议员、曾任国务秘书的法学家康拉德·豪斯曼。从许多方面看，这都是一个非常顺理成章的举动，以德国民主党为代表的市民阶级政党对魏玛宪法下建立的政府体系的影响甚至超过第一大党社民党。让出委员会主席一职之所以称为典型，还有一个原因是这表明了委员会讨论中对全体政党都至关重要的客观性，它超越了执政联盟代表的圈子，给予那些属于反对党的代表们建设性参与制宪讨论的机会。通过这一方式，除了雨果·普罗伊斯，还诞生了许多宪法之父。如豪斯曼，以及德国民主党代表弗里德里希·瑙曼和埃里希·科赫–韦泽尔、中央党代表卡尔·特里姆波恩和彼得·施邦，曾经的内政国务秘书克雷门斯·封·德尔布吕克（德国民族人民党）、教会法与国家法教师威廉·卡尔（德国人民党），社民党法学家马克斯·科瓦克博士与党团同僚西蒙·卡岑施泰恩，伦理神学家约瑟夫·矛斯巴赫（中央党）、法律历史学家康拉德·拜尔勒（中央党／巴伐利亚人民党）。其中中央党主要负责扩充原本着墨较少的基本权利条款，使其作为魏玛宪法的第二部分独成一章。他们能获得这一利益并不意外，因为"如果可能，只有在基本权利的框架下……才能有效保护那些最忠于其本质的价值观"[241]。虽然有一小部分倾向于集权国家的派系，但相较其他两个原则上支持集权主义的执政党，中央党是邦联制的坚实支柱。[242]这一政策既呼应了各独立州的利益，也符合普鲁士政府的利益[243]（自1919年3月25日起中央党接管了政府工作）。中央党在1918年12月30日颁布的指导原则清晰确定了自身的位置，并在制宪过程中贯彻始终："维护国家统一，强化国家思维。保持国家的联邦州特点，以保护德意志民族的独特性。军事与外交问题专门交由国家层面解决，而教会与教育问题专门交由联邦州解决！"[244]中央党党团主席格吕伯尔在2月13日国民大会所做的主旨演讲，也表达了相似观点："我们想要在邦联制的基础上建立民主共和国……"[245]

魏玛宪法的制定经历了大量的妥协，这也是民主制中几乎无法避免的。如格吕伯尔在演讲中提到，在宪法方面，政府纲领也是"三个政党的民主均衡纲领，但不是社会主义纲领"[246]。这也说明，作为最强大的执政党，社民党虽然占据着主要的政府职能部门，并相应植入了其政治势力，但在制宪过程中仍选择了一条随时准备做出妥协的社会民主路线，而非社会主义路线。社民党的这一政策延续了其领导层在革命发生的那个冬天所制定的线路方针，但日后人们对制宪过程中的妥协纷纷表示不满，这说明政策并未得到全党的支持。从这一意义上说，在政治上"市民化"的社民党领导层比他们的绝大多数拥护者更加高瞻远瞩。

但是，社民党党团的发言人们也强调联盟政府的纲领与他们的政党纲领相差甚远。社民党代表威廉·凯尔在1919年2月14日说道："……如果单由我们社民党来制定政府纲领，那一定与现有的纲领大相径庭……但我们不会放弃继续伸张我们的广泛要求。"[247]（很正确！社民党人纷纷赞同——中央党也积极响应）他说的要求包括大型经济行业的社会主义化，加强对大宗资产的税收（超出联合政府协议中约定的标准），尤其是遗产税的提高。

除了在制宪伊始得以实现的基本要求，社民党还十分重视社会及社会政治目标以及行政与司法的民主化。值得一提的是，在1919年6月社民党党代会上提出的诸多提案中几乎没有与宪法相关的议题。[248]由同属国民大会的两名社民党代表雨果·辛兹海默尔和马克斯·科恩–罗伊斯提出的"委员会体系与宪法"的比例问题，是唯一记录在案的、在党代会上进行汇报和讨论的观点。在国民大会社民党党团关于其党代会的报告中，"德意志共和国基本宪法"这一主题只占了半页多篇幅，且前文语焉不详。[249]对于委员会提出的关于未来宪法中委员会条款的问题的解释还更精确些——它是由制宪委员会社民党代表、劳动法学家辛兹海默尔提出并最终收录于宪法中的。但这一日后成为宪法第165条的条款主要解决的是劳资双方问题，需要在一个所谓的经济委员会中与企业主代表共同商议讨论。[250]

工人委员会在制宪过程中的角色最终减弱为没有普遍政治职能的经济委员会。这个根据1920年5月4日的规定由326名成员组成的委员会并未产生重大政治影响。辛兹海默尔在许多场合都提到过由社民党提出的在宪法中融入委员会思想的核心内容，其原型是被独立社民党奉为圭臬的俄国的无产阶级委员会制度，但相应地，他强调社民党坚守所有个人与阶级享有平等的政治权利，反对局限于工人阶级政治权利的委员会宪法。社民党的目标是社会自治："我们的理念是社会力量本身应当直接生效，而不是通过国家法律或公共管理……在国家宪法之外应当产生直接发挥社会力量的社会宪法。"[251]代表工人利益的工人委员会以及经济委员会应当服务于这一目标，其任务是保障工人、雇主、消费者以及其他团体的利益。但这些委员会绝不能与议会产生任何形式的竞争。虽然所有与经济相关的法律提案都应当经过经济委员会的听证，而且委员会也有权提出议案，但最终决定权始终在议会手中。从议会制立场看，并不反对引入这种形式的经济委员会。法条的第一段承认雇主与雇员组织间的薪资双方关系，赋予其协调薪资与工作条件的权力。

此外，承认企业委员会是法律规定的工人与职员在企业内部的利益代表，这一点也拥有其社会政治意义。1920年2月4日的企业委员会法规定了这一社会政治工具的最终形式。

在上文提到的议会与国民大会第一轮讨论后，宪法草案被移交到宪法委员会，并于1919年3月4日至6月18日进行讨论；7月3—22日议会第二轮审议，7月29日—31日第三次审议，1919年8月11日总统艾伯特签署宪法，8月14日宪法生效。所有这些讨论都或多或少地对政府提交的草案进行了重要修改，尤其是委员会讨论和紧接着的第二轮审议对宪法的最终构架至关重要。但不管怎样，先前的几个关键点都得到了认可，其中主要包括建立一个议会制政府体系的民主共和国，保障人民选举权以及在各州拥有相对有限权力且保证外交、军事及经济政治领域国家的绝对权力的条件下建立邦联制度。

国民大会所谓的最终投票展示了两点：一方面议会大多数支持宪法，另一方面包括联盟政党在内都对其妥协性感到不满。在420名代表中，有338名参加了投票，其中262名来自社民党、中央党和德国民主党的代表投了赞成票，75名德国民族人民党、德国人民党、右翼的巴伐利亚农民联盟，以及左翼的独立社民党投了反对票，一名中央党及巴伐利亚人民党代表投了反对票。总体上支持民主共和国的形势还是相当清晰的，但在82名放弃投票的代表中，有65名来自联盟政党。也就是说总共有66名执政联盟政党代表拒绝投票支持宪法。[252]尽管零星有例如生病这样的理由，但绝大多数反对宪法的代表的政治动机只有一个：出于不同的甚至部分对立的原因，他们不赞成已经取得的宪法妥协结果。缺席比例最高的是社民党代表：缺席的43名代表超过党团人数的四分之一。没有参与投票的德国民主党代表比例也相对较高，14名代表，将近五分之一，而中央党只有8名代表缺席，少于总数的八分之一。社民党党内对宪法的不满呼之欲出，很有可能众多社民党代表是基于党团纪律而非内心的信服而投了赞成票。另一方面，在反对党代表中，只有独立社民党的缺席比例明显偏高。有7名独立社民党议员缺席，将近占党团人数的三分之一。德国人民党缺席5名代表，占将近四分之一。德国民族人民党缺席6人，大约占党团总人数的七分之一。从积极方面解读，反对党代表的缺席意味着其并不赞成投反对票，而从另一方面解读，则可能是小部分前途无望的成员的自暴自弃。但无论如何，执政联盟，尤其是社民党代表出现如此高比例的缺席并不是什么好兆头，甚至可以视为日后很大一部分议会党团代表倾向于反对党的预兆。

■ 和平条约：《凡尔赛和约》

魏玛国民大会的第二大任务是与战争对手缔结和平条约。1925年，国家宪法教师弗里茨·培驰评价道："令人难以忍受的凡尔赛独裁和敌对势力为了贯彻条约而无视德国民众最基本的生存条件和自尊不断施压，剥夺了战后的共和政府做出政治决断的自由，而这是每一个大国政府得以存在的不可或缺的前提。在宪法的推进过程中，没有一天不受到外交政策的制约。在每一次政府危机中，这种牵制也都显而易见。"[253]就连共和国的诞生也脱不开外国势力的干预，对宪法影响深远的美国总统威尔逊的"十四点计划"就展现了这种牵制关系。另一位国家宪法教师马克斯·弗莱施曼控诉道，自那以后，"国际法借助《凡尔赛和约》"不断干预"我们的国家宪法"[254]。

德国政府、国民大会，或者说是魏玛的政治体系必须承担《凡尔赛和约》的责任。通过赔款、领土割让、各种形式的歧视性规定以及对德国多个省份的占领，战胜国们狠狠"惩罚"了战败的德意志帝国。无论是德国政客还是民众都将和约称为"耻辱的独裁"。修订和约是所有魏玛政党及魏玛政府的优先任务——但在修订的过程中，大家的意见并不统一。1919年起，德国就开始为此努力。虽然大家修订和约的目标一致，但因极右翼势力对政治中间派的深仇大恨而充满火药味。

对《凡尔赛和约》的讨论还导致了共和国的第一次政府危机。因为不愿签署《凡尔赛和约》，且联盟政党无法就这一问题达成一致，出身社民党的总理菲利普·谢德曼在1919年6月20日辞去了他在任仅4个月的职务："将我们关进这一枷锁的手怎能不枯萎？"为了讨论和约条件，国民大会在柏林大学大礼堂内紧急召开特殊会议。[255]会议记录记载道，在总理说完上述话后，响起了雷鸣般的掌声。来自布雷斯劳的代表穆勒将和约称为"以其他形式继续进行的战争"。

但是因为德国所处的困境，接下来同样由3个魏玛联盟政党组成的以古斯塔夫·鲍尔为总理的政府，除了1919年6月28日在凡尔赛宫的镜厅签署和约之外别无选择。1871年1月18日，德意志帝国曾在那里举行德皇加冕仪式，那是德意志帝国荣耀的顶点——选择在此签订和约充满了象征意义。两者都充分表达出法国与德国这两个邻国间的情感负担。

1919年6月23日，除了德国民族人民党、德国人民党以及一部分中央党和德国共产党党员，国民议会的大多数议员迫不得已同意无条件签署和约，紧接着便是正式签署的日子。刚成立的民主共和国又一次没能拒绝外来的遗产。[256]在所有人的注目下，共和国不得不承担德意志帝国战败的政治责任，哪怕这本与它毫不相关。此时，拒绝签署和约的最高陆军司令部司令兴登堡告诉总统艾伯特，假如爆发战争，德军虽然可以守住东线，但他们无法守住西线。[257] 在这第二次行动前，1918 年 11 月 11 日，马蒂亚斯·埃尔茨贝格代表德国在康边签署停火协议——签署协议的是一名平民，而非发动并输掉战争的军队。就像最高陆军司令部回避签署停火协议，且不同寻常地将主动权让与平民，右翼政党也选择逃避这一问题，将它留给了中间派的中央党乃至社民党。尽管受到种种诽谤，但它们才是真正的爱国政党。谢德曼内阁的辞职乃至那一大批投了反对票的议员表明了，魏玛执政联盟的政治家们的举步维艰。

但公众并不认为接受和约是一种牺牲，他们只认为这是孱弱的民主制的标志。只有少部分人能意识到魏玛的弱势只是战争和战败的结果。

在关心政治的公众眼里，共和国的开局不能更糟了。"如果我们同意签署和约，也只可能是因为我们害怕一旦拒绝将会发生更可怕的事。"社民党代表保罗·吕贝在 1919 年 6 月 22 日的魏玛国民大会上这样解释。他继续说道，不是那些"现在不得不终结史上最可怕的战争的人应当对这一厄运负责，而是那些战争策动者"[258]。但大部分德国民众不能或不愿认识到这一关联。

诚然，《凡尔赛和约》并没有展现政治家应有的远见，但胜利者哪里需要展示他的远见和大度呢？如果德意志帝国获胜，它会怎么做？没有人能给出肯定的答案。但从政治及军事领导以及影响深远的那些团体在"一战"中设立的目标也可窥一斑。德国人也会格外残忍地对战败对手施压，如果德国胜利，也一定会提出领土割让和经济赔偿的要求。

《凡尔赛和约》非常强硬：除了殖民地，德国必须割让阿尔萨斯-洛林地区，此外还有但泽、梅美尔、波兰"走廊"以及西部的东比利时，北部的石勒苏盖格-荷尔斯泰因，东部的上西里西亚部分地区（其中前四者是在没有投票的情况下，后三者是在部分不规范的投票计票下决定的）。帝国的领土损失超过7万平方千米，以及大概730万居民。这一割让带来了巨大的经济损失，德国既失去了拥有大量原料储备的重要工业区，也失去了对德国人民的粮食供给来说几乎不可替代的耕地。除了这些领土损失，1935年才尘埃落定的对萨尔区的占领以及对莱茵河右岸据点的占领，也对德国民众和德国经济造成了重创。

此外，同盟国还提出德国需要为战争失败付出巨大的经济赔偿，即所谓战争赔款。赔款总数一时尚无定数，一方面同盟国的要求也不明确，另一方面1919年德国的经济能力也不明朗。但这恰恰加剧了问题，赔款讨论及计划所引发的争论慢慢发展成一个毒化共和国内政氛围的定时炸弹。围绕1924年的道威斯计划的争论，以及关于1929—1930年的杨格计划的更为深化的矛盾，成为右翼政党反对魏玛共和国及其当权者的政治煽动的核心。实际支付的赔款是共和国虚弱经济的巨大负担，但这并不是产生经济问题最决定性的因素。不过，从同盟国提出的涉猎异常广泛的要求到最终并未实现的杨格计划，这一切都引发了致命的社会心理影响，并成为1919年起反对所谓"履责政治家们"乃至共和国本身的共鸣板。

广大民众对于强加在德国人民身上的解除武装条款也表现得义愤填膺，它触动了一个强国最敏感的自尊——被剥夺了军事实力的国家的苦苦挣扎带来了军事上的无力感。《凡尔赛和约》规定，德国的陆军人数不得超过10万人，海军不得超过

15000人，普遍兵役制度被取消。

从许多方面看，《凡尔赛和约》的这一规定也并非聪明的政治之举。1921年起，国防部开始建立一支俗称"黑色国防军"的非法部队，以此来规避和约规定的最大军队人数，其成员从已经解散的自由军团及其他反共和团体中招募。虽然这一大约由2万名士兵组成的精锐部队听从国家派遣，主要任务是守卫德国—波兰边境以及保护非法武器库存，但这一黑色国防军也成为叛军的掩护。此外，国防部还提高了临时志愿兵的人数。保持相对较少的军队人数，更确保了那些多半持反共和政见的传统军队领导层不受约束的统治地位，共和国的人事政治和军官的社会化拓展根本无从渗入。

彼时，德国和奥地利都做好了合并的准备，但《凡尔赛和约》第80条禁止奥地利作为德国的一部分并入德意志帝国，致使民怨沸腾。

《凡尔赛和约》中所谓的"战争罪责条款"意在使物质补偿合法化，这很可能是共和国更为沉重的负担。第231条写道："同盟国及相关政府宣称德国及其盟友是造成所有损失和伤害的始作俑者，对同盟国及相关政府和国民因德国及其盟友的进攻而被迫参加的战争损失负责，对此德国并无异议。"[259]这一条款在德国民众中激起史无前例的愤怒——这愤怒并非因为条款的合法化功能而点燃，而是因为"战争罪责"这一道德政治问题。当1914年8月绝大多数德国人走上战场时，都认为这是一场敌人强加于德国的保卫战。这一缺乏事实依据的自我欺骗被魏玛的德国民族主义及极右主义敌人带入共和国，并添油加醋成了"暗箭传说"：它迎合了德国人因为战败而格外敏感的自尊心，使他们相信自己始终处于"不败之地"。

▬▬▬ 共和国的危机年代： 1920—1924年

共和国的危机年代始于其诞生之际：它没有时间来巩固被战争和革命改变的政治及社会结构。从民意代表政府起就开始斗争的结果仍清晰可见，但它们并不是原因。紧跟着1918—1919年革命过渡时期而来的是1920—1923年的危机年代，接着是表面上稳定的1924—1930年，最后是1930—1933年魏玛共和国的分崩离析。但每一年，哪怕是1924—1929年相对较为和平的5年间，共和国都面临着苛重的异议和责难。共和国的沉重负担愈积愈深，虽然民众未必能看到；其核心问题在整个存续期间也未能得以解决，虽然它们曾一度不再突出。

最大问题之一要数解散百万军队。在战争最后一年大约有1000万士兵应征入伍。如何遣返他们，更重要的是如何使他们重新融入社会，都是组织、社会及经济上的难题，更不要说很快就会出现的精神问题。恩斯特·冯·萨勒蒙在他的书中，启示性地描写了一种无法适应共和国，而在志愿军中寻找新家园的军人的精神状况。

到了1918年战争结束之时，德国的工业生产比1913年的战前时期下降将近一半（43%），生产与分配体系几近崩溃，战后的工业产能比战前减少约40%。[260]农业生产虽分为畜牧与种植，但总体情况与工业类似。这对于德国民众的粮食供给以及税收收入的影响和由此造成的公共财政状况可想而知。

大部分德国民众物质匮乏的原因并不能完全归结于几乎毫无主权的魏玛政府经济政策。一旦对经济一窍不通的那群人也感受到德国经济与国际社会的纠葛，就会立刻搬出阴谋论来。其结果就是人们的视野被国家主义所局限，并开始寻找替罪羊，例如纳粹党人就在国家的经济问题背后找到了所谓的"操控国际金融的犹太人"。

事实上，战时通货膨胀和战争贷款直接导致了1922—1923年达到顶峰的战后通货膨胀。德国的"战后通胀过程"的特征是"货币迅速贬值期（例如1918—1919年革命时期及1919年至1920年冬天）和相对平稳期（如1920年春天至1921年春天）的交替出现……只有放在整个欧洲战事及重建的语境中，才能找到1914—1923年间德国发生的通货膨胀的原因，评估其带来的影响"[261]。

关于社会主义化问题的纷争、裁军、边境地区的争议（例如由外部势力领导的上西里西亚的波兰起义）以及罢工与政治暴行是当时社会形势的典型特征。独立社民党代表兼主席、曾任社民党民意代表及共同主席的雨果·哈斯成为上述暴行的牺牲者之一：1919年11月，在国会大厦前一场针对他的暗杀行动中，哈斯不幸丧命，成为继罗萨·卢森堡、卡尔·李卜克内西以及库尔特·艾斯纳之后第4位在1919年被谋杀的左翼高层领导人。

鉴于此等政治局势，1919年国民大会和政府还能在没有商讨和决议的情况下，在宪法及和约以外又引入一部全面且意义重大的法典并已实现其第一阶段（即所谓的埃尔茨贝格经济改革），着实令人惊叹。副总理兼财政部长马蒂亚斯·埃尔茨贝格（中央党）在1919年7月8日国民大会改革工作协商会的开幕致辞中讲道："战争是金融的摧毁者！过去的世界大战成功引发了世界规模的倒闭潮……重建国家生活的重要前提便是整顿金融……"[262]所得税及遗产税改革以及财产转让制度的引入应当在征税权转让的基础之上进行：即迄今为止国家是地方的"寄宿者"（俾斯麦语），地方须向国家上缴所谓的"份子钱"用以覆盖其产生的费用[263]，而现在地方已成为国家的"寄宿者"。埃尔茨贝格在地方上设立国家金融部门管理税收。接下来的国家税制以及1920年3月决议通过的包括所得税在10%—60%之间阶梯浮动等条款的地方税务法，有力促进了征税权的中央化，使得所有直接税收都流入国家。不过，这位经济部长引起的新争议并非是这一部意义重大的基本法，而是其对战时"恶贯满盈"的德国经济金融政策的激烈批判：埃尔茨贝格称当时的财政部长兼副总理赫尔弗雷西为"所有财政部长中最轻率的一位"。所有的右翼政党以及如今成为德国民族人民党代表的赫尔弗雷西本人一定不会忘记这一批评。

埃尔茨贝格大量征收财产税，想以此贯彻更为公平的、以极大幅度提升税收总量为导向的社会征收制度，这激起蔓延至市民阶级中间派各政党以及中央党的更为深远的矛盾："国家收入必须增加900%，各州及地方大概增加100%。"该要求的具体数字是：国家层面从战前的20亿马克税收增加到170亿，各州及地方层面从30亿增加到至少60亿。[264]

国家及地方层面财政需求的巨幅提升从何而来？国家现在有下列长期任务：偿还战争借款本金及利息，支付战胜国提出的赔偿款，支付战争遗属的抚恤金以及巨大的重建开支——这是共和国诸多新任务以外的来自战争的遗产。

在战争期间，3910万国民共计借出982亿马克贷款。[265]在战争的第一年，德意志帝国月平均战争支出为17亿马克，在战争的第四年月平均支出达到38亿马克。战争的最后一个月，即1918年10月，战争支出升至48亿马克。兴登堡的所谓战时财政纲领是"绝望的纲领"[266]。但1918年绝望仍没有结束。从某种意义上说，战时的财政支出只是推迟到了战后。埃尔茨贝格的财政改革以及紧接着的法律及其执行，绝对算得上魏玛共和国最重要的立法成果之一。但不可避免的，被改革波及的那批人控诉改革不切实际的严酷，并将责任归于共和国而非往日的帝国。此外，关于反复要求的财政平衡也始终存在争议——1923年的财政平衡法取代了1920年的所得税法——这一偏向于相对贫穷的地方州的法律成为搅扰国家与地方关系以及地方间关系的矛盾点。

国民大会的另一项工作，是1920年1月18日由社民党、中央党和德国民主党通过，并于2月4日生效的企业工会委员会法。这一法律在社民党左翼、工会以及工人阶级中引发激烈争论。许多人认为，这一法律是在弱化而非实现委员会思想。在此期间，这部企业工会法"经历数载终于成为社会福利政策的一项利器"[267]，并连同其他社会政策改革（其中一部分已经由1918年11月15日组成的德国工业工商业雇主及雇员中央工作组协议通过）——例如引入8小时工作制以及集体劳动合同等——为争取职工的福祉真正向前迈了一大步。早在民意代表委员会制定的社会福利规定中，已包含一批大幅改善工人劳动权益的措施，例如引入工会劳资协定制度以及修订农业工人劳动权益等。民意代表们以《临时农业工人规章》替代了《长工法》，基于这一法律基础引入的劳资合同规定了包括工作时长、工资及解雇条件等内容。至此，农业工人连同家仆都被纳入医保。

另外，失业救济也是民意委员会的社会保障计划内容之一。上述只列举了一部分重要措施，但这一切都表明共和国绝不仅仅是一个民主的宪法国家，在最开始的几年里，它也在社会政策方面取得了很大的成绩。然而，这些社会政策改革的其中一些在20世纪20年代又被取消。

当然，流血冲突也为共和国建立的最初几年的成绩笼罩上了阴影。例如，借着1920年1月13日的第二次草案宣读的由头，独立社民党和德国共产党在帝国议会召开前举行示威游行，反对《企业委员会法》。抗议者们企图闯入帝国议会大厦，警察用暴力化解了禁止集会区内发生的抗议，最终造成42死105伤的悲惨结局。国民大会认为有必要中断会议，柏林以外也接连发生多起抗议，总统宣布多个地方州进入紧急状态，并委任国防部长古斯塔夫·诺斯克全权接管首都柏林及勃兰登堡州。然而，这只是1920年的序曲，比起上一年，年轻的共和国将面临更多的动荡与不安。

如果说《凡尔赛和约》的生效以及一些边境领土的调整已经造成足够动荡，那么财政部长埃尔茨贝格就德国民族人民党代表赫尔弗雷西的诽谤发起的诉讼则为共和国在政治氛围上雪上加霜。其过程真实反映了德国国家主义右翼政党对共和国的民主政治家们的损耗策略："这就是埃尔茨贝格先生……我们必须谴责其将政治行为和自身的金钱利益混为一谈的龌龊行径……这就是埃尔茨贝格先生，在战争的决定性时刻，他在其哈布斯堡-波旁家族委托人的授意下以他的"七月行动"从背后攻击德意志政权，摧毁了德意志民众对胜利以及胜利力量的信念……这就是埃尔茨贝格先生，他的名字注定将钉在签署不幸的停战协议的耻辱柱上……这就是埃尔茨贝格先生，他把我们带去凡尔赛，在和平谈判中向敌人展示了自己无条件签署这一丧权辱国的和约的意愿……因此，对于德意志人民来说，救赎只有一个。全国上下必须以势不可挡的力量呼吁：埃尔茨贝格，滚蛋吧！"[268]这样的声音从1919年起反复出现在赫尔弗雷西反对这位财政部长的传单中，后者因为柏林—莫阿比特地方法院认为其无罪证明不够充分而辞职。"埃尔茨贝格，滚蛋吧"的呐喊就是字面的意思。虽然无法确认对埃尔茨贝格和共和国充满仇恨的赫尔弗雷西是否也这样认为，但他的做法确实造成了严重后果：1920年1月26日，当埃尔茨贝格离开法院时，被已退役的军校学生奥尔特维希·封·希尔施菲尔德连射两枪，身负重伤。在紧接着的诉讼中，他声称从赫尔弗雷西的一份宣传册中了解到埃尔茨贝格是一个有意与德国作对的"罪人"。最终嫌疑人仅因伤害罪被判处1年零6个月徒刑，而且在几周后的1921年4月27日就因为"身体原因"获释出狱。自此，他再也没有回到监狱中。当埃尔茨贝格于1921年8月26日在巴登的度假地再次被袭并不幸身亡时，希尔施菲尔德就在附近逗留。行凶者后被查明为退役军官海因里希·舒尔茨和海因里希·蒂尔埃森，他们隶属于参与了卡普暴动的埃尔哈特海军、德意志人民保卫联盟、高地极右翼工人联盟（曾驻守上西里西亚的自由军团）以及德国国家主义秘密组织康索尔。两人在布达佩斯被捕，后在相关市警察局领导的电话干涉后又被释放；他们的"上级"，被控协助谋杀的原海军上尉曼弗雷德·冯·基林格尔于1922年6月13日被奥芬伯格刑事陪审法庭无罪释放。[269]

　　1920年，魏玛共和国的极右翼敌人第一次试着用武力推翻民主共和国。从这一刻起，左翼共产主义和右翼德国国家主义及纳粹主义对共和国的包围就成了政治斗争的主旋律，这也是

1930—1933年共和国末期的典型状态。尽管彼此敌意重重，但左翼和右翼极端分子在对抗民主共和国这一点上是团结一致的。在最开始的几年，这一破坏尚未取得成功。政治中间派风头尚劲，而两派极端分子也还不像魏玛共和国末期那样强势。

1920年的右翼极端势力有多弱，从其政变首领身上就可看出。他们最多只是三流之辈。1920年3月13日，东普鲁士地方总管沃尔夫冈·卡普和瓦尔特·冯·吕特维兹将军试着借助吕特维兹率领的埃尔哈特海军（1919年为了反对慕尼黑委员会共和国而组建的自由兵团）夺取柏林的政权。不管怎样，政变者们成功占领政府大楼，进而迫使政府逃往德累斯顿及斯图加特。先前，吕特维兹将军已向政府发出一封"最后通牒"，要求立刻改选议会及总统，由专业部长掌管特定政府部门以及拒绝进一步裁军。造反的将军于3月11日被免职，但并未被捕。取而代之的是另一封发往柏林的最后通牒，这一次来自埃尔哈特舰长。他的最后通牒也没有被接受。紧接着，埃尔哈特海军于3月13日清晨6点穿过勃兰登堡门进入政府区。作为政变"政治首脑"的卡普宣布解散国民大会，罢免帝国总统、帝国政府和普鲁士政府，并任命自己为帝国总理兼普鲁士州州长。

这场闹剧很快就结束了。国家公务人员拒绝为自命为政府首脑的卡普工作，社民党和全德工会联盟于3月13日发出的大罢工号召得到了包括德国民主党、独立社民党和各个工会的支持。3月17日，政变难堪收场，"帝国总理"卡普逃往瑞典。

在关键的这几天里，德国国防军表现得非常"中立"。它以此表明自己不愿意无条件受命于宪法政府。在魏玛共和国的历史中，国防军始终是一个"国中国"般的存在。最能展现这一点的，莫过于军队首领泽克特将军在1920年3月12日卡普政

变时，对国防部长诺斯克所说的臭名昭著的自我定位："军队
不会对军队射击。"[270]这意味着：虽然国防军的绝大多数并没
有参与卡普政变，但也不准备用武力捍卫魏玛宪法。做出这种
理所当然的反应，理应被就地免职，或者说将军应该自动提出
辞职，但两者都没有发生。这淋漓尽致地展现了新政府的唯唯
诺诺。与会的军官中，只有一位准备以武力保卫受到威胁的政
府，即瓦尔特·莱因哈特将军。自1919年1月2日起，他曾短暂
担任过普鲁士的最后一任国防部长；后于1919年10月起，任新
组建的统帅部部长，是古斯塔夫·诺斯克最紧密的军事同僚。
然而，像泽克特这样拒绝合作的将军们没有被解职，反而是社
民党派的国防部长被党内及工会政敌利用卡普政变被迫下台。
莱因哈特——少数效忠宪法的军队高管之一，乃至严格意义上
唯一效忠宪法的军队高官——选择追随诺斯克一同离去。

　　莱因哈特的继任者汉斯·冯·泽克特不久后成为军队首
领。共和国的孱弱展现得淋漓尽致，政治首脑一如既往地依附
于军队。在共和国期间，国防军从来没有发动或企图发动过政
变，但在关键时刻也从来不是政府的坚定依靠。

　　在这几个月里，其他地区也蠢蠢欲动。3月中旬至5月中
旬，鲁尔区的起义此起彼伏。为了镇压起义，在常规军之外又
再度动用了自由军团。

　　卡普政变在国家及普鲁士层面造成的直接后果是迫于工会
压力的政府换届。1920年3月23日[271]，政府、执政党、独立社民
党代表以及两名共产党员共同签署了"比勒菲尔德协议"。国
家层面，由社民党、中央党和德国民主党组成的魏玛联盟再次
执政，社民党人赫尔曼·穆勒当选总理。社民党出身的国防部
长古斯塔夫·诺斯克被迫离职。人们批评他未能及时预防政变

的发生。1919年1月动乱后，诺斯克谴责对起义的血腥镇压以及对将军们的依赖，这使得他成为党内左翼分子乃至整个左翼政党的眼中钉。身居其位，他不可避免地与社民党基层的左派疏远起来。他也向党内其他政治家，例如总统艾伯特倾诉了这一命运。寻找诺斯克的继任是社民党在政治人事上犯的最严重的错误之一，但他们找不出一个政治家可以胜任国防部长这一不讨好的要职，一个哪怕有一丁点儿可能性可以使国防军听命于政治领导的政治家。国家政治再次失去了一个重要的政治砝码。不得不违心地接受诺斯克辞呈的艾伯特清楚地看到了这一点，并写下这样的辞别之言："你目标坚定，鞠躬尽瘁，为建立全新的民主政体这一伟大事业奠定了坚实的基础。国家能在相对短暂的时间内团结一致，重归秩序，首先要归功于你的巨大贡献。祖国的历史不会忘记你的作为。"[272]

其他人事变动相对更为合理，例如奥托·布朗（社民党）接任保罗·希尔施（社民党）出任普鲁士州州长。前者在未来的10年里成长为共和国的政治领军人物之一。此外，卡尔·塞维林（社民党）接替沃尔夫冈·海涅（社民党）出任普鲁士内政部长，前者也同样成为重要的政治人物。人们对卸任领导的不满除了能力不足外，主要是在人事政治中的失职，即管理层的民主化进程过于缓慢。

比起卡普政变和共产主义动乱，1920年6月6日魏玛宪法生效后举行的第一次议会选举对共和国历史的影响更为深远，也是其渺茫生机的征兆。社民党、中央党和德国民主党的落败程度不尽相同，但三者相加的结果却相当可观，以至于曾经在国民大会中占绝大多数的三党（76.2%）如今只获得43.5%的份额。在之后的选举中，这3个贯彻魏玛民主宪法的政党再也没能挽回这一颓势，它们再也没能在议会选举中获得绝对多数。德国民主党受到的打击最重，从18.6%降到8.3%。另外两个联盟政党的占比也大幅回落：社民党从37.9%降到21.6%，中央党从19.7%降到13.6%。

1920年选举的赢家是那些反对宪法和《凡尔赛和约》的政党：德国民族人民党、德国人民党和独立社民党。在如此短的时间内，关键问题上的政治势力比重可能发生如此极端的转移吗？还是说基于这次以及之后的议会选举结果，民主政党在1919年1月的国民大会选举中取得如此傲人的成绩才是一个要打上许多问号的特例？这两次选举的结果是集体期待和集体失望的辩证反映，它更多展现出革命动荡期世人典型的焦躁与不安。善于坚守逝去的统治与社会结构，因此反对从革命中诞生的民主共和国的军队这一执政方针，得到了那些希望一举解决所有问题的民众的支持。后者期待立刻改善自己的生存条件，他们不能也不愿等到共和国稳定下来，他们认识不到卸下过往尤其是可怕战争的重担需要时间。1918—1919年的革命和民主觉醒释放出巨大的期待，民主政党在1919年的选举中取得的辉煌胜利就是明证。但这些期待和愿望是不可能在一年半的时间里实现的，更何况这几年的国际形势如此不利。与那些极端批评家相比，1919年小心谨慎的改革家们（其中绝大多数是现实的理性共和党人）似乎有些言不由衷。

此外，批评魏玛三党那些所谓的"履责政治家"们也是一桩稳赚不赔的买卖。无论是替代《凡尔赛和约》的切合实际的方案，还是或多或少被迫履行其条件，对于共和国来说几乎都是不现实的。那些在国民大会上投反对票的人太清楚绝大多数人一定会选择接受和约，也就是说他们的行为不会带来风险。

但通过投反对票这一举动，他们在议会以及公开辩论中暗示了一种政治上不存在的选择，并将自己化身为民族责任的承担者，而相对的，魏玛三党则不值得信任。除了内政问题，这种火中取栗的把戏也被贴切地运用到即将到来的1920年选举宣传中。

1920年的议会选举使得上文提到的1925年总统选举格外引人注目。自1920年后，所有国家层面的选举都显示民主共和理念已不是民众的主流意见。在1920年和1924年的议会选举后，兴登堡能当选总统已不再出人意料。

当然，在1920年和1924年的议会选举中，魏玛共和国的反对者也没有获得绝对多数。和所有风雨飘摇的政府一样，共和国自那之后所处的摇摆状态是命里注定的。毕竟现在处于政治谱系两极的反对力量就展现出巨大的破坏力，并最先与那些中间派政党开启竞争。这一来自极端势力的竞争压力压得政治中间派摇摇欲坠，尤其是早在1920年就已明显看出接管政府职责是多么吃力不讨好的事。

1920年6月6日的议会选举造成的直接结果，是最强党社民党退出政府以及德国人民党的加入：这是一届没有议会多数派的中间偏右政府。在那之后直到1924年5月4日新一轮议会选举，一共有不少于七届政府。康斯坦丁·费伦巴赫（中央党）、约瑟夫·维尔特（中央党）、威廉·库诺（无党派），以及古斯塔夫·施特雷泽曼（德国人民党）曾任总理。在所有政府中，只有一个政府曾获得议会多数派，即施特雷泽曼领导的大联盟政府。在施特雷泽曼领导的第二届政府中，社民党不到4周就退出了联盟。无社民党政府的实验失败后，又再度出现了由中央党左翼分子维尔特领导的少数派联盟政府。但问题不曾解决，又缺少足够人数的多数派，因此这些政府都不长命。1920年6月6日政府溃败后，联盟盟友更多地开始担心起自己的拥护者，而不是联盟内部的和平——由于联盟内外交困的局面，人们越来越难达成妥协，议会制几乎无法推进。

在这样的背景下，之后的几年依然危机重重，以法国的赔款政策为首的持续的外交压力决定着这一阶段的基调。经济危机和通货膨胀，人民起义以及以政治为目的的犯罪也始终伴随左右。《凡尔赛和约》的后续影响反复刺激着民族怒火，那些坚信德国除了竭尽所能履行和约别无选择的人们，也被反复贬损为"履责政治家"。只有让胜利者们清楚地认识到和约确确实实给德国带来了不可承受之重，才能减轻外交压力。

1921年5月4日，因为无法接受1921年5月5日所谓的"伦敦最后通牒"中同盟国于1921年4月27日提出的总计1320亿金马克的赔偿要求，费伦巴赫政府下台。[273]同盟国提出，如果德国拒绝赔款，同盟国将占领鲁尔区。[274]这次的德国政府下台依然未能改变德国所处的窘迫局面。1921年5月11日，以约瑟夫·维尔特为总理的新联盟政府不得不接受最后通牒的内容。

德国试图与另一战争失败者结盟以重新赢得外交上的斡旋空间，虽然其辐射范围有限，但一样在西方同盟势力中激起了巨大的不安情绪。1922年4月16日，在世界经济会议于热那亚召开之际，以外交部长瓦尔特·拉特瑙为代表的德国与以外事部长契切林为代表的俄罗斯苏维埃联邦社会主义共和国签署了《拉巴洛条约》。这是继1921年5月德国与苏俄签订贸易条约后的又一次联盟。

基于西方同盟国在赔款问题上毫不让步的姿态，同时因为德国害怕《凡尔赛和约》第116条会最终导致英国、法国和苏联间订立赔款协议，原本反对与苏俄结盟的外交部长拉特瑙最终同意了这一路线。德国的这一东方政策中埋藏着各种各样的动机。例如，泽克特将军和他的同僚就希望在与波兰的领土分割中赢得苏俄的支持。

条约的签署令总统和政府大为震惊，尤其引起了艾伯特的强烈不满。比起德国保守派，尤其是那些为了避免执行《凡尔赛和约》的裁军规定本来就打算与苏联联手的军队领导，这一与苏俄签订的协议对属于社民党右翼的政党领导来说意味着巨大的问题和麻烦。

然而，《拉巴洛条约》的内容远远没有其诞生过程来得轰动，也远远没有它所带来的影响那么重要。条约规定，德国和苏联相互放弃对战争带来的包括民事方面的损失的赔偿（1922年11月5日，条约也延伸到了其他苏维埃共和国）。此外，德国也放弃了苏俄境内被布尔什维克革命国有化的德国资产。不久，两国建立起外交与领事关系，并依照最惠国待遇原则构建经济关系。[275]虽然《拉巴洛条约》的签署使得双方打破了外交上的孤立，但德国存在的根本性问题却并未因此得到解决。

民众越是受制于这些问题，就越怪罪于共和国。对于魏玛共和国的仇意丝毫不减，以政治诉求为动机的犯罪层出不穷。1922年最著名的受害者是6月24日被刺杀的外交部长瓦尔特·拉特瑙。他是继不久前暗杀前总理菲利普·谢德曼未遂的右翼民族主义组织的又一个暗杀牺牲品。拉特瑙学识渊博，对经济有着深入的了解。他曾是其父埃米尔成立的AEG集团合伙人、监事会主席以及日后的集团主席，1914年后他出任普鲁士国防部原料部门主管，是德国战争经济的领军人物之一。作为一名渗透着强烈的社会责任意识的爱国主义者和自由主义政治家（德国民主党），他是为数不多的集思想与政治、经济与道德、领导力与自省力于一身的大人物。除了被贬损为"履职政治家"，拉特瑙的犹太出身也是他被暗杀仇恨萦绕的另一原因。1921年，时任重建部长的他因为抗议同盟国占领上西里西亚而下台——因此没有理由斥责他背叛了德意志的利益。恰恰相反，他将全部心力都投注在争取德意志利益的事业中。

人们也许会像罗伯特·穆齐尔在他的长篇小说《没有个性的人》中那样嘲讽他的一些性格，也许会拒绝接受对他的文学化和修辞化，但是因为拉特瑙，魏玛共和国再度拥有了一位政治领军人物，且各种杰出天赋在他身上的交融为他赢得了独一无二的地位。"……全德国找不出比拉特瑙博士更能言善辩的伸张自由的律师！……我从未看到过比拉特瑙博士的爱国事业更为高贵的存在……（右倾）敌人就在那儿，他们正在往人民的伤口上滴毒液。——敌人就在那儿——毫无疑问：这次的敌人站在右边！"[276]

1922年6月25日，维尔特总理（中央党）以这一被反复援引的句子结束了对拉特瑙的追悼演讲。也许，利用德国人民党对谋杀的厌恶以及一些德国国家主义者的纵容，来离间温和派和极端右翼分子不失为一次聪明的尝试。[277]共和国的敌人绝不只有右派。但是暗杀确实激起了众怒，即便社民党代表奥托·韦尔斯在他的议会演讲中说"您的德国国家党为谋杀者提供了保护伞"[278]，也令人难以反驳。哪怕赫尔弗雷西日后与刺杀拉特瑙一事撇清关系也于事无补。[279]作为对以政治为目的的谋杀以及其他暴力行径的回应，总统于6月24日颁布了旨在保护共和国的规定，并设立了特别最高法院。1922年7月21日，议会通过《共和国保护法》[280]。在5年有效期满后，1927年7月23日的议会再次延长法律有效期。1930年，议会认为有必要颁布第二部《共和国保护法》，即"保护共和国"免受极右翼及极左翼敌人破坏成为一项长期任务。

魏玛共和国没能在这一方面采取持续统一的政策有多方面原因。1922年，人们就在《共和国保护法》的必要性、规模以及形式等政治方向的理解上产生了分歧，国家与地方层面也各执一词。在整个20世纪20年代，其局势也随着相关政府的重组而发生着相应变化。1922年，自由州巴伐利亚认为《共和国保护法》干涉了地方州的自主权，于是自己颁布了一部宪法保护紧急规定，仅这一举动就导致了共和国宪法的执行偏差，并在魏玛联盟政府与莱兴费尔德领导的巴伐利亚右倾政府（巴伐利亚人民党以及德国民主党、巴伐利亚农民联盟）产生非关键性意见分歧时削弱了该法的效力。

在1922年巴伐利亚抗议勉强解决后（解决方案包括南德意志判决委员会并入国家最高法院等），又一次政府危机接踵而至。1922年11月14日，总统就经济危机提出的扩大政府的谈判失败后，维尔特政府下台。市民阶级政党和巴伐利亚人民党要求德国人民党加入政府内阁，社民党拒绝了这一要求。[281]1922年9月24日，社民党与独立社民党再度合并，统一后的社民党政策明显"左倾"，这加剧了社民党与德国人民党在稳定德国货币的必要措施上的分歧。另一方面，这也是已就今后的大联盟达成一致的社民党和德国人民党领导层之间的一场作秀之战。撇去对各自党内基层民众的考虑，两党领导犹豫不决的原因在于他们不想让维尔特担任总理（虽然动机各不相同）。其中社民党是因为气愤《拉巴洛条约》，而德国人民党则不满维尔特在拉特瑙被暗杀后对右翼政党的攻击。[282]物价的持续上涨导致多地爆发动乱。如果以1913年作为基数100，那么1922年11月的物价指数已升至15040。[283]

1922年11月22日，汉堡—美洲航运公司的无党派总经理建立起由中央党、德国民主党、德国人民党、巴伐利亚人民党，以及一些无党派专业部长组成的市民阶级少数派内阁。但这些"拥有可贴现签名的先生们"并没能更好地解决经济及财政问题，也不曾因其经济能力更成功地应对同盟国赔偿要求。1923年1月2—4日的巴黎赔偿会议无功而返后，1月11日，法国人和比利时人进驻鲁尔区，意在强调法国总理庞加莱提出的"高产的抵押物"及制裁要求。紧接着由魏玛总理威廉·库诺领导的、以罢工为形式的鲁尔区民众的消极抵抗，造成了德国产能的降低，最终导致整个生产部门的事实性停摆。

法国对于占领鲁尔区早有打算，但最终还是打了水漂。除了抵押地鲁尔区的产能损失，这一极端行径还造成其外交上的孤立。占领军很快扩展到将近10万人，势必造成持续的破坏。冲突以及对占领军的复仇行动致使伤亡不断，被处决的前自由军团首领阿尔伯特·列奥·施拉格特成了殉难者。法国接管铁路后大规模驱逐德国员工及其家属，结果就是激起了又一波骚乱。

政府与议会步调一致，宣扬消极抵抗，但越来越难以承担因此造成的损失。抵抗使参与民众失去了收入。危机顶峰时，国家要为约200万失业者提供资助。

鲁尔抗争为期越长，经济压力就越大。1923年11月，鲁尔区的实业家们签署了所谓的"协约国工厂和矿业控制委员会系列协议"，恢复对法国的煤炭供应，这实际上意味着继续先前被中断的"履责政策"。

1923年9月26日，继被社民党党团推翻的威廉·库诺后于1923年8月14日出任大联盟政府总理的古斯塔夫·施特雷泽曼（德国人民党）通过一份总统和政府的共同公告，宣布消极抵抗结束，德国已走到穷途末路。[284]鲁尔斗争的悲伤回顾如下：132人死亡，11人被判处死刑；其中1人被执行死刑，5人被判处终身监禁；15万人被驱逐出鲁尔区，德国国民经济损失估计在35亿至40亿金马克。[285]到1923年9月，政府给相关民众的经济资助达到令人眩晕的3500万亿帝国马克。

1923年危机之年的第二大主题是突飞猛进的通货膨胀。1923年10月，1美元可以兑换250亿德国纸马克。纸马克对金马克的汇率恶化进程如下：1920年汇率为15.4比1，1922年1月45.7比1，1922年12月1807.8比1。1923年11月15日，随着新货币"地产抵押马克"的引入，政府开始重建货币，确立了下列汇率：1美元等同于4200亿纸马克，一个金马克相当于10亿纸马克。[286]

食品价格能更直观地说明通货膨胀的程度：1923年6月9日，柏林市场上一个鸡蛋的价格是800—810马克，500克黄油13000—15000马克，500克咖啡26000—36000马克，500克土豆2200—2500马克，1900克的面包2500马克，一个小面包也要80马克。[287]

如前文所言，造成通货膨胀的主要原因如下：通过发行债券来维系的战时财政以及战争给国家带来的极度重负——战争赔款，士兵转业，对战争遗属的赔偿，对因战争而丧失劳动能力的失业者的救济，和平生产总值的下降，以及由此造成的战后迅速提高的进口需求。同时，物资短缺造成严重的供不应求，外汇投机、资金外流以及德国货币的信用缩水致使货币贬值愈发严重。如果说，"一战"时通货膨胀就已显现，那么鲁尔斗争则大幅加速了其进程：生产力下降、额外开支、税收和关税的亏空撕开了国家财政的巨大缺口，政府想要通过不断提高流通中的货币总量来堵住缺口，却进一步导致货币的加速贬值直至最终崩盘。

通货膨胀带来的最直接影响是财富的转移，这从根本上改变了社会结构的经济基础。一方面，广大中产阶级变得一无所有；另一方面，负债者和投机客反倒成为通货膨胀的受益者——以德国人民党政治家身份活跃于政坛的工厂主雨果·斯蒂内斯是最著名的例子。通货膨胀对小储户造成巨大冲击，他们辛辛苦苦积攒的财富在数月内变得一文不值。众多富庶的中产阶级也成为牺牲品。由于失去收入来源，他们除了变卖实物资产以及房产以外别无选择。而另一些人则借助"实物资产的庇护"把金钱转换为更为保险的资产，并通过这种方式积累了大量财富。因为负债本身大幅贬值，还有一些人借着通货膨胀摆脱了负债。从通胀中受益的还有农业地产，国家也因为通胀勾销了数额巨大的债务。

虽然通货膨胀对于各社会阶层的特定影响还没有得到充分研究，但是广大市民出身的中产阶级因为通胀成为无产阶级是不争的事实。社会学家特奥多尔·盖戈尔日后（1931 年）归纳了"中产阶级恐慌"的症状包括：日益加剧的社会及政治上的迷惘无措，与再次被视为苦难的始作俑者的民主共和国最大限度的疏离。这些都是通货膨胀带来的不可低估的后果。

重组货币的诸多尝试——无论是赫尔弗雷西的"黑麦货币"计划，还是临时经济委员会的金本位制的国债建议——最终都告失败。直到无党派财政部长路德和在他的大力举荐下上任的货币局局长亚尔马·沙赫特联手才取得成功。1923年11月6日发行的地产抵押马克，得到了德国地产的黄金债券以及德意志银行额外担保的双保险。基于这一基础，德国经济缓慢复苏，国家金融秩序得以恢复，物价下跌，物资供给渐渐跟上。尽管如此，通货膨胀留下了一支"由失望者和愤懑者组成的百万雄师"[288]。

1923年，共和国的第三大威胁根植于国家与巴伐利亚、萨克森、图林根等地方州的矛盾，以及重新萌芽的分裂倾向中——例如，1923年10月21日，巴伐利亚普法尔茨以及莱茵兰在亚琛宣告由法国支持的莱茵兰共和国成立。

在萨克森和图林根，当权者是由社民党和德国共产党组成的人民前线政府。在萨克森内阁的共产主义部长们与国家权力陷入矛盾，并拒绝接受施特雷泽曼总理的下台要求后，国家政府基于宪法第48条赋予总统艾伯特紧急命令权以执行国家命令，后者于1923年10月29日罢免萨克森州政府。[289]在那之后，图林根也紧随其后。由于这两个地方州开始组建自己的所谓"无产阶级百人团"军队，国家也开始不断派驻国防军。如果说，共和国在萨克森和图林根受到的是反政府左翼极端行径，以及当地社民党左倾路线的威胁（包括其他一些地方，例如1923年的汉堡和汉诺威也爆发了共产主义起义），那么来自巴伐利亚的则是右翼的威胁。巴伐利亚和国家间的矛盾从1923年10月一直持续到1924年2月，其导火索是右翼倾向的巴伐利亚最高级别政府执事专员冯·卡尔斯拒绝执行国防部长格斯勒查封纳粹党党报《人民观察家报》的命令。地方司令官冯·罗索因为不听从国防部长的命令而遭解职，这激起了巴伐利亚州长冯·克里宁的反抗。

1923年10月20日，冯·卡尔斯发出呼吁："在这一时刻，巴伐利亚有义务成为被压迫的德意志人民的堡垒。因此，巴伐利亚政府与最高级别政府专员一致决定任命罗索统帅政府军巴伐利亚分部。"[290]对此，政府以如下声明应对："军队首领发出清晰命令，部下却出于政治原因置之不理，这绝不能姑息容忍。"[291]军队首领冯·泽克特将军在10月22日的一封日令中说道："巴伐利亚政府走出这一步的原因，是对军事指挥权的干预，是有违宪法精神的。"听命于巴伐利亚政府就是违背军队的誓言[292]，政府有理由强调，这一充满争议的抗命不遵与巴伐利亚挑起的针对马克思主义的斗争毫无关系。[293]

事实上，对巴伐利亚执行国家制裁也无可厚非，但总理施特雷泽曼在对政府的权力工具做出现实评估后选择了妥协。在10月24日于柏林召开的德国各州州长及代表会议上，就国家与巴伐利亚间的矛盾，人们几乎一致站在政府一边，这为施特雷泽曼的策略减轻了难度。总理恳请巴伐利亚州政府"在最短期限内重新建立国防军巴伐利亚分部合乎宪法精神的军令权"[294]。11月8日，总统任命冯·泽克特将军代替国防部长行使权力。

骚乱达到了顶峰，关于即将到来的右翼独裁以及冯·卡尔斯的部队即将进军柏林的谣言四起。冯·卡尔斯的民族纳粹主义同党错判了自己的胜算，并因此失去了耐心，在11月8日至9日的夜里，阿道夫·希特勒宣布废除国家政府和巴伐利亚州政府，并任命自己为帝国总理——这差不多是卡普政变的新版本，至少看起来如此。但前一天夜里，被希特勒的举动所震惊的冯·卡尔斯，在第二天就通过冯·罗索和巴伐利亚警察驱散了统帅堂前示威的纳粹叛乱者（前将军鲁登道夫也参与了这次示威）。紧接着，希特勒被逮捕，一批政变者被执行死刑。11月23日，冯·泽克特将军下令禁止纳粹党和德国共产党的一切活动。

除了来自左翼及右翼极端分子的双重威胁，魏玛共和国又一次爆发了政府危机。11月2日，社民党退出大联盟内阁，11月23日，内阁以230对150票（中央党、德国人民党和德国民主党）否决了总理施特雷泽曼的信任案，施特雷泽曼下台。早在1923年10月31日，社民党党团就已暗示过原因，但并未明确说明：只有对巴伐利亚也执行政府制裁，社民党才能容忍对萨克森人民前线政府所采取的行动。[295]1923年11月20日施特雷泽曼信任案辩论时，社民党代表韦尔斯在批评卡尔斯禁止社民党出版物的行为时明确表达了这一意见：政府面对巴伐利亚时软弱无能，却以最严厉的姿态在萨克森和图林根执行紧急状态管理。[296]据说，当时的艾伯特总统曾这样告诫社民党高层："6周后，你们就会忘记这次弹劾总理的动机，但你们愚蠢行为的后果却会持续10年之久。"[297]

施特雷泽曼的第二届政府倒台后，议会不得不第一次公开承担起责任。施特雷泽曼认为与社民党的合作必不可少，他在媒体代表面前宣称："如今，每个党团都有左翼和右翼。即便在党团内也存在巨大的意见分歧，无论是民主党、社民党还是我自己的政党，都已显现清晰的割裂……我们在狂热的氛围中生存……困境使人陷入极端……而那些给我们的民族带来耻辱的政策使一大部分民众，尤其是年轻人投入了右翼的怀抱。"[298]毫无疑问，施特雷泽曼的两届内阁对掌控1923年的危机做出了巨大贡献。在克服危机的过程中，国防军也扮演了重要角色。那么国防军是什么态度呢？

由冯·泽克特的同僚冯·拉本瑙转述的国防部长的回答虽然不符事实，但绝对是很好的创作，据他称，在1923年危急时刻，将军在一次内阁会议上回答总统："国防军站在我身后。"[299]当时，几乎不可能对艾伯特做出这样放肆的回答。泽克特是镇压左翼及右翼叛乱分子的全权负责人，从这一意义上说他的行为无可指摘。尽管德国民族主义各种撺掇，但他从未尝试过要建立军事独裁，而且他还于1924年2月按规定还权于民。但这只是硬币的一面。泽克特一心想要僭越自己及国防部的权力，在每个关键时刻，他都要给施特雷泽曼使绊子，直接向总统告状，声称总理不信任国防部[300]——在一个民主制政体中，这是非常滑稽的，仅仅这一举动本身就证明国防部不配再拥有民主政客的信任。泽克特参与了所有推翻及重组政府的计划，并试着几次发挥国防部的政治力量反对人民党出身的总理、反对社民党参政以及反对普鲁士政府等。他甚至还撰写了一份旨在大幅修宪的政府纲领。[301]一封泽克特于1923年11月2日写给巴伐利亚最高级别政府专员的信件最能说明问题。他在信中坦承：必须让外界认识到国防部以及他本人才是政府最强大的支柱，哪怕他"在最重要的问题上无法与政府达成内心的一致"。其原因在于国防部是国家权威的唯一可靠支柱。"从一开始我就认为自己的使命在于将国防部改造成一个国家权威而非某个特定的政府的支柱……在这点上，我也坚决拥护宪法规定的方式与路线，在我看来摒弃它们会带来巨大的潜在风险，非极端紧急情况绝不可行。对我来说，魏玛宪法本身不是社会毒瘤；我没有参与宪法制定，从根本原则上说它也有悖我的政治理念，因此我也完全理解您为什么想要向它宣战……"[302]这一当时德国最高级别军官之言清晰地表达了国防军领导层的态度，同时也指出了魏玛共和国最沉重的负担：隐藏在政治幕布之后的军队领导所扮演的可疑角色，这一问题在共和国末年十分突出——例如冯·施莱谢尔破坏布吕宁政府的阴谋。在魏玛共和国的存亡时刻，国防军有时也起着不可或缺的作用，但它也始终是国中国般的存在。

施特雷泽曼下台后，威廉·马克斯（中央党）组建由中央党、德国人民党、德国民主党和巴伐利亚人民党构成的少数派内阁，该届政府于11月30日开始执政——古斯塔夫·施特雷泽曼再度出任外交部长。从1923年直到1929年10月去世，施特雷泽曼顶住巨大压力推行以和解为导向的外交政策，同时，他也始终维护着德国内政的稳定。从社民党到德国人民党，德国政党虽然矛盾重重，风雨飘摇，但大家都明白施特雷泽曼是绝不可或缺的人物。

共和国挨过了1923年的危机岁月以及接踵而至的严峻冬天。1924年2月18日政府专员冯·卡尔和冯·罗索将军下台后，国家和巴伐利亚之间的矛盾也终于偃旗息鼓。随着州长海因里希·赫尔德（巴伐利亚人民党）上台，德国第二大州在其执政的1924—1933年间进入了中间偏右路线的和平年代。财政与经济上的重大问题得以解决，为社会稳定注入了最关键的强心剂。

最好的5年：1924—1929年

但是，这一稳定始终是表面现象。无论是共和国构架上的重负，还是外交上的困境，抑或是极右和极左分子对魏玛政体的敌意，一切都没有重大变化。

■ 矛盾的经济复苏

之后的各届政府也不得不与同样的议会构架缠斗。因此，魏玛共和国依然只有两种选择，即少数派政府，或虽获得绝对多数却因为党派分裂而无法达成必要的政治妥协的政府。尽管如此，到了1924年，共和国的局势相较前一年已大大缓和。以美国银行家道威斯命名的协议认识到，只有在经济复苏以及实现贸易顺差的前提下，德国才有能力支付战争赔款。道威斯计划拒绝债权国单方面的暴力行径（例如，法国与比利时军队对鲁尔区的占领）。在1924年8月16日的伦敦会议上，道威斯计划成为一种全新支付模式的基础，当时德方与会代表是外交部长施特雷泽曼和财政部长路德。计划规定，德国每年需支付25亿金马克，但据判断，直到第5年德国才能实现全额付款。为了保证德国履行赔款义务，国家银行和铁路将被监管，国家的关税和消费税用于支付赔款，同时向德国工业发放50亿金马克的有偿贷款。[303]

另一方面，德国获得8亿马克的启动资助，结果却因道威斯计划流入德国的国际贷款数额远远高于战争赔款而流产。

1924—1931年，德国共支付108亿帝国马克赔款，而在同时期则有205亿帝国马克以贷款形式流入德国。这些贷款促进了德国经济的复苏，而在最开始的几年，德国只能通过极缓慢增长实际工资得以恢复经济。直到20世纪20年代后半程，工资水平才有明显提升。然而，从中期来看，道威斯协议并没能解决关键问题。战争赔款最终仍未结清，而战争赔款引起的内外纷争也依然毒化着魏玛共和国的政治氛围。

尽管贷款对于在困境中挣扎的德国经济来说必不可少且效果明显，但它无法填补德国巨大的资金缺口和公司的投资不利。从某种程度上说，贷款恰恰使问题更为突出，德国的利息压力日渐增长。但最关键问题是德国经济对他国的过度依赖：来自美国的通常都是短期贷款，但往往被用于长期投资。债权人的每一次经济危机都对德国产生着巨大的反作用力。1929年，德国外债总额为250亿帝国马克，其中120亿是短期贷款。相比而言，德国的海外资产只有100亿马克。

基于上述几点，德国经济想要获得持久且深层的复苏显然必须从长计议，同时也很大程度上取决于世界经济的发展。1929年10月开始的世界经济危机对欧洲各个国家的影响不尽相同。总的来说，对高度工业化国家的影响要大于农业国家，每个国家各自的经济政治条件也千差万别。此外，经济危机的进程也并不同步。例如，危机影响到法国的时间要远远晚于其他国家，程度也明显偏弱。法国本就偏低的失业率在1935年才达到顶峰，此时其他相关国家的失业率早已开始持续下降。英国受危机影响相对较强，最初进程与德国相仿，与德国一样，其失业率在1932年达到最高值，为22.5%，但比起德国的29.9%还是要低得多。而英国的经济复苏也更为缓慢。比起其他国民经济体，德国受到经济危机的打击要广泛强烈得多，更致命的是在发生经济危机的同时，德国的政治也危机四伏。

不过，最新的经济历史学研究认为，造成德国经济崩盘的最直接因素并非世界经济的进程，而是一系列国内经济原因。例如，与德国企业在20世纪20年代后半程羸弱的盈利能力相比，不断增长乃至最终过高的工资支出；企业希望合理化降低工资的努力，对人才市场造成了负面影响。光是看看所谓的"黄金20年代"的失业人数，就足以发现共和国的社会经济威胁。到了魏玛共和国的第二个经济历史时期，这一结构性的失业率依然居高不下。在通胀时期的最后一年，即1923年，德国的失业率还只有9.6%，到了1924年货币改革后就升至13.5%。1925年经济短暂复苏，失业率是相对较低的6.7%，但好景不长，一次短暂的经济危机使之后1926年的失业人数比例快速升至18%，而1927年又回落至8.7%。在世界经济危机的影响尚未在德国形成之时，1929年年中的失业率就又回到了13.1%，在之后1929—1933年的共和国第三个经济历史时期，失业率快速且持续上升。1930年年中，失业率为15.7%，即约有300万工人受到牵连，到了1930年12月，失业人数就已经高达近440万。[304]如果说在战后最开始几年里对战争伤亡者的抚恤金对国家以及地方和社区造成了巨大的经济压力，那么之后的岁月里，失业救济的比重渐渐增加。在断断续续的措施之后，自1927年起，国家专门立法系统性地规范职业介绍及失业保险的从救济到保险原则的逐步过渡，从本质上将责任转移到了国家层面。同时，一份全面的失业救济方案也在讨论过程中，但由于世界经济危机造成的大规模失业潮而告流产。

自1929年以来大幅上升的失业率以及1924—1929年共和国

最好的5年里的巨大波动，是其经济不稳定性的明证。此外，一些正面指标，例如1928—1929年的工商业生产值以及收入再度接近1913年的战前水平（相较而言人口数和国土面积减少），也造成了一定的假象。一直以来都处于逆差的贸易，在经历了前几年的明显进口入超后，到了1929年也终于持平。对此德国经济的外贸出口受阻是一大原因。国内市场的吸纳能力持续低迷，德国工业却受困于产能过剩。

尽管1924年后经济一时之间得以复苏，但20世纪20年代初期的问题仍然存在，其中包括常年内政赤字带来的后果、战争带来的利息压力与社会救济压力，以及贯穿整个20世纪20年代的国际收支逆差。1920—1924年，这些经济负担的三分之二因为货币贬值而蒸发。但1924年后，经济压力仍持续不断，《凡尔赛和约》[305]造成的经济后果不仅仅是赔偿，还包括割地带来的严重的经济损失：因为割地，德国损失了15%的可耕地面积，铁矿藏损失75%。生铁产能下降44%，钢产能下降38%，煤矿产量下降26%。[306]换句话说，德国无论是农业部门还是工业部门，都受到了大规模且持续的创伤，这进一步加大了财政问题的解决难度。1928—1929年，战争赔款占国家总支出的12.4%。因为债权国也出现了产能过剩的情况，所以德国只能以外汇而非工业产品支付赔款，这与德国经济的期待背道而驰。

20世纪20年代末期，易北河东岸爆发农业危机。到了20世纪30年代初期，情况急速恶化。这一方面是由于世界市场价格崩盘所致，但国内结构性的弱势也是不可忽视的因素。在那以后，在德国民族党人，尤其是冯·兴登堡总统的推动下发布了所谓的《东部援助法案》，这不仅是一次重要的经济争议，也引起了政治上的分歧，更对1932年布吕宁的下台起到了推波助澜的作用。

1931年的银行危机也有更深层次的原因。虽然一些大型银行在货币改革以及1924年道威斯计划后走上了扩张之路，到1925年业务体量又重新回到战前水平，但问题是这些大银行的业务缺乏自有资本的保障，因此极其严重地依赖于世界金融市场。

整个国民经济及其分支最大的风险是数额巨大的外债，一旦国际货币流枯竭，随时都可能成为回旋镖。从这一点来说，光是以外汇支付的赔款一项就足够危险，因为其中的一大部分来自国外贷款的资助。与之相对，1924—1925年的世界经济增长对德国也产生了积极影响，国民经济有所复苏。无论是日薪还是计时工资的涨幅都明显高于物价涨幅——当然一方面也是被激烈的工人罢工所迫。然而在1929年世界经济危机爆发之前，德国的经济增长便已放缓。但即使是之前的涨幅也落后于其他那些工业国家：经过战争重创、鲁尔斗争、战争赔款以及通货膨胀，德国国民经济的落后已难以追赶。

尽管经济和收入趋势总体向好，但本质的结构性问题依然存在，这使德国在经济世界金融危机中比其他任何国家都更易受到冲击。当然，作为最大债权国的美国因其发展的特殊性而不在比较之列。这里的原则性问题是：1924年之后的德国在经济政治上还有没有其他实际的选择？至少没有一个可以规避所有风险的万全之策。另外，若没有这场虽在所难免，但绝非必然且完全可以预见的世界经济危机，也不可能造成如此灾难性的后果。

这5年的经济发展释放了矛盾的信号。虽然从经济视角来看，所谓"黄金的20年代"的概念只能说部分正确——但相比之前的极度混乱和通胀失控以及之后的大萧条，这一阶段还是担得起这一说法的。

■ 古斯塔夫·施特雷泽曼的外交政策：相互理解，互惠互利

伴随着道威斯计划的成功推进，1925年7月法国撤出鲁尔区，紧接着于8月25日撤出杜塞尔多夫和杜伊斯堡，到1926年1月31日，英军撤出科隆大区。1930年6月30日，同盟国最终撤离莱茵兰。德国取得这一系列的外交成功，首先应当感谢施特雷泽曼在德国民族主义右翼政党的不断干扰下，依然以超乎常人的坚定推动其深思熟虑的外交政策所打下的基础。如果说施特雷泽曼早在1923年就通过叫停鲁尔斗争这一快刀斩乱麻的决策证明了自己的洞察力和执行力，那么现在他走的这一步既现实又充满预见性的棋就更令人称赞。1925年2月，施特雷泽曼建议德国与法国及比利时签订安全协议，对方是自《凡尔赛和约》以来始终与德国有着领土纠纷的国家，这可说是"一石激起千层浪"。德国的这两个西方邻国都忌惮德国的修正主义，遵循"安全第一"的口号。鉴于德国外交部长认识到其法国同人阿里斯蒂安·白里安同样也是一位激情澎湃、具有远见卓识的谅解派政治家，欧洲关系的缓和似乎指日可待。

在1925年10月16日的洛迦诺会议上，施特雷泽曼代表德国与法国、英国、比利时、意大利、波兰以及捷克斯洛伐克签订了协议，协议保证了德国西部边境的不可侵犯，宣布同盟国从莱茵兰撤军，另外还包含德国与波兰放弃使用武力的声明。此外，所有参与国都签署了多个仲裁协议。与法国的意愿相悖，施特雷泽曼最终在1926年4月24日与苏联签署了和平条约，像之前与西方各国签订的协议一样，这一和约排除了未来德国被包围的可能性——这也是德国外交政策上最大的噩梦。通过这

一和约，施特雷泽曼还防止了德国因为一系列担保协议而被牵
扯到苏联与波兰的边境纠纷中去。为了促成这一和约，施特雷
泽曼这个曾经警告柏林的自由党人收回了意识形态上的成见。
总的来说，这一系列相辅相成、互相补充担保的协议是古斯塔
夫·施特雷泽曼继承了奥托·冯·俾斯麦的外交艺术所完成的
作品。

《洛迦诺协议》并没有排除和平解决德国东部边境纷争的
可能，只是想要达成谅解仍阻碍重重。包括归还由国际联盟托
管、自《凡尔赛和约》签订以来就与其他东普鲁士国土分离的
但泽走廊，以及在公投中归德国所有但最终判给波兰的上西里
西亚的零星地区。

因此，之后的批评家将施特雷泽曼定义为修正主义者和民
族主义者在许多层面都站不住脚，最关键的区别在于，施特雷
泽曼唯独在外交道路上追求修正。这是他必须要走的道路，不
仅仅因为事实上相当随意的边境划分，还因为他自己在议会中
的处境。哪怕在自己的政党中，施特雷泽曼的和平政策也几乎
从来没有获得过毫无争议的绝大多数支持，因此他只能不断斡
旋，或者如他在给王储的一封有些模棱两可的信中所言被迫
"玩弄手腕"[307]。作为外交部长，手里必须握有一些民族层面
的胜利，何况除了铁定失去阿尔萨斯—洛林地区以外，他还不
得不吞下另外一些苦果。若非保留和平修正德国东部边境的可
能，他绝不可能在议会上推动签署这一和约。施特雷泽曼坚定
不移地代表着德国的利益，这是不争的事实。但若因此而谴责
他，则难免可笑至极。捍卫自己国家的利益是外交部长义不容
辞的责任，也是包括白里安在内的所有谈判伙伴恪守的原则。
整个协议谈判组既不是为了征服他国，也不是为了挑起战争，

而是为了避免战争再次发生，这一点是毫无疑问的。它的出发点是对欧洲格局的现实分析，展现了施特雷泽曼作为一名身处20世纪欧洲国家体系中的政治家的思考与行动。

这一旨在建立欧洲安全体系的系列协议的高光时刻，是1926年9月10日德国加入国际联盟并获得国际联盟委员会席位。这一举动不仅代表德国再度正式加入欧洲国家体系，重获国际声望，更赋予其在国际联盟中代表德国利益发声的权利，其中不仅包括德国与波兰的边境问题，还包括对生活在海外的800万德国少数群体的保护。总的来说，施特雷泽曼通过这一政策为德国赢回了巨大的外交斡旋余地。

施特雷泽曼在与阿里斯蒂安·白里安的后续双边谈判中，继续寻求与法国的相互谅解以及欧洲问题的解决方案。1926年9月17日，两位外交部长在位于法国朱拉山脉的小村图瓦里共同享用了一顿秘密的、美味的工作餐，席间迸发了各种关于德法和解的天马行空计划。但出于种种原因，美好意愿并未成真。战后的现实情况比两人想要克服的情景更加棘手，两位政治家都只能在极小的范围内掌控未来发展，而白里安在本国内政上遭遇的反抗并不比施特雷泽曼更少。虽然两人没能实现所追求的整体计划，但仍然取得了一些单个进展，例如自1927年1月31日起撤销同盟国在德国的军事控制等。不管怎样，对于白里安和施特雷泽曼来说，欧洲的谅解政策在他们这儿享有最高的优先权。1926年，两人和英国外交大臣奥斯丁·张伯伦共同被授予诺贝尔和平奖。事实上，德法两国这一政策的反对者迫使两位外交部长妥协于时代精神，有时甚至不得不使出极度有损于外交关系的手段。例如，在1926年9月21日所谓的甘布林纳斯演讲中，施特雷泽曼激情澎湃地驳回了同盟国的战争罪责论。

不出所料，施特雷泽曼因此严重扰乱了他自己的外交政策，尤其是白里安在法国的政敌将这次演讲视为德国反抗的又一重要证据。

谅解政策道路上的另一个里程碑是1928年8月27日签订的《非战公约》（也称"白里安－凯洛格公约"），通过这一和约，《洛迦诺协议》各国以及一系列包括美国在内的强国决定抵制战争，并互相保证"在彼此关系中放弃将战争作为国家政治工具"。

最终，施特雷泽曼顶住了来自以德国民族人民党以及整个剩下的右翼政党为首的国内反对声浪，坚持德国接受"杨格计划"，该计划确定了最终赔款问题，也是1930年同盟国撤离莱茵兰的先决条件。但没过几年，"杨格计划"就不再具有效力了。这一签署于1929年6月的协议结束了国际支付管控，确定了德国赔款的期限和分期。直到1930年3月13日，"杨格计划"才被写入法典，不过其生效可追溯至1929年9月1日。计划预计德国将先以37年期每期20.5亿帝国马克的方式支付赔款。在最开始的10年里，赔款应部分以实物形式支付。之后直到1988年的22年期内每期赔款16.5亿帝国马克，最终会略有减少。

这些都是要求，那么实际上到底支付了多少呢？从1919年至1931年6月30日，德国自称共计支付530亿1500万帝国马克战争赔款，事实上是大约250亿（其中130亿现金支付），此外还有145亿帝国马克用于支付其他占领及裁军相关费用。[308]基于德国经济因为全球金融危机以及国内经济原因而遭遇重创，1931年，一份所谓的《延债宣言》暂停了德国的付款，但并未做出明确的规定。在旷日持久的谈判后，1932年6—7月在洛桑召开的赔款会议最终决定战争赔款事实终结。刚上任的冯·帕彭总理不劳而获地将这一巨大成功收入囊中，而这一功劳其实应当算在其前任海因里希·布吕宁头上。帕彭推动了布吕宁的下台，并在后者任期将尽之时将这位曾经的战争对手所取得的关键突破占为己有。

魏玛共和国最终得以解除了最大的经济负担，但其积极影响却被纳粹独裁所享用。

在1929年关于杨格计划的争论中，共和国的政治气氛明显升温。虽然为反对杨格计划发起的公民投票只获得了必要的最低票数，但仍然达到410万之多（除了其他右翼极端分子，其中的主力军就是纳粹党、新主席阿尔弗雷德·胡根贝格的领导下大幅右倾的德国民族党以及钢盔党）。到1929年12月22日公投失败之时，甚至有580万选民投了支持票，占总选民数的13.81%。在"公投委员会"递交的一份《德意志人民反奴役法草案》中，政府被要求宣布在凡尔赛的战争认罪无效，而由此产生的战争赔款也同样无效。草案第4段规定，所有违背这一法令签署和约的部长或代表将被以叛国罪提起诉讼。[309]他们的目标并不是就事论事地讨论杨格计划，而是诋毁那些想要争取和平解决赔款问题的政治家们。

在关于杨格计划的海牙谈判结束后，古斯塔夫·施特雷泽曼在1929年9月立刻赶往驻地在日内瓦的国际联盟。在会议期间，他遭遇了两次严重的心肌梗死，但一息尚存之时他还在争取推迟原计划进行的演讲。他惨白的面容和憔悴的身躯震动着在场的所有人，很显然他已行将就木。1929年9月9日施特雷泽曼的这场最后的大型演讲是他留给欧洲的遗产。

施特雷泽曼讲到了关于杨格计划的海牙谈判，描述了德国仍然存在的问题，要求实现全面且有保障的少数群体保护，并明确表示赞成抵制战争协议以及最终陷入僵局的日内瓦裁军谈判。

施特雷泽曼呼吁人们不要拘泥于细节，而是寻求整体解决方案。借此他来到了其演讲的核心主题，即"欧洲国家格局的重新划分"。为了防止人们产生误解，他强调未来的欧洲经济政治绝不能歧视欧洲以外的国家或地区，也不能将它们排除在世界贸易之外，必要时可能更需要着眼全球的解决方案。

演讲的核心愿景是"欧洲经济关系的理性化"，其中包括消除关税壁垒，引入一种"欧洲硬币"以及"欧洲邮票"。虽然身为国民经济学家的施特雷泽曼始终以经济政治视角看待问题，但他同时也指出了这些信号对达成欧洲谅解的力量。他大力呼吁扫除造成欧洲目前紧张局势的原因："我们的理性任务在于带领民众彼此亲近，消除他们的敌对。"[310]施特雷泽曼确信互相谅解符合所有国家的利益，在这一问题上，单一国家与欧洲整体不存在矛盾。

这些建议与考量是否可以看作今日欧盟的原型呢？显然不可以。但是古斯塔夫·施特雷泽曼的政治经济作为对于一个处于"一战"结束后那极端压抑的10年里的现实主义政治家来说几乎已是极致——但同时对于他的时代条件来说并不难预判，以至于人们在当今视野下也不致做出年代错误的评判。

旨在争取国家与欧洲利益的外交政策经历了摧枯拉朽的6年多，外交部长施特雷泽曼也成为牺牲品。虽然他不像埃尔茨贝格以及拉特瑙那样成为被暗杀的对象，也不像艾伯特一样因为政治原因而延误了病情，但长期的疲劳过度耗尽了他的心力。1929年10月3日，施特雷泽曼去世，由此共和国失去了一位举足轻重的政治人物——甚至可以说是最重要的一位。甫一去世，施特雷泽曼就获得了比生前任何时候都更为巨大的国内与国际认可。突如其来的悼念伴随着一个迫在眉睫的问题：失去了施特雷泽曼的德国和欧洲将何去何从？

帝国议会的纪念仪式，以及柏林街头成百上千人追随并在新闻周报中以影片形式记录下来的送葬队伍，与瓦尔特·拉特瑙和弗里德里希·艾伯特的悼念仪式一同属于魏玛共和国最令人印象深刻的民主场景。难道比起民主和社会成就，共和国更善于表现悼念？哈利·凯斯勒伯爵于1929年10月4日在巴黎写下了对于施特雷泽曼的深切哀悼："悲伤是普遍而真挚的。人们感到已经存在一个欧洲祖国。法国人感到施特雷泽曼仿佛是另一个欧洲的俾斯麦……"这里对施特雷泽曼的哀悼几乎与日俱增。人们真的感觉一位非常重要的政治家不幸离世。报纸记录了英国、美国、西班牙等各国报纸的所有正面报道，其弥补之意昭然。《黄昏日报》起了一个大幅标题："全世界都在哀悼施特雷泽曼先生的离世。他的作品将继续存在，全世界对其作品的一致欣赏是一个政治家所能得到的最大敬意。"造神运动开始了。施特雷泽曼因其猝然离世而几乎成为神话人物："19世纪没有任何一位伟大的政治家……能获得如此一致的举世认可和神话。他是可以进入瓦尔哈拉神殿的第一位真正的欧洲政治家。"[311]

施特雷泽曼绝不仅仅是德国不可或缺的外交部长，他也是德国人民党无可替代的党主席和运筹帷幄的议会议员。作为自由保守主义市民阶层中间派代表，他一手将德国人民党带上了魏玛共和国的道路。尽管施特雷泽曼树敌众多，反对他的声音也不绝于耳，但他的威望依然远远超越了政党的界限。而他个人和政治上的悲剧在于，虽然他旨在提高魏玛共和国外交地位的事业得以继续发展，但与之不可分割的欧洲及德法的谅解政策却相当短命。施特雷泽曼去世没几个月，自1928年开始执政的大联盟就分崩离析了。施特雷泽曼是联盟政府的关键支柱，是他卓越的凝聚力以及他与同样病痛缠身的社民党总理赫尔曼·穆勒的合作才将联盟团结一致：1930年3月27日，该政府的谅解潜力消耗殆尽，再也没有一位部长拥有施特雷泽曼的权威和能力来团结一开始就貌合神离的各党派。如果不是英年早逝，施特雷泽曼能够阻止联盟崩裂，并以此避免议会政府转变为依附于兴登堡的总统制政府的悲剧命运吗？我们无从得知。但如果魏玛共和国能有这么一个远离深渊的机会，那一定只有古斯塔夫·施特雷泽曼能办到。同样，拥有议会大多数支持的大联盟政府也许也可以避免1930年9月14日那场多余且灾难性的议会选举。这样的话，直到1932年初夏之际，才会举行常规选举，而到那时纳粹党只是拥有2.6%议会席位的小众党。德国会不会走上另一条更好的道路呢？

如果施特雷泽曼没有去世，这一切并非没有可能。然而，现实更为灰暗。无论是右翼还是左翼，无论是国防军和还是总统都在大搞破坏，因为社民党和德国人民党就各自当事人利益——即工会以及企业主——发生政治争议，联盟政府终于分崩离析。人们无法就提高失业保险金额一事达成一致，魏玛共和国最后一届严格意义的议会制政府最终倒在了究竟是让利雇主还是雇员0.5个百分点这一争议上。当然，这只是一个契机，对于那些认为在共和国经济、社会和国家危机加速恶化之际可以推动狭隘的经济或社会利益政治的人来说，这甚至是一个求之不得的契机。

过去的选举展现了鲜明的对比。经济复苏和外交成功造就了共和国相对安好的5年，1924年12月7日和1928年5月20日的选举表明了这一点。尤其是在后一次选举中，纳粹党的支持率跌落至2.6%，而社民党的反对党角色显然得到了许多选民的积极评价，其支持率上升至29.8%。在1924年5月的选举中，社民党只获得了20.5%的选票，到了1924年的12月，支持率则达26%。中央党并未因联盟执政而获益，虽然其支持率相对稳定，但12.1%是他们在1930年前最糟糕的成绩。德国民主党只获得寥寥4.9%的选票，同样大幅落后。德国人民党虽然拥有杰出的党主席兼外交部长施特雷泽曼，但仍以8.7%的比例败选。对于共和国的支持者来说值得欣慰的是，魏玛共和国最强大的敌人德国民族人民党大败而归，继1924年12月赢得20.5%的最高支持率后，1928年5月其支持率一路下滑至14.2%，而德国共产党则从8.9%小幅攀升至10.6%。

多亏了社民党的胜利，社民党、中央党和德国民主党票数相加才能共占总票数的46.8%，接近绝对多数。这是它们在国民大会选举后取得的第二好成绩，但仍然比1919年时少了30%！不管怎么说，再加上德国人民党，理性派政党足以组成执政大联盟，从这一数量看，1928—1932年，由议会多数派组成稳定政府的前景相对乐观。但这只是一个数字上而非政治上的计算。就政治来说，虽然联盟党占据议会多数议席，但1925年通过选举产生了一位反共和的总统以及中间偏右政府两次在德国民族主义者加入的情况下组阁都是不容忽视的事实：从1925年1月15日至1926年1月20日，无党派人士汉斯·路德担任总理，1927年1月29日至1928年6月29日的总理则是中央党人威廉·马克斯。总体上反共和反民主的德国民族人民党参与组阁共计两年半，并占据了例如内政部长、司法部长以及经济部长等核心岗位。德国民族人民党加入内阁并非共和国趋稳的信号，恰恰相反，这反映了共和国的软弱。此外，在1924—1928年，只有这两届中间偏右政府得以获得议会多数派的支持，其他市民阶级中间派政府，如第一届、第二届和第三届马克西米连政府，以及第二届路德政府，都不曾达到议会多数。

　　仅是这匆匆一瞥就足以表明，即便在共和国最稳定的时期，其政权也绝不稳固。最具代表性的是那些政治上微不足道却容易煽动情绪的争议：例如没收王侯的财产、国旗问题、组建装甲巡洋舰队等。尤其是充满象征意义的国旗问题。共和国建立伊始就伴随着国旗颜色之争，共和党人借鉴1848—1849年第一次国民大会决议赞成黑红金色，而保皇党人则支持德意志帝国的黑白红色。1919年，共和党人的意见被采纳。但失败一方拒绝接受这一结果，不断试图挑起纷争。甚至有小学校长拒绝升起国旗。1926年5月5日，兴登堡总统颁布国旗法，宣布同时启用商旗的黑白红色，使得两种国旗色拥有了平等地位。国外的德国公使馆和领事馆除了官方的黑红金国旗外还应当悬挂黑白红色的商旗。除了可笑，还能说什么呢？负责签署国旗法的总理路德因为来自公众的猛烈抨击和德国民主党的不信任表决而下台。

———————实践中的宪法制度：1920—1930年

▓ 基础

1919年在魏玛通过的宪法分为前言和两大部分内容，共计165项法条。此外，还有过渡及最终决议（166—181条）。第一大部分（1—108条）规定了国家的建立和任务以及国家权力的组成，第二大部分（109—165条）的内容是德国公民的基本权利和基本义务。其中第一大部分的司法裁判一段中（103—108条）就已包含了直接涉及每个公民基本权利的规定，例如105条规定："不允许开设特别法庭。没有人可以逃脱应有的法律制裁。" 107条强制规定在国家和地方设立行政法庭，保护公民拒绝行政机关的命令和安排的权利。在这部宪法中，公民权利的法制、保障和保护占据了极大比重。也许宪法学家们赞成雨果·普罗伊斯提出的实用主义怀疑，对这一不厌其详的基本法目录的必要性和期待值存疑，但这些宪法之父们的心意还是值得被称颂的。尤其是在纳粹独裁建立之前，纳粹政府就通过废除基本法和一系列法制原则开始废除魏玛宪法，废除魏玛宪法的这些要素就是废除民主的第一步。在那十几年的中断前，魏玛共和国一直坚定地将1918年前就存在的法制传统发扬光大。

虽不可避免地有宣言成分，但前言已经表明了这一宪法的前提和道德基础："单一民族的德意志人民决心在自由与公平中重新建立并巩固自己的国家，服务内外和平，推动社会发展，基于此诞生了这部宪法。"人民享有自主权，是所有宪法权利和合法政治权力的出发点。如今的帝国再也不是1871年那时的由诸侯制定宪法的邦联同盟。[312]中央集权主义和邦联主义在"单一民族的德意志人民"这一措辞中得到统一，人们并没有抛弃帝国思想，更多的是加以更新。因此，并没有诞生一个新的国家，而是诞生了一部新的国家宪法。决定性的道德前提是自由和公平以及内外和平，而社会进步始终是这一宪法未来的内政任务，即此为所有政府和议会决策者的共同目标。

国家形式和国家权力的民主构架在前言的持续应用以及宪法第1条中都有提及："德意志帝国是一个共和国。国家权力来源于人民。"这两句话具有规范性意义，只有在进行宪法修改时方可改动。公民自治原则是国家领导和其组织的基础。紧接着的第2条——"帝国疆土由德意志各州领土组成。"——既承认了地方州来自当地公民的自主权力，也规定了各州必须接受共和和民主制度。虽然保守党派为了保留重回君主制的可能，既不欢迎这一国家形式，也不愿宪法规定各州的政治形式，但绝大多数人还是坚信共和国内不能存在君主制，并将这两大基本原则强制写入州宪法之中。第17条规定：每个州必须有一部自由州宪法。人民代表必须由所有德意志男性与女性根据比例选举的基本原则通过普遍、平等、直接、匿名的选举产生。州政府需取得人民代表的信任。根据雨果·普罗伊斯的阐释，"自由州"的意思就是"共和"[313]。选举权以及民主议会制政府体系与22条和54条对议会的相应规定相呼应。在这第二个核心问题上，国家和各州也引入了类似的宪法规则。与之相对，在德意志帝国时期，国家与地方宪法在例如帝国议会与地方议会选举权等基本原则上经常背道而驰。自1918年10月至11月以来制定的规定以及过渡宪法始终秉持着上述国家形式和政府体系的原则性要素，在此等基础之上，存在着诸多塑造可能。

1919年在魏玛的一系列决定是在数月前便已事先划定好的路线框架下做出的，此外它们也受到由18世纪英法国家理论发展而来、决定了19世纪以及20世纪前期宪法历史的经典三权分立思想的约束。司法独立、议会的立法权以及政府与总统的行政权按职责范围划分。当然，避免议会民主中立法与行政产生严重对立也是非常必要的。在魏玛共和国时期，政府执政需取得议会信任，因此前者对后者十分依赖。另一方面，在制定法规时，立法部门经常，甚至可以说常规需要商讨来自政府的草案。

■ 忠于宪法还是忠于国家？

在司法方面，虽然三权分立得到了更为长期的实现，但并非以制宪者们所期待的方式实现的，而为数众多的法官也并不赞同这部民主宪法。结果是魏玛宪法102条规定并在104条中通过"法官独立判案，只听命于法律"这一措辞细化说明：对于一个法治国家来说，必不可缺的司法裁判的独立性被右翼及一般政治毁灭性地利用。如此一来，上文中提到的对于总统艾伯特的诽谤诉讼很大程度上就格外有问题，而那些出于政治动机犯下谋杀罪的极右翼犯罪分子在魏玛共和国却常常只受到很轻的责罚。除了国防军，司法是国家统治的第二大支柱。但即便有受宪法保障的规范，人事政治还是做不到只任命忠于宪法的公职人员。

既然对绝大部分法官在司法判决和宪法忠诚度这一政治领

域的总体评价如此负面，那么独立社民党和其他左翼组织的委员会理念所提出的民选法官制度是否能对此情况有所改观呢？事实上这一方法很可能比既定道路更成问题。民选法官乃至通过选举使某法官下台的可能性不仅会极大地伤害乃至从一开始就抹杀司法的独立性，而且还可能导致业余法官的制度化，职业资质将成为次要或是毫不重要的因素。这种方式绝不可能使司法忠诚于宪法，也似乎并不能避免魏玛司法在1919年走上错误的政治发展路线。唯一可以肯定的是，司法从业人员和其他国家公职人员不但会被要求比现在更加忠于"国家"，而且要不容存疑地忠于崇高的宪法：这一区别使那些不忠于宪法的官员得以全身而退。[314]在魏玛共和国时期，作为公职人员在职与平日行为准绳的宪法忠诚并不是我们今天普遍理解的严格概念。这正是法纪存在的问题。

"我们想要什么"，这是雨果·辛兹海默尔于1925年10月出版的新期刊的名字。期刊以编年体的形式记录了魏玛司法的弊端并试着揭示其原因。"之所以成立这份期刊，是因为发现大量民众对德国司法的信任发生了动摇，重新建立这一信任应当被视为最要紧的任务……在一个民主与共和的德国里，司法只能秉持民主与共和的精神。否则它就违背了所有解释原则的最高精神，即每一个法律都应在整个司法秩序的精神中加以阐释。如果法官总是有意无意地参照一个有别于今日司法精神的思想，这将是一个难以忍受的情况。"[315]

于是，虽然整体评价各不相同，但对于司法改革的必要性，民主党派代表们均持统一意见。曾任司法部长的贝尔在其党1929年的集会中展示了中央党的贡献，他强调"所有德国法官必须无条件忠于宪法，情系祖国"，以及如挑选刑事法官时采取"特别关照"的必要性[316]，但同时他也为司法辩护，避免对其批评出现普遍化趋势。但即便各中间党派达成广泛共识，仍难克服司法机关中根深蒂固的人事政治所造成的巨大阻碍。贝尔这样解释魏玛司法政治中的一个问题："自魏玛国民大会以来，司法部领导层已换了不下14届，从德国民族党到社会民主党，来来回回所有的党派都换过一遍，这一事实足以说明问题，习惯于高尚传统的整个司法部门公职人员的前进动力以及有效的集体影响因此举步维艰也就不难理解了。"[317]

司法部曾有过几位才能出众的部长——包括社民党人古斯塔夫·拉特布鲁赫，中央党政治家威廉·马尔克斯，隶属于由德国中产阶级组建的经济党的法学家约翰·维克多·布雷特，民主党人欧根·西弗尔以及埃里希·科赫-韦泽尔。但由于在位时间大多只有短短数月，他们都没能有什么作为。另一方面，司法部长的这种流动性给了一部分自革命前就在位的高层领导一种强势地位，他们感到自己是唯一可以维系司法连续性的人。

顺便一提，即便是魏玛司法界的极右翼分子也站在共和政治家一边谴责偏袒。一些关于1925年巴马特兄弟在柏林与社民党政客们联系密切的丑闻被反复用来攻击诽谤。极右翼势力反对"司法中的政治泥沼"而出版的宣传文章第一卷《被束缚的司法》在一年时间内重印了10次。[318]即便其中的描写严重偏离事实，但这些报道还是削弱了法治国家的权威。

民意代表委员会以及之后魏玛宪法对公职人员的保障是一个关键性问题，它不仅仅出现在司法系统中。新宪法第129条保障了公职人员的权利，包括解雇保护以及削减针对公务员的纪律措施。他们与所有公民一样享有自由开展政治活动的权利。

在军事动乱和革命盛行之时，为了重建国家，扫除最严峻的经济和社会问题，受过良好教育的公务员是不可或缺的力量。上述这些规定以及对公务员权利的保障不仅出于这一实际考量，同时也符合法治国家的原则。无论处于何种国家形式之中，政府都必须维护国家的法制与社会义务。一方面解雇那些不符合政治公务员类别的公职人员十分困难，另一方面革命政府却面临自身司法从业人员紧缺的问题，尤其缺少能胜任司法和管理方面重要岗位的人才。一方面由于帝国时期的高官们被开除，另一方面因为社民党党员和拥护者们的社会身份大都局限于工人和小职员，该党只有少数司法人士，其中大多还是自由职业者或是学者。

社民党的重要政治家、法学家，来自海德堡的教授、议会代表及司法部长古斯塔夫·拉特布鲁赫指出了这一受局限的可能性："司法部的法律特征大于政治特征，这一点在全新的国家关系中也从未改变。想要进行政治全覆盖是行不通的，因为只有强大的专业知识才能应对这一部门的专业任务。"虽然拉特布鲁赫承认绝大部分同僚在政治上倾向于德国人民党，但他仍赞扬了这些公职人员为部长提供客观意见的"诚恳意愿"。但他最后也得出结论，也许他对于自己职位的政治理解是远远不够的。[319]

恰恰是拉特布鲁赫谴责了海德堡的编外讲师埃米尔·尤里乌斯·贡贝尔在其文章中"以惊世骇俗之笔所描述的司法在针对左翼政治家们的谋杀案中的软弱无能"[320]。在被任命为司法部长后，作为代表的他完成了在1921年7月5日的议会上所要求的关于贡贝尔《两年的政治谋杀》[321]一书的纪念文章。这里的关键问题并非左翼阵营的贡贝尔的政治思想，而是：贡贝尔关于上百起政治谋杀极其片面且欠缺的责罚的陈述是真的吗？在该书第一版中，贡贝尔写道，德国司法对300起谋杀置之不理。该书激起的巨大反响令贡贝尔震惊，它虽合情合理，但同时也令人惊惧[322]："……与此最为相关的岗位，即司法部长曾多次明确证实我的说法。尽管如此，仍然没有哪怕一名杀人犯受到惩罚。"[323]最终贡贝尔自己出版了1922年11月22日拉特布鲁赫下台后没有公开的材料。1923年8月13日拉特布鲁赫二度出任司法部长，他告诉贡贝尔纪念文章预计在1923年10月中旬出版，但是10月6日施特雷泽曼的第一届内阁就下台了。虽然在施特雷泽曼的后两届内阁中拉特布鲁赫再度被任命为司法部长，但这两届政府的寿命愈发短暂。还不到4周，社民党就在1923年11月3日撤掉了包括拉特布鲁赫在内的多名部长的职位。此时纪念文章已经完成，但尚未出版。贡贝尔嘲讽道："为了不出版，纪念文章整整花了2年半。一般这种令人作呕的故事过程大抵如此。"[324]虽然司法部长确实向议会提交过文章，但没有像其他议会印刷品一样得以出版。

面对问询，司法部解释说他们没有地方司法机关呈上的报告副本，而原本也已不见踪影。[325]但此时，贡贝尔正确无误的声明就摆在桌上："在过去的几年里约发生了400起政治谋杀，全部都是右翼极端分子所为，且几乎没有受到惩罚。"[326]埃米尔·尤里乌斯·贡贝尔最后自费完成了影印，并以个人或者说一个有责任意识的公民的身份，于1924年5月出版了由他1922年的记录所触发的官方纪念文章。上文提到过的对于罗莎·卢森堡、卡尔·李卜克内西、库尔特·艾斯纳、雨果·哈斯、马蒂亚斯·埃尔茨贝格、瓦尔特·拉特瑙的暗杀以及其他多起事件均被贡贝尔记录在案，而以埃尔茨贝格一案为例，由中央党政治家雨果·恩姆·岑恩霍夫领导的普鲁士司法部就得出结论：
"贡贝尔的描述是符合事实的。"[327]

在当时，针对这种犯罪，相关部门对于主要罪犯一般都"宽大处理"，但谋杀了拉特瑙的犯人是个例外。其中一人在被捕时被射杀，另一人则自尽而亡。但即便是在这桩案子中，背后主谋依然毫发无损，而许多帮凶则多半受到相对较轻的责罚。

埃米尔·尤里乌斯·贡贝尔写道："德国真的发生了形式上的变化。因为自魏玛宪法颁布起，德国名义上就成了民主制国家了……人们读到这些振奋人心的规定……根本不会质疑德国是不是一个完整的民主政体。但很遗憾，仅凭宪法条文来推断出一个国家民主制的程度是不可能的，这是众所周知的事实……想要回答这一问题，更要看实施细则，后续的法律、警方的权力、管理的理念，以及最关键的一个国家的精神状态……在对待敌人时，共和国前所未有的民主。"[328]

事实上，无论是何种形式或缘由的反宪法行为都没有被坚定地予以制止，甚至往往完全没有抗争。国民大会也只能颁布书面的宪法，却不能一击改变德国人民或至少大部分德国人民的精神、社会、政治思想。仅凭宪法是无法完善一个民主政体的，前者只能制定政治、社会以及法律诉讼的行为准则并做出决定——它的作用不可能更多，但也不会更少。在其期刊《司法》于1925年发行之时，雨果·辛茨海默尔贴切地说道："许多时候，法律意识对抗的是法律的形式特征，但没有这些形式特征，法律就无从存在……因为没有形式的思考方式，就没有法律的思考方式。但法律的执行绝不可被这种形式化的行为所消耗殆尽。"[329]

■ 议会制与总统制——后患无穷的妥协

1919年新宪法规定的政府体系，也同样存在司法领域出现的问题。宪法追求完整的民主制度，表现在选举权、最高宪法机关之间的均衡、国家与地方关系的规定以及关于法制与社会国家的条例。但最主要的，还是引入例如公民表决之类的直接民主要素。基于以上动机，国民大会将公民投票的提议写进了宪法，帝国总统应当由民选产生。大多数制宪者想要缔造一个民主共和国。但是魏玛共和国的民主应当是议会制还是总统制呢？在讨论最高宪法机构的比例构成时，这一问题引发了制宪者们的拉锯。

宪法第1段包括了国家和地方的权利，并确定了两者的相互关系。这一段确定了魏玛共和国的邦联结构。接下来的几段包括魏玛政府体系的职能规定以及最高宪法机关的权责范围，包括帝国议会（20—40条），帝国总统和帝国政府（41—59条）以及帝国委员会（60—67条）。宪法的第5至第7段是国家行政以及司法裁判的相关法律。

与国民大会一样，帝国议会遵循比例选举原则，每4年通过普遍、直接、自由的选举产生，它拥有立法权，依据宪法决定预算计划，同时行使对政府和行政的监管权。它有权任命调查委员会，获取政府成员及其在议会的出勤信息。但议会最重要的权力是通过不信任投票迫使政府下台；若征得三分之二以上代表同意，议会可以修改宪法。此外，帝国议会还拥有一系列议会权力，可以行使德意志人民代表的授权。在行使这些权力时，他们完全凭借自己的良心，不依附于任何委托。帝国议会有自行集结的权力，而不是像君主立宪政治体系中常见的那样由国家元首召集。同样，会议何时结束以及何时再次召开也由议会自行决定。帝国总统拥有屋主权，而代表们享有议会豁免权，即他们免受法律责罚，除非议会废除其豁免权。

国民大会原则上确立了一个代表制的政府体系，同时也补充了个别公选元素，但在宪法实践中，这些元素无足轻重：没有任何一部宪法是经由公民投票产生的。但是公民投票是极右翼政党（纳粹党、德国民族人民党、德国钢盔党）以及极左翼政党（德国共产党）喜闻乐见的、用以反对共和国的宣传工具，例如1929年至1930年反对杨格计划的公民投票便是一例。在一部原则上实行代表制的宪法中引入公投元素的目的是给予民众最大限度的自主空间，以及做出直接政治决定的可能性。鉴于宪法法律和政府的复杂性，以及在没有政治党派参与的情况下组织公民投票的困难性，公投成为宪法令人质疑的"姿态"，而绝非"公众意愿准确无误的"表达方式。

此外，独立社民党要求缩短立法周期至两年。雨果·普罗伊斯拒绝了这一要求，他指出这将有损议会的工作能力："选举周期越短，议会就越无能。"[330]这一观点得到了宪法委员会的支持，因为议会是民众意愿的代表，因此也应当是帝国权力的承载者：只要没有通过宪法明确转交给总统、政府或帝国委员会等其他宪法机构，国家权力就应当由议会来行使。尽管制宪者们已经清晰表明了自己的意愿，但在宪法讨论中仍反复出现"议会绝对制"这一表述。为了民主之愿，人们想出各种办法来约束议会这一莫须有的最高权力：例如通过全民公投，以及最主要的通过一名强有力的总统。但即便是总统也要通过民选产生（为了和议会一样获得法定意义上的承认），这一公投要素同样被写进了宪法，并以此限制了帝国议会在魏玛政府体系中的优先性。

总统拥有临时宪法赋予的主导地位。在宪法的同一段落中前后呼应地规定了他和帝国政府的职权与职能范围。因为这两个宪法机构都被视为行政机构，行使相互协作的共同管理。然而，这种相互关系得以存在，是基于在特定形势下总统拥有明显优势的前提。单从选举就可以看出这种主动：与当时在位的总统艾伯特不同，他的继任都是在1925年和1932年通过选举产生的。任期期限为7年，之后可以重新选举。每个年满35周岁的德国人都有选举权。只有通过一种在实践中非常困难且毫无意义的方式才能罢免总统：议会必须超过三分之二多数同意举行一次公民表决来决定国家元首的罢免与否。

总统不可同时兼任议会议员。他的职能之一是德意志帝国的国际法代表，他以国家名义签署协议与盟约，但一旦遇到立法相关事宜，必须先获得议会的首肯。总统有权任免官员，依据宪法签发并宣布已制定完成的法律（第70条）。因此，总统有权力及义务审定相关法律的制定是否符合宪法精神。

最后，总统拥有对"国防军全军的最高指挥权"（第47条）。但根据1919年8月20日颁布的规定，总统将最高指挥权的具体执行权移交给国防部长，也就是说总统本人不再发布直接命令。原则上，总统的包括军事方面的所有指示和命令都需经由总理或是相关负责部长副署方可生效（第50条）。在政治路线相关事宜，即遇到一些具有普遍政治意义的事件时，原则上由总理进行副署。产生争议之时也由总理做出定夺。这一贯穿始终的规则表明，决定政治路线并对议会负责的是总理而非总统。在这一方针框架内，各部长各司其职，秉持对议会负责的态度管理各自部门（第56条）。魏玛宪法赋予总理"一个统揽大局的政治领导者地位"[331]。各部门部长向内阁提交法律草案后，由总理主持领导讨论，在某决议讨论出现平票现象时，总理拥有所谓的多数票权：即他的投票具有一锤定音的决定权。但遇到政策方针相关问题，总理也没有一票决定权。如果此时产生争议，起决定作用的几乎从不是宪法条款，而是联盟基于政府未来命运做出妥协的能力——如果某党选择脱离联盟，就可能抽走了总理在职位上继续斡旋的基础。在内阁中，财政部长的地位特殊，他所做出的决定将会带来经济方面的影响。在某些特定情况中，他至少有权选择延迟表决。此外，政府的任务还包括在事先获得帝国委员会通过后向议会提交法律草案。但即便委员会驳回草案，政府也有权在委员会意见相左的情况下在议会上提交该草案（第69条）。

宪法赋予议会向最高法院起诉政府成员以及总统的权力，但前提是起诉必须获得三分之二的多数同意。

在各宪法机构的合作中，总统有下列职能：政府的任免权，解散议会的权力，在第48条中论证的颁布紧急命令的权力以及该段中规定的其他特殊权力。上述种种相结合，赋予了总统极大的权利范围。

首先来看政府的任命：根据第53条，总统任命总理，并在总理建议下任命各部长。在选择候选人时，总统和总理在形式上是自由的，但根据第54条规定，两者在工作上要彼此牵制。这一章节的意义在于总理任命，以及部长推荐只"在他们了解或是认为不会辜负议会信任"[332]的人选中进行。

宪法并未规定总统在任命政府首脑时必须事先与议会党团达成一致。也就是说，总统完全有可能任命一位他自认为会取得议会信任的候选人。但这依然不意味着总统拥有为所欲为的酌情空间，因为第53条和第54条是相互补充的。事实上，在任命总理前，总统必须与各党团进行沟通以确定他心目中的候选人是否能得到多数支持、只有这样才符合第54条的精神。但这一过程的前提是必须有一个多数派议会。党团数量越多，就越难在议会组成多数派。这真的可能导致总统自行建议一名根本达不到多数支持，但依然有希望在任命成功后组成议会多数派联盟政府的候选人。在必要时，总统可以或者说也必须根据当时的政党格局进行斡旋，宪法为他保留了这样的施展空间。基于这种格局，当议会多数与总统见解相左时，矛盾将不可避免。

但往往总统只是下达组阁任务，并不提名相应候选人。在议会未能构成多数派时，这完全符合宪法程序。但也可能出现被委任者无法按自己的理想组阁，遂将组阁任务交还给总统的情况。例如，无党派枢密顾问威廉·库诺，该人于1922年11月12日告知总统，因为各党在实际与人事问题上提出了有违"各事务客观领导"的要求而无法完成组阁。库诺是受艾伯特总统之托进行组阁的，后者在与各党派领导事先沟通后认为库诺政府将会赢得议会信任。

这一宪法实践的实例表明，部长建议权绝不仅仅是总理一人的职能范围，而是执政联盟各党团在组阁谈判时得出的协议的组成部分。几天后，在总统委任其组建"商务部"后，库诺还是完成了由他领导的政府组阁。在魏玛宪法的框架下，建立起一个与议会各党派都非常疏离的专业部门也并非没有可能。库诺曾是部级高管、经济学家以及汉堡—美国航线的总经理，在内政危机之时，因为其杰出的专业资质得到任命。到那时为止，库诺作为政治家的身份尚未凸显。这位在任9个月左右的

"非政治出身"的专家所领导的政府，最终并未能完全摒弃议
会中的政党政治羁绊——真正能做到这一点的政府在一个议会
民主制中是没有立足之地的。

1923年秋，内阁再次陷入危机之际，德国民族人民党主席
赫尔戈特和总统艾伯特之间的争论发人深省。就德国民族人民
党提出的由一位反对党政治家来组阁的要求，艾伯特回答道：
在执行宪法赋予他的权力之时，他"至今以来始终将组建新政
府之任托付给政治立场最有利于快速组阁运作的人……如果我
不愿委托两个反对党之一行组阁之事，只可能是因为在与议会
各党团领导进行私密会谈后……我坚信两党都无法在宪法基础
上组建一个新政府"[333]。

事实上，艾伯特在这里提到的流程一直到1928年5月20日
议会选举后的组阁都一直被严格遵守。虽然宪法并没有明确规
定这一流程，但也并未排除其可能性，它既保留了总统的斡旋
余地，同时也考虑到了政府取得议会信任的必要性。在实际的
政治实践中，若组阁人选没有事先任命，那么在组阁失败之时
允许另外任命一人，以此降低政府连续垮台的风险。于是，在
1920年6月6日议会选举后，就有3个不同政党的党首被委以组阁
联盟政府的重任。在3次尝试统统失败后，总统任命国民大会主
席康斯坦丁·费伦巴赫（中央党）为总理。他在3个党团（中央
党、德国人民党、德国民主党）的支持下成立了少数派政府，
在其将近11个月的任期内效忠于议会——这才得到了社民党的
宽容。1920—1921年的费伦巴赫模式在之后也被多次实践：布
吕宁从1930—1932年的两届政府的基础与之较为相似。

尽管如此，鉴于严峻的国内外形势，1920—1921年的政府
模式仍然不够稳定。"过渡政府的终曲"[334]很快响起。1921年

5月5日，"伦敦最后通牒"要求德国在6天内接受伦敦赔款会议的要求，同时还威胁将要占领鲁尔区。在做出关乎生死的政治决策时，势必需要拥有更广阔议会基础的政府。[335]

上述寥寥几例表明，在1920年后，基本没有出现过总统任命一位拥有议会多数支持的总理人选这一从一开始就清晰明朗的"正常的"组阁情况：在一个两党派体系中这也许是可行的，但前提是议会只能由少数几个党派组成，且多数与少数间政治立场对立清晰。但德国议会却分成几乎等大的数个政党——更不容忽略的是，20世纪20年代的议会除了为数众多的小党以外，还有德国共产党和德国民族人民党两个势均力敌的反对党，它们拒绝承认魏玛宪法，却无法联合构成"阻碍"（卡尔·施密特），即因为两党是议会中完全独立的两翼，因此无法共同形成有建设性的反对党政策。

鉴于此种格局，在组阁及任命总理一事上，总统的角色就变得尤为关键。尤其是社民党在政治责任上的推诿，更是加重了总统的权重。一旦议会无法形成多数派，权重就越来越倾向于总统。对议会来说，这样与第53条相呼应的第54条就不再是积极意义的信任证明，而成了消极意义上的信任剥夺。后者毫无疑问是议会的合法武器，但这种将破坏性权力从构建性权力中剥离的做法改变了议会制的意义。政府越远离有建设性的多数派议会，就越依赖于总统。由此，政府和议会产生了严重的对立，这有悖于议会制的本质，政府成了总统的政府。这一格局与君主立宪制的唯一区别就只剩下议会的不信任投票了。

显然，这一信任剥夺是魏玛共和国议会在立法权和对政府及行政的议会监管权以外最重要的权力。但这一权力并不能不受限制地滥用。根据宪法第25条，总统有权解散议会。虽然这一段中限制总统出于同一动机只能行使一次上述权力，但实际上这并不构成"障碍"，因为同样的动机可以有不同的表述，而且拟出解散议会的不同动机也并非难事。另外，新一届议会选举必须在议会解散60天后方可举行的规定，也对解散议会这一利器几乎毫发无伤，因为自上届议会解散之日起到新选举产生的议会重新集合，一般都需要3个月时间——这是政府缺少有效议会监管的3个月。旨在"议会空缺期间以及选举周期结束之后保护人民代表在面对政府时权利"（第35条第2段）而设立的议会委员会并不能全面行使议会权力。1923年12月15日颁布的帝国法律对上文提到的段落做了补充："或者是在议会解散直到新议会集结之时。"议会解散权使得总统可以向选民发出号召；这一条是赋予总统就某一议会决议的法律发起全民共同决议的第73条及第74条的补充。他这么做可以是出于自身考量，也可以因为帝国委员会驳回了这一存疑的法律。总统解散议会的命令同样需要各部门的副署。

对于宪法规定的3个最高宪法机构间的构架，还有一点需要进一步说明。宪法第48条是总统稳定国家行政权的一大手段，在议会动荡之时，这一手段在牺牲议会和政府的利益的同时，进一步巩固了总统的权力。这一所谓的紧急状况条例规定：如果某地方州违背了其宪法规定的义务，总统有权在紧急情况下动用国防军进行干预。在德意志帝国的公共安全和秩序受到严重侵扰或威胁时，总统同样有权进行军事行动。此外，作为国家元首，总统还有权采取必要措施以重建法律秩序，甚至可以暂时宣布第114条、第115条、第117条、第118条、第123条、第124条和第153条保障的基本法无效。宪法还规定地方政府适用同样的紧急状况法。为了保障该条款不被滥用，制宪者们规定总统采取的措施必须马上告知议会，且在议会要求下可以立刻宣布无效。但只有当议会顺利集结且拥有多数派支持时，这一规则才能真正实施。因为若要宣布基于第48条采取的措施无效，就必须获得多数票。

制宪者们还为第48条制定了一部执行法，但议会迟迟没有颁布这一法律。这使得阻止滥用紧急状态法的可能性落空了。第48条对两个截然不同的领域做出规范，一方面是国家行政如何对待未能履行自身义务的地方州，另一方面则是在遇到紧急状态时总统、国家政府及地方政府可采取的特殊的专制措施。[336]由此，国家行政权和专制权被清晰剥离，虽然两大领域的联动在所难免，但在宪法实践中仍产生着截然不同的效果。例如，1932年7月20日由总理弗兰茨·冯·帕彭下达的针对自由州普鲁士的行政命令——即所谓的普鲁士之击，就成了以第48条第1、2段为依据，对布朗领导的普鲁士合法政府的一次在政治权力方面合情合理的罢免。但事实上，这一论证缺乏宪法依据，它其实是为了掩盖总理的政治野心和他背后的政治与社会的复辟力量。[337]同样，许多时候，总统下达的行政命令虽然得到宪法的授权，但往往缺少司法上的清晰性，既无法判定总统所做的决定基于第48条的哪一章节——例如，1923年10月国家政府插手萨克森政务就是如此。在另外两个例子中，行政命令则专门由48条第一段论证——即1920年3月的图林根以及1920年4月的哥达。[338]与这些早期艾伯特任期内执行的行政命令案例相比，1932年7月20日的普鲁士之击显得格外特殊，它大大加速了共和国的濒死过程。这一事件绝不仅仅是一次行政命令，而是对魏玛宪法的事实修改。这一政变抹杀了普鲁士的政治独立，使这一德国最大的独立州事实上变成了一个行政区。

　　只有在不按宪法规定操作时，行政权才具有政治毁灭性。如果总统授权总理行使这一权利，就是有违宪法。1932年10月25日最高法院判决重新起用普鲁士政府，但同时帝国专员也在位行使职权，这一完全谈不上明智、反而自相矛盾的判决只能说是证实了上述评判。矛盾之处在于虽然人们完全认识到普鲁士之击中存在的宪法漏洞，但并不想剥夺总统的权力。对国家元首本人的顾虑促使相关法庭对这一违宪行为进行了长期的政治包庇。而帕彭、施莱谢尔以及希特勒的政府从来没有想过遵守判决中不利于他们的部分。号称直到1931年都严格遵守宪法的兴登堡，包庇了这一蔑视宪法和判决的政策。

　　宪法第48条包含的“专制章节”赋予总统在与政府的协作中颁布具有法律效力的命令的可能性，即它直接触及议会的立法权。在艾伯特的总统任期中，基于第48条第2章颁布的紧急命令就达到136条，且绝大多数诞生于1923年这个危机之年。[339]其中很大一部分是经济方面的紧急状况措施，以及鉴于1923年大通胀而常态化的通胀平衡，例如公务员工资调整。公务员工资的确立需要经过法律程序，而相关的议会流程却过于冗长。同样迫在眉睫的紧急命令还包括税率变动、费用调整以及各种形式的金融交易规则。除了这样做，几乎没有其他办法结束上述紧急状况。最终这一系列的紧急命令都是废除性命令。另一方面，之所以法案的制定一再绕过议会，是因为议会多数派实难集成。这种紧急命令的颁布将一部分议会的立法权转移到了政府和总统身上。随着这一次次的事件，宪法所追求的权责分立事实上已不复存在。

　　1920—1921年以及1923—1924年紧急命令法的滥用似乎要挖空魏玛的宪法体系，但在之后的几年里，上述担忧似乎是言过其实了。在1925—1930年的第一个五年任期里，冯·兴登堡总统没有颁布任何新的紧急命令，也只是取消了8项有效期内的法令。[340]毫无疑问这有助于巩固宪法秩序，但前提是共和国中期拥有相对稳定的经济与政治形势。从这一意义上看，既不能说艾伯特肆意滥用紧急命令法，也不能说兴登堡在其任期的开始几年放弃使用这一措施是多么艰难的抉择。尽管如此，如果说艾伯特任期里颁布的诸多紧急命令以及授权法或多或少是不得已而为之，但这些毫不迟疑且不可避免的紧急法令还是成为始于1930年的危机年代的一出毁灭性伏笔。彼时德意志帝国陷入了前所未有的经济与社会危机，政治体系越发风雨飘摇。到了1932年2月，失业人数达到612.8万，这是国家与社会陷入根本性危机的表现和驱动。节制的紧急命令很快成为过往：1930年总统颁布了5项紧急命令，1931年44项，1932年则高达60项。但量并非关键，而在于这一政治行为的质："例如1930年7月26日的命令，就表明紧急命令一开始就对第48条进行了肆意的阐释。"占据最大比重的经济与金融相关的紧急命令内容包罗万象，本身就几乎相当于一本小法典。[341]紧急命令越来越有取代议会正式立法权的态势。宪法巨变已昭然若揭。如果再看看议会的行动，形势就愈发清晰：

	1930 年	1931 年	1932 年
由议会表决通过的法律（条）	98	34	5
总统颁布的紧急命令（项）	5	44	60
议会开会天数（天）	94	41	13

除了行政权，立法权也渐渐从议会向总统和政府转移。关键在于对第48条第2段的实际应用导致了双重权力转移，这大

大阻碍了制宪者们通过魏玛宪法确立政治权重分立的意图。议会政治权力的削弱，绝不仅仅因为将部分立法工作转交给了总统授权的政府，而应直接归结于政府对总统的依赖程度：紧急法令下的执政是没有议会或者说与议会敌对的执政。但这种形式的执政必须获得总统的认可。换句话说：因为政府对总统日益依赖，所以总统在面对议会时的回旋空间也日益增大。在这种情况下，总统势必成为共和国的政治权力中心。结合宪法第25条（总统拥有解散议会的权力）、宪法第48条第1、2段（总统的行政权和专制权）以及第53条（总理及各部部长由总统任免），总统的权力优势不断增长，而议会每过几个月就会停摆一次，最终政府也陷入对他的完全依赖之中。

如果总统授权解散议会，那么议会针对政府发起不信任投票的权力可能就要被搁置数月：总统是否同意解散议会是自1930年9月选举之后的历届政府的命脉。事实上，魏玛宪法包含两个层面：一是议会层面，即议会是具有政治决定权的宪法机构，而政府最要紧的就是取得议会多数派的信任；另一层面则是在危机年代经常实践的"总统备用宪法"。魏玛宪法的制定者们建立的绝非一个可持续的议会制政府体系，而是一个"半议会制制度"（布拉赫）。如果共和国只能依靠总统备用法来度过最危急的时刻[342]，那从另一方面来说，这一宪法结构毫无疑问为政党和议会逃避责任创造了有利条件。

当然，只有在另一方宪法机构的职能或多或少形同虚设之时，总统才能将备用宪法中规定的权力物尽其用。此时，作为议会制政府的政府不比议会本身更加稳定。只有成为总统制内阁，它才能维持一定的稳定，只不过从此它的荣辱越发取决于总统，这在1930年后被证实是一场灾难。

魏玛共和国时期，没有任何一届议会能撑过整个选举周期，它们全都被总统依据第25条解散。这些事实都展现了总统的政治力量以及议会的无能。解散议会的原因通常是议会在取得大多数支持时遇到了困难，或是当执政府失去或可能失去大多数支持。解散议会的权力，成了行政机构在面对一个立法周期里各党派比重反复变化的议会时的利器。宪法对于解散议会的规定，也表明魏玛的政府体系无法形成连贯的议会制。

尽管如此，制宪者们当时认为创立一个与议会对立的强大行政力量可以实现"真正的议会制"。但他们错误地认为政府也可担此重任。这一错误结论，基于上文提到的对于所谓"议会专制主义"的恐惧以及对英国宪法的误读。同时代的宪法教授罗伯特·里茨罗布的论著的核心是寻找一位替代君主，这对包括雨果·普罗伊斯在内的许多人产生了重大影响。这些思考正迎合了马克斯·韦伯的宪法理念以及德国的宪法传统：他们都想在共和国里掺入一些君主制的元素，认为这对共和国有益无害。

总统解散议会的原因有哪些？这里举3个典型例子：1924年3月14日，第一届议会在选举周期即将结束之际（1924年6月6日）遭到解散，总统解释道："在政府确认其继续保留1923年10月13日以及12月8日颁布的、关乎政府存亡的授权法的要求无法获得议会多数派同意后，我决定依照宪法第25条解散议会。"[343] 以社民党为首的反对派提出申请，要求撤销以及延缓总统解散令中的各项命令。所有这些申请都有望被议会所接纳。接下来的议会于1924年5月4日选举产生，但1924年10月20日即遭解散。其原因更加简明扼要："因为各种困难，议会不再能维系现有政府抑或在恪守至今的内政外交基础上建立新政府。因此，我依据宪法第25条解散议会。"[344]如果说第一次解散议会是因为由议会自己通过的授权法命令失去了议会多数的支持，那么之后一次议会被解散的原因更多地在于各党派间缺乏达成妥协的能力，以及任何一种可能的联盟都无法形成绝对多数的事实。

只要认为是正确的决定，总统就有权发布解散议会的命令。尽管如此，第一个例子还是表明，如果不想冒被解散的风险，议会只能非常有限地行使宪法赋予它的重新废除紧急命令的权力。即总统解散议会的权力限制了议会废除紧急命令的权力。只有在废除的那一瞬间，议会才是最强大的，在那之后它便只有任人宰割的份了。

与之相对，第二个例子恰恰揭示了情况的另一面，即议会无力达成一个以政党联盟为形式的建设性政策。此时总统可以也必须担当起组阁的主动权，但恰恰因为有了这一层保障，各党派肆意推行毁灭性的政策，对需要做出政治妥协的联盟敬而远之。例如在第二届议会中，魏玛三党若与德国人民党和巴伐利亚人民党联手完全可以达到多数。尽管当时执政的马尔克斯的第二届内阁没有获得多数支持，也不用担心遭到不信任投票。所有希望通过社民党向左倾斜或主要通过德国民族民主党右倾的尝试都失败了。德国人民党坚持德国民族人民党的加入，但德国民主党却拒绝了这一要求。针对这一问题，内阁的讨论发人深省。无党派财政部长汉斯·路德建议总理可以先不与党团商议，自行代理空缺的3个内阁岗位，只有这样内阁才可以在议会亮相。而总理威廉·马尔克斯则现实地认识到"与各党团商议特定人选是不可避免的"[345]。国防部长奥拓·盖斯勒在1924年10月20日的内阁会议上所做的预判也许并未引起其他部长的重视，却真实刻画了当时的趋势。盖斯勒提道："解散议会是可以用的最后一招。它要么导致更紧密的联合，要么最终导致现行体系的变革。"[346]事实上，从中期看，宪法规定的政治力量发生了转移：一个几乎不是通过选举产生，同时又肩负着被解散风险的议会，放弃了它的权力，并违背了议会原则的政治意义。其实，那些在上一年还是盟友的政党仍有组成多数联盟的可能，即原则上是完全可以形成议会多数派的。

第三个解散议会的实例深重地加剧了魏玛共和国的政治危机。时任总理是来自中央党的海因里希·布吕宁，其在社民党、中央党、德国民主党、德国人民党以及巴伐利亚人民党大联盟瓦解后领导了一个总体上为社民党所接纳的"市民阶级"中间少数派内阁。在布吕宁的要求下，冯·兴登堡总统在1930年7月18日授权解散议会。其原因为："在议会今天决定从7月16日起废除其基于宪法48条颁布的命令后，我基于宪法25条解散议会。"[347]

这一次的解散议会又是因为议会行使了其撤销紧急命令的权力。相应请求由社民党提出，德国共产党、纳粹党以及德国民族人民党部分党员附议。德国民族人民党党魁胡根贝格向布吕宁总理提出，如果总理已准备好"将帝国政府转型为真正的右翼政府，同时彻底改造普鲁士政府"，那么他的党团可以同意延期撤销命令。但这一提议遭到了布吕宁的拒绝。[348]1930年9月14日的新选举引发了政治大地震，使得纳粹党从一个只有12个议会议席（2.6%）的小党一跃成为拥有107个议席（18.3%）的第二大党。

社民党的政策是造成议会解散的重大因素。许多社民党人显然并未从数月前的大联盟瓦解中认识到政党正一步步落入保守派对手的掌控。自1929年春天以来，围绕在总统周围的部分国防军、德国民族人民党、保守人民党以及其他各保守阵营没有放过任何一个对社民党施加政治影响的机会。

那么，充满争议的紧急命令究竟包含了什么内容呢？首先，它们的目标是重组国家金融。政府提交的草案提出市民需向地方纳税，在之前政府与党团的事先沟通中，社民党和德国民族人民党未能就这一点达成共识。虽然草案的一部分得到接受，但关于国家对特定人群进行资助的第二段落则被社民党、德国共产党、纳粹党，以及德国民族人民党部分党员投票拒绝。

总理并没有继续尝试与社民党达成妥协，而是宣称后续谈判已无意义。在1930年7月15日的部长会议上，布吕宁陈述了相关原因。他担心"若保持与社民党的谈判，恐怕会失去右翼的支持"[349]。但直到此刻，政府似乎仍可在议会框架下执政。因此，议会拒绝了由经济党提出的解散请求。由德国共产党提出的不信任案也因为社民党放弃投票而流产。政府和党团陷入僵局：政府提出事关金融政治命脉的法律草案无法获得议会大多数支持，但议会也无法对政府启动不信任案。

在这种情况下，政府自然想到了之前就屡试不爽的方法，即通过非议会制道路来推行未通过的法律。经过调整，总理以紧急命令的形式提交得到总统认可的预算草案。如果议会还是拒绝，此时一只装有总统解散令的红色文件夹就已经放在总理身前的长椅上。[350]内阁一致默认，"一旦议会想当然地立刻废除提交的紧急命令，解散议会的命令便会生效。"[351]不管怎样，在1930年7月9日中央党的党团会议上，总理还是声称自己希望通过议会道路完成预算案，同时只有在议会无法运行，德国的局势和信誉因此受到严重影响时才动用宪法第48条。[352]在议会表决前，财政部长迪特里希（德国民主党）宣誓："我们之所以斗争，并不是为了修正预算，而是为了维持现有的失业保险。现在真正的问题是所谓的德国人究竟是一群逐利者还是一国之民？"[353]但在这样的处境下，即便议会有更高瞻远瞩的政治见地，也几乎不可能通过一个之前拒绝且只是简单改为紧急命令的草案。于是乎，即便政府在这一事件上有理有据，也只能以议会明确的自断后路为代价才得以实现。即前文所述，议会大多数决定撤销紧急命令，紧接着总统解散议会。

在投票前，内政部长维尔特（中央党）向议会疾呼："如果你们现在推翻或是解散这届政府，那么议会的危机很可能会演变成民主政治体系的危机。"[354]这一预言后来被证实了。在纳粹党赢得辉煌的选举胜利后，议会多数派的组建变得愈发困难，以紧急命令执政则成为常态。当然，从数字上看，横跨市民阶级右派和社民党的联盟仍然可行，但即便是由社民党、中央党、德国民主党、德国人民党和巴伐利亚人民党组成的大联盟也无法获得绝对多数，因而必须有更多温和右派的小党加入。即便大联盟无法正常运作，由这5个党以外的其他党进行组阁也绝无可能。因为极右翼的纳粹党和德国民族人民党以及极左翼的德国共产党如今获得了将近40%的议席，而它们的基调是反议会和反民主的。

原则上一届议会的任期应为4年。除了国民大会以外，1920年至1933年5月5日，共进行8次议会选举。其中，只有第一届和第三届议会勉强撑满近4年，1928年选举产生的第四届议会为期两年有余，1930年选举产生的议会任期不足两年，其他剩余的议会任期更短，1924年第二届议会只维系了几个月；同样的情况，还有1932年7月31日选举产生的第六届以及11月6日选举产生的第七届议会。仅这一不稳定性就彰显了议会日益减弱的政治影响力。然而，自1930年起，议会势力再度式微并不仅仅是1922—1924年间议会昏庸无能的重演，也绝不只是当前危机的后果，而是整个20年代宪法演变所带来的结果。它源于宪法法律与政党发展过程中的宪法实践间的变换关系，同时也是选举结果映射出的社会根本危机的外在表现。议会能不能比选民们更稳定、更善于妥协、更容易形成多数派呢？同时，政府的频繁更迭也昭示着相似的关联：只要它们是通过议会组阁而成，即通过议会联盟产生或至少是得到议会多数首肯，那么就无法规避议会发展中的问题，议会的不稳定会对政府产生直接影响。

此处仅凭一些数据即可得以一窥：1919—1933年初，就曾经有不少于20届政府执政。它们中在位时期最长的是由赫尔曼·穆勒（社民党）执政的大联盟政府，始自1928年6月29日，终于1930年3月30日，任期为21个月。但由于社民党和德国人民党的政治对立，这届政府的执行力相当有限，且尚未获得各参政党的正式联盟协议就已开始摇摇欲坠。其他所有政府的执政期都更短，有些只存续了几个月，赫尔曼·穆勒在1920年春领导的联盟政府甚至连3个月都没撑到；施特雷泽曼在1923年危机之年组建的两届内阁寿命更短，而魏玛共和国最后一届由冯·施莱谢尔将军领衔的总统内阁只坚持了不到两个月的时间。除了布吕宁一届总计26个月的政府，其他总统内阁的寿命也并不比议会产生的政府更长。

如果人们比较一下总统和政府的任期以及议会的立法周期，不难发现总统是这一权力三角中的唯一稳定因素。另外两个宪法机构的羸弱造就了总统的强势，为其宪法上的权力扩张铺平了道路。

宪法法规和政治格局的辩证关系在于，那些政治政党中拒绝妥协的意识形态教条主义者们总能在宪法中找到出路。一旦政党无法达成一致，无论从形式上还是实质上，总统都必须承担起原本该由这些政党行使的组阁重任。在这种情况下，他别无选择。但这正是问题所在：总统的备用宪法允许，甚至可以说有利于那些在意识形态、阶级构成以及政党机关等各方面远比今日来得大相径庭的党团们逃避承担建设性的政治责任。诚然，宪法的模棱两可绝非造成议会制缺乏执行力的唯一原因，但它仍是宪法政治走上虽未公开但实际已既成事实的总统制弯路的条件之一。就这样，在没有进行必要的宪法改动（例如关于议会的法律地位和职能等）的情况下，魏玛共和国默默地从半议会制转变成了总统制的政府体系。宪法实践消除了制宪者们在议会代表制政府体系和虽具有公选因素但实质有利于总统制的总统制宪法之间的分歧。

因为害怕政党的利益政治，害怕民主制中完全正常的政治与社会矛盾，国民大会并没有在宪法中规范政党的功能。它只提到了一次政党，而且还是负面的。"公务员是全体公民而非某一政党的公仆。"（宪法第130条）国民大会的大多数代表将总统视为一个政治中立的机关，视为一位凌驾于所有政党之上的裁判。但只有自身不必做出政治决断的国家元首才有可能保持中立，当议会大多数因为不愿妥协而大行破坏之政并拒绝担责，总统的中立很快就成为泡影。

不管怎样，古斯塔夫·拉特布鲁赫嘴里的"政党的矫揉造作"[355]在民众中激起的反响比在制宪者当中更为深远，这严重阻碍了政党的发展。如果它们勇担重任，不乏因此被选民们"惩罚"的先例；如果它们为了在管理上忠于宪法而实行公务员的共和化，人们又会斥责它们是执着于政党政治的"官僚阶层"。当时有太多德国人认为可以脱离政党实现民主政治，就这点而言，宪法、宪法实践和绝大多数选民的政治观点不谋而合。魏玛的制宪者们没有民众基础（海因里希·珀特霍夫语），至少忠于宪法的民众只占总人口的一小部分。

政府的动荡绝不能仅仅归咎于宪法政治，它是新共和国建立伊始便不得不面对的诸多问题共同作用的结果：一些政府的下台是外部政治因素所导致，另一些则是因为经济及社会问题。总的来说，魏玛民主共和国欠缺"问题解决能力"，这是它无法克服其深重压力的根本原因。

第四章

危机症状与魏玛共和国的瓦解

━━━━━ 民主共和国还是其他？

魏玛共和国在内忧外患之时依然创造出了伟大成就，但同时它从始至终都萦绕着重重危机，人们该如何解释这一矛盾？帝国和战争带来的重担以及深受其害的民众是魏玛共和国所面对的巨大挑战。

挑战并不仅仅局限于制宪问题，而是延伸至社会的各个领域。例如社会政策，自1924年以来，国家一直扮演着调停人的角色，因为妥协而引起的不满对国家造成的伤害甚于劳资双方："自1924年起，德国的劳资协定自主权事实上已经被取消，这种在经济社会领域大力政治化的大规模国家行为，最终导致的结果是国家被寄予无法实现的厚望而变得不堪重负。"[356]

早在1919年1月19日的国民大会选举之时，人们就寄希望于民主共和国能快速解决所有问题，但民主政党们则通过对战争和革命的自发反应赢得了史无前例的信任。由于战争与革命带来的恐怖的后果迟迟得不到解决，人们的失望也始终无法消散。1920年6月6日那场对于魏玛联盟中的民主政党来说毁灭性的选举，就是民众情绪的直接表达。1925年的总统选举，再次证实了人民对共和国的不满，成为稳步倒退回前革命时代的标志。在绝大部分民众眼里，维系着总统、政府和议会间脆弱平衡的权威宪法与其说是艰难的民主议会制决策体系，不如说是对于那些重大问题的解决方案。因此，政党有时不得不孤注一掷。另一方面，这些政党自身常常违背体系行事，致使民怨沸腾。1925年，兴登堡赢得选举，这其中已经包含有选民们的另一个宪法选择：这场选举将魏玛宪法中的二元妥协变作总统制宪法，并以此肯定了之后共和国的每一次危机中都显而易见的静默的宪法改写。但正如艾伯特和兴登堡截然不同的执政风格，以及两届总统相反的象征意义所示，存在着多条路线可供选择。布吕宁担任总理期间，从这一发展中演变出他所期待的总统制内阁，原本已部分摆脱的对于无能议会的依赖如今变为对总统的依赖。相比1930年之前，如今总统的个人品格变得格外重要。但事实上这一切只是推迟了决策的实践，因为无论是议会民主制政府还是总统独裁制政府，事实上两者都欠缺执行力，且缺少大众的支持。在始于1918—1919年间的危机中，两者都败给了各种严峻的现实问题；绝大多数民众并不接受魏玛宪法，革命的火焰越来越难以忍受这些问题。

这些路线现在看来要比当时来得清晰，国家改革的多方要求也表明了这点。这些要求融合了国家与地方的问题，尤其是普鲁士问题为核心的行政改革的有用理念。覆盖帝国三分之二领土的自由州普鲁士似乎是国家政治结构的负担，尤其是当政府的政党政治构成不同的时候。但是，魏玛共和国失败的原因并不在于地方，包括独大的普鲁士。后者的议会宪法，后者所取得的相对稳定的、魏玛三党（社民党、中央党、德国民主党）几乎全程参与的政治成就（当然是在容易得多的条件下）恰恰展现了与国家层面发展截然不同的正面模式。直到20世纪30年代初，普鲁士都可以被视为"民主制的堡垒"。

在尚未实现的改革理念中，普鲁士问题居然占据核心地位，而真正的宪法在政治上的负担却被忽略或只是排在次要位置，实在令人费解。从自身来看，改革的努力正是宪法危机的明证，它尚未成型，就已经被包括中间派在内的所有人判定为急需改革。1918—1919年的革命并未使人们长期接受全新的国家、宪法和社会秩序。然而，若想结束革命过渡阶段，必须获得绝大多数民众对宪法的认可。深植于人们心中的对于正义的不确定感以及对新法律的不信任感此起彼伏，以至于1919年的革命只是表面上被终结而已。它暗流涌动，一遇到危机便会星火燎原。魏玛共和国无力承担德国人对它的期待，但在如此极端的生存条件下，它所取得的成就依然比现实的预估要高得多。从特定意义上说，它始终是一个不完整的民主制国家。

━━━━ 变化中的社会

　　魏玛政党对自己的定位主要是阶级政党，因此我们把魏玛共和国称为阶级社会也不为过。但这是一个始终处于变化中的社会，它比政党们的自我认知要动荡得多。当然，社会的结构变化无法在魏玛共和国所存在的短短数十年间完成，但我们仍然可以找到一些重要特征：正如历史中曾多次出现的那样，1914—1918年的第一次世界大战导致了社会的根本性改变，其结果是社会的同等化以及宪法及法律秩序的民主化。数以百万计的士兵奋战在"一战"前线，仅仅这一事实足以促使德皇威廉二世说出这样的话："我已经认不出任何政党，我只认得德国人。"即是一个信号。

　　虽然普鲁士的保守派特权阶级直到战争结束前的最后一秒仍在负隅顽抗，但迟迟未能推行的由普遍、平等、匿名的选举取代三级选举的选举权改革如今看来已势在必行。那些为了祖国投身战场的人们再也等不及想要享有平等的公民权利。普鲁士拥有全国五分之三的人口，这一选举权的民主化进程绝不仅仅是一个边缘的地方政治问题。

　　1925年，德意志帝国的人口数共计62410619人。在"一战"期间，德国军队总人数共计1100万，其中有180.8万人殒命沙场，424.7万人负伤，61.8万人被俘虏。也就是说，将近五分之一的人口参加了战争，另外还有更多的家庭受到战争影响。

毫无疑问，"一战"是阶级社会的熔炉，它极大地推动了社会的均衡化进程。

与作为"一战"胜利者且"退伍军人"享有崇高的社会及政治地位的法国不同，当时号称百万雄师的德国士兵成为在凡尔登地狱覆灭的昨日世界之象征，至少在政治意义上如此。他们非但不能代表胜利，反而成了失败的代名词。士兵们重新融入社会的尝试道阻且长，其背后并不仅仅是经济原因，反对共和的自由兵团组织是1918—1919年革命以来民主发展的严重阻碍。在《亡命之徒》（1930年）、《立宪者》（1933年）以及《调查表》（1951年回顾发表）等一些隶属于右翼极端自由兵团作家恩斯特·冯·所罗门（因协助谋杀瓦尔特·拉特瑙而被判刑）的作品中，形象地描写了这群失去根基的国家主义青年人从战场归来后前途未卜的景象。例如，他这样描写一个军团在1918年12月回到某一德国城市的"归途"："哦，上帝，看看他们的样子，那都是些怎样的男人啊？向我们行进而来的都是些什么呀？这些钢盔下筋疲力尽、无动于衷的面容，这些瘦骨嶙峋的肢体，这些支离破碎、布满尘土的制服！他们一步步地前进，他们四周仿佛是无尽的虚空。是的，仿佛他们周围围绕着一股魔力，一个神秘的圆环，在圆环中外人看不到的危险力量正在驱散神秘的物质。他们的脑海中是否还充斥着喧嚣战场上那凌乱如麻的情景……这令人难以忍受。他们行进着，是的，仿佛是死亡、恐惧、最致命、最孤独、最冰冷的寒冷的使者。这里是故乡，这里的暖意和幸福等待着他们，为什么他们沉默不语，为什么他们不喊叫、不欢呼，为什么他们不放声大笑？"[357]

战后，常规部队人数被削减到10万人，这从根本上减少了国防军发展成为共和军的机会。军队中最主要的组成部分是曾经的特权阶级、贵族以及政府与军队中的市民精英，他们依然奉行其作为君主统治支柱的传统职责，并不承认国防军在新的民主共和国中的任务。事实上，不仅仅是国防军中缺少对于新任务的理解，在大多数新兴的政治共和精英中也同样如此。

"一战"造成了800万人的死亡，随着众多大规模战役以及难以置信的军事技术而来的还有前所未有的野蛮化，其中就包括对广大平民的侵犯。例如，德军对比利时民众的侵犯或是德军对兰斯的毁灭性轰炸，即便是致力于消除战争的《海牙法约》也无法制止这一情况的发生。毫无疑问，自我价值的危机早在1914年前就已见端倪，但战争决定性地加速并加剧了"价值的崩塌"（赫尔曼·布洛赫语）。

在恩斯特·荣格英雄化战争的小说《钢铁风暴》（1920年）或是埃里希·马利亚·雷马克的战争幻灭小说《西线无战事》（1929年）中，人们可以找到想要"克服"战争经验的矛盾尝试。路易斯·迈尔斯在1930年将《西线无战事》这部反战作品翻拍成电影，激起了极为激烈的反响。原计划1930年12月5日在柏林举行的第三场放映，因为以纳粹分子为首的暴力抗议而被迫取消。在议会代表约瑟夫·戈贝尔的领导下，人们对其上映进行了系统性的阻挠，他们发动暴动，投扔臭气弹，并在电影院投放白鼠。

几天后的1930年12月11日，应萨克森、巴伐利亚、维滕堡和布雷斯劳的申请，电影审查局以"威胁德意志声誉"之名禁止播放该电影（彼时图林根已经拒绝了电影的播放）。一开始只有国防部主张禁播电影，之后内政部和外交部也加入了反对行列。冯·兴登堡担心电影会激起"德国青年人的怒火"，普鲁士州长奥托·布朗的评论则恰如其分：他在电影中没有看到任何作为爱国的德国人必须拒绝的东西，"这部电影只是对于现代战争的无意义的深重且公正的控诉，它只是适用于终止那些对战争策划的煽动。在我看来，这样一部电影不允许在德国继续上映才是对德国声誉的严重损伤"。[358]

一方面，雷马克的小说数月内就在德国印刷数百万册，这是国内广泛流传的反战氛围的明证；另一方面，其翻拍电影"被一位内翻足的精神病者领导下的一群狂热的乌合之众公然恐怖化，并因此被一个声名狼藉的部门下的一个声名狼藉的审核处直接禁映"。正如卡尔·冯·奥西茨基尖锐的点评："关键在于一个拥有数百万拥护者，且无论是国家宪法本身，还是旨在追求各民族和解的教育与警示都孜孜追求的特定且适度的和平主义思想是否合法，是否能继续存在。"[359]事实上，雷马克的这部作品在德国以外也赢得了巨大的影响力：在18个月的时间内，该书被翻译成25种语言，共计印刷350万册。奥托·布朗认为，恰恰是电影的禁映而非放映会损害德国在国外的声誉，这种担忧不无道理。矛盾的是，几乎在同时期，G.W.帕布斯特的反战电影《西线1918》却畅通无阻地得以上映。这部电影虽然在艺术上造诣颇高，但仍有一种"模糊的朦胧感"，它展现了战争的恐怖，却并没有探讨背后的原因。针对帕布斯特的电影，纳粹分子并没有发起暴动，而是在1933年以汉斯·祖伯莱恩的电影《突击队1917》予以反击。两者采用了相似的画面技术，内容也有很大程度的对应，但后者将战争的无意义性渲染成决定德国生死存亡的斗争，目的明确地宣扬与《西线1918》截然相反的结论。[360]

这一过程不仅仅涉及对战争的描绘，它也反映了德国政治状况的症状：大街上对于风雨飘摇的帝国政府的压力，各州间截然不同的态度，公众被战争分歧所激起的高涨情绪，以及被战争剥削的几代人之间对立的立场等。如果说它引起一部分民众的厌恶，那么它同时也促进了另一部分民众的反共和融合。这是一个因为民主而多元矛盾的社会所无法提供的。数以百万计的成员参与了众多政治斗争联盟，有力证明了这一机制：其中包括国家主义的"钢盔党——前线战士联盟"、纳粹党的冲锋队、共产主义红色前线战士联盟，以及众多民主政党拥趸组成的黑红金国旗团。

如果说第一次世界大战及其后果造就了社会大熔炉，那么1922—1923年间的通货膨胀则导致了市民阶级间翻天覆地的资产再分配。在那之后，自1930年起席卷全球，而对德国（以及英国）造成尤为严重影响的经济危机导致了极高的失业率，到1932年高峰时，德国的失业人数高达610万。经济危机同样也带来了平均化，如此一来，那些大罢工的念头从一开始就成云烟。例如，因反对冯·帕彭政府对民主普鲁士策划的政变而原计划于1932年7月20日举行的大罢工，在多次讨论后最终被驳回——失业者还有什么可"罢工"的呢？他们的日常生活更多的是什么？是各种教育与培训，还是可对比的贫困和饥荒？尽管情况各不相同，但经济与就业市场的灾难使得大多数民众陷入了深重的绝望，比起个人的社会差异，这一集体命运导致了更为持久的政治后果。

如果能考虑到在如此短暂的时间内出现的各种影响巨大的事件的原因，就不难理解魏玛共和国所经历的深重社会变革以及民众的飘摇无望之感。此外，技术发展以及就业市场的改革也是造成社会加速巨变的原因之一。工业大规模生产需要与以往不同的生产方式和工作关系，势必导致社会阶层的变化。我们可以通过雇员数量的增加及其劳动法地位的改变来理解这一进程。同时，从乡村至城市的人口流动以及城市化进程也日趋明朗。例如，早在19世纪便已发展壮大的柏林就迎来了巨大的人口流入。到1925年，柏林已拥有402.4万人口[361]，是仅次于纽约和伦敦的世界第三大都市；而在1852年，柏林的人口数还只有42.2万人，这意味着柏林的人口数经过三代人的时间便翻了10倍。1925年，26.7%的德国人生活在大城市，13.4%的人生活在人口2万至10万人的中小型城市。当时德国有45座大城市，其中有2座百万人口城市以及9座人口数超过40万的城市。同年，德国的农村人口数约为1440万，其中有220万是独立农民，479万是帮忙做工的家庭成员，还有260万工人以及16万职员和公务员等。从这一数据分布可以看出，以务农为主的家庭作坊以及家族手工业占了最主要比重。

据估算，在1860至1925年的数十年间，约有220万—240万人背井离乡，迁往德国的其他地方。1919—1932年间，60.3万德国人移居海外，在俄国十月革命后，有将近60万俄国移民因为政治原因移民至德国——20世纪20年代的德国社会在空间意义上也经历着巨变。

所有上述问题，在大城市，尤其是柏林这样的大都会堆积起来。这些大城市里聚集着拥有大量雇员和无产阶级的大型企业，大城市成为现代化的试验田，呼应大众社会的社会结构和大规模生产的制造方式的民主宪法必须经受考验。齐格弗里德·克拉考尔在1929年的文章中这样评价职员："大企业是未来的模型。它所展现的问题和其众多员工所共有的需求越来越决定着内政生活和思想。"[362]作为生活方式的城市越发成为现代化的同义词，其对传统社会关系的颠覆经由夸张且生动的先锋艺术得以表现，例如加布里埃拉·特尔吉特的《奶酪啤酒征服库当大街》（1931年）。对许多时代诊断学家来说，城市就仿佛是无政府的社会丛林，贝尔托·布莱希特的剧本《城市丛林》（1923—1927年）的发生场景虽然在芝加哥，其灵感却来自作者第一次来到柏林的经历。在剧中，布莱希特描绘了人类"无尽的孤独"和"无望的分离"，他将一个市民家庭的没落展现在人们眼前。因为通货膨胀，这一家的女儿们不得不卖身赚取家用。集体将个人无边无际的自由推向荒谬，不受约束的冒险成为逃避。在现代化的大都市中，年轻的布莱希特最深切地感受到了卡尔·马克思所描写的"陌生化"："如果你们在一艘船上塞满人直到船体爆裂的那一时刻到来，那么船上的那种孤独会将所有人冰冻。"[363]

阿尔弗雷德·德布林的寓言《柏林，亚历山大广场》（1929年）虽然未必如瓦尔特·穆施克所言是"德语文学史上第一部也是唯一一部大都市长篇小说"，但绝对是其中最重要，同时对于了解魏玛共和国最有启发性的一部。主人公弗朗茨·毕伯科夫曾是一位水泥匠兼运输工，来自无产阶级的柏林东区，他的故事是一个想要正直生活却最终失败的人的故事。德布林回忆着普通百姓变为罪犯的发展过程（这一点与汉斯·法拉达的许多小说不谋而合，当然其文化高度大相径庭）："这是一个建设与崩塌并行的世界……犯罪行为侵蚀着社会的根基……秩序与瓦解共生。"[364]相同与迥异的舞台，不断变化的场景、语言、角色、灯光，屠宰场的气味、破落的酒吧、华丽的上流世界，犯罪、伪善、纸醉金迷的世界和生存的奔忙、大都会的快节奏、个人在人群中的迷失，以前所未有的创新叙事技巧所表现的带有《圣经》意味的末世沉沦景象：德布林借助上述主题和手法展现了作为现代世界存在形式的生生不息、永不停歇，与覆灭的旧世界之静止形成鲜明对比的大都市。

充满矛盾的不仅仅是大都市，还有魏玛共和国的社会与文化。当时社会的很大一部分人遵循遗留下来的社会结构，即旧日的政治与道德秩序。来势汹汹的社会变革使他们心烦意乱，他们意识到自己的价值标准和生活方式正在逐渐消失，而未来也模糊不可辨。即便是作为有机社会秩序核心的家庭也因为越来越多的妇女参加工作和解放运动受到质疑；这一与传统社会主导理念的碰撞，在大城市中的发展速度也远远高于小城市和乡村。同时，劳动力市场也因此发生了改变：大型企业体经济模式的持续增长有力地促进了对于女性劳动力的雇佣。在最开始的犹疑后，如今学术之路也已向女性开放。

在魏玛共和国时期，民众的经济活动分布情况如何呢？

1930年，41%的人口从事手工业和工业，23%从事农林业，17%从事贸易与运输业（包括餐饮住宿业），7%在管理部门工作或从事自由职业（包括健康事业），3%为家政从业人员或零散日工，9%没有纳入劳动统计，包括退休人员、中小学生以及大学生等。除了上述这些工作领域的划分，关于从业行为的劳动法标准的提问也具有重要的社会意义。在1925年，这一问题事关共计总人口51.3%的德国公民。在某种意义上可以被称为"标准年"的这一年，德国共有3200万劳动人口，其中有女性劳动人口1148万。554万为自营业者（17.3%），527万为公司职员和公务员（16.5%），1443万工人（45.1%），133万家政工作者（4.1%），544万家族帮工（17%）。

其中，工业和手工业显然占主导地位。由于魏玛共和国的短命，无法观察到长期变化，但在大约横跨了一代人的时间，即1907—1939年，无论是农业本身还是从业者劳动法地位都可以看出显著变化：例如农业从业人员从27.4%下降到18.2%，这符合之前提到的城市化和农村人口向城市流动的记录。经济结构和劳动力市场的另一大变化是在上述提到的时间段中，自营业者及其员工数从1370万下降到950万，在总人口数的比重下降到14.1%，减少了一半以上。与之相对，由公司职员和公务员及其家属组成的所谓的新型中产阶级人数从670万上升至1197万。

总的来说，在20世纪的第一个10年，德国社会中公司职员和工人的比例持续上升，大型企业的发展势头也大抵如是。在1925年，超过半数的工商业从业人员就职于员工数超过50人的企业。如果员工数小于5人的小型企业尚能生存，那么在大型企业迅速成长的势头下牺牲的则是中型企业。经济结构和劳动力市场的变革势必改变社会结构。随着战争一代正式踏入社会，这一社会变革愈发加剧——这一变革在旧党派成员和领导层中并不显著，但与之相对，战后新成立的纳粹党却摇身一变成为年轻人的政党。魏玛共和国的政治结构矛盾主要是代际间的矛盾。这一多方面的变革必然带来政治理念和文化上的后果。

德国社会的年龄结构在其"年轻一代"上得以清晰体现：在1925年，15岁以下的德国人比例为25.7%，15—65岁为68.5%，超过65岁的人口仅占5.8%。但15—45岁的年轻人和中年人，即那些刚刚准备开始职业生涯以及尚需工作20—30年的人口比例为49.3%，可谓相当之高。换句话说：当时75%的德国人小于45岁。另外，女性人口也明显高于男性人口。共和国建立伊始，由于上文提到的融合问题而导致的青年一代大量极端化是社会的核心问题。

虽然这一极端化在所谓的"黄金年代"暂时得到缓解，尤其是柏林似乎沉浸在纸醉金迷的生活中。但自30年代起，失业导致人们的无望和迷惘日渐加深，如今这一趋势又再度趋向极端。从中获益的是那些极端政党，值得一提的是纳粹党的大获全胜。年轻人在社会中的重大占比以及与其休戚相关的结构转变使得他们的迷失和轻信成为大众现象，并成为极端思想的宣传对象。

虽然多数德国人仍虔信宗教，但世俗化的趋势已日渐明显，他们在道德和政治上发挥着双重影响。一方面，大多数天主教徒是温和的保守传统派，他们为中央党投票；另一方面，新教徒中既没有足以与之抗衡的党派，也没有相类似的选举表现，这主要是因为信仰新教的选民和党员分布在众多政党之中，它们中既有自由派，也有保守派乃至民粹派。

总的来说，新教徒的选举行为充满了"新教的动荡"，积极投身于政治的新教教士们更倾向于右翼民族主义。随着共和国末期自由主义阵营覆灭后，这一趋势愈演愈烈。但同时，新教徒中世俗化更彻底的那部分人则明显偏向社会民主。放眼年轻一代的选举意向，宗教信仰所带来的政治影响依然相当广泛。虽然从信仰来看，中央党的政治势力不容小觑，但魏玛共和国仍是一个以新教信仰为主的国家。其中，4001.4万德国人（64.1%）信仰新教，只有2019.3万人（32.4%）是天主教徒。从数量上看，其他任何信仰都不足以与新教比肩。

当时，犹太人的数量约56.4万（0.9%），他们主要聚集在像柏林或是法兰克福这样的少数大城市中，只占当地居民数的极小部分。1933年，54.5%的德国犹太人生活在10座大城市中。[365]他们中的绝大部分来自世代居住于此的家庭，不同于反犹主义的论断，这些人无论是在宗教还是文化、社会还是经济方面，都没有形成一个单一且排他的阶层。那些给犹太人打上造成德国战后困苦生活的"替罪羊"烙印的反犹主义宣传主要来自民族国家主义阵营，但这些罪名并非源于德国社会生活中的大多数犹太人，而是根植于种族主义以及传统的反犹主义刻板印象。此外，当时的煽动宣传并不仅限于犹太人这一方面，极右翼反犹主义，再加上自1917—1919年起在市民阶层引起革命恐惧的反马克思主义等反动宣传获得了极为广泛的传播。

——— 魏玛共和国的文化、社会和政治

与社会变革一样，20世纪的文化现代化也早在第一次世界大战之前便已萌芽，因此，对魏玛共和国的文化也不应仅仅在1918年后的时代语境中加以理解。实际上，战争起着重要的推波助澜的作用，尽管各种审美理念均有其独树一帜的一面，但它们很大程度上受到政治与社会发展的限定。这里指的不是简单的艺术反映生活，而是说无论是整体的文化景象，还是单一的艺术及艺术形式都因这一发展应运而生。这在对战争或大都市的文学或电影表达中已表现得十分明显，例如弗里茨·朗的电影《大都会》（1926年）以及《M就是凶手》（1931年，一部描写国际大都会的犯罪电影）都是非常杰出的代表。

在绘画艺术中，对于城市，尤其是大都市的展现也成为一种具有时代特征的形式，它大大改变了绘画的经典样式。另外，对于技术、色彩和结构，现代派也给出了其他解答。不容忽视的是：彼时，城市的熙攘、活力以及混沌成为绘画的主要主题；此外，还包括可追溯至"一战"爆发前乃至战争中流行的表现主义的末世景象，例如韦利·杰克尔、马克思·利伯曼、马克斯·贝克曼、埃里希·赫克尔、恩斯特·路德维希·克尔希纳以及利奥尼·费宁格笔下的城市画卷。统治着城市的技术、工业、各种事件的同时性、大街和广场上居民的

簇拥，以及孤独、灰暗不祥的氛围——上述种种将战前对大城市的展现与战中、战后连接了起来。格奥尔格·格罗兹的油画《大城市》（1916—1917年）描绘了柏林弗里德里希大街火车站旁的中央酒店，这幅画似乎预言式地宣告着新一代的不幸。虽然画面上充满攻击性的红色调是因战争中的大屠杀而起，但关键在于格罗兹将这一母题运用到了对于大城市的刻画中："战争拖得越久，纷争造成的损失越大，牺牲越多，格罗兹就越发极端激进地将城市空间压缩成一个城市屠宰场，生命在此终将陷入混沌与骚乱。"[366]路德维希·麦德纳在他那色调与构图截然不同的画作《末世图景》（1913年）中同样采用了包括哈伦湖边环形公路在内的柏林母题来展现大都会生活的混乱、毫无目的的忙碌和堕落。在许多同名画作中，作者对这一主题做了反复演变。保罗·希特罗恩的照片拼贴《大都会》于1923年第一次在魏玛的包豪斯展览上展出，与上述作品不同，它展现了未来主义对现代精神的醉心与向往。

在文化与绘画中，大城市还意味着对社会阶层以及社会生活和生计的展现：除了格奥尔格·格罗兹外，鲁道夫·施里希特的画作《豪斯福格泰广场》（1926年）以及马克思·贝克曼、恩斯特·路德维希·克尔希纳以及克里斯蒂安·沙特的作品中的大城市也显得格外苦涩幻灭。魏玛共和国时期众多画家笔下的肖像画也毫无疑问属于城市艺术，例如奥托·迪克斯的肖像画《艺术商奥尔弗雷德·弗雷西特海姆》（1926年）或是鲁道夫·施里希特为贝尔托·布莱希特所作的肖像以及埃贡·埃尔文·基施的《行色匆匆的记者》（后两幅都创作于1928年）：所有画中展现的人物都是如假包换的大城市人。共产主义画家奥托·格里贝尔的油画《船工》展现了攻击性效果。他代表着卖苦力的无产阶级，作为一种新型的人类类型，他想要实现共产主义社会，并对未来充满了希望。但这一类型在画家笔下的形象并不完美，而是更多带有明显的不讨人喜欢的特征。相较而言，凯特·科尔韦兹的铜版画、油画或雕塑中所展现的无产阶级生活则充满了作者对劳动者的同情。

诚如瓦尔特·本雅明在1936年所言，在拥有无限"科技再生产力"的时代，艺术品的感知与在社会中扮演的角色也会随之改变。这一无尽的再生产力摧毁了原创的光辉。本雅明的接受社会学思考不仅限于艺术或如照片拼贴等新的形式，而且还延伸至再生产的影响以及对于带来政治性结构变革的政治的公开表现。"民主制的危机可以理解为政治家展示条件的危机。民主制则是直接将政治家个人在代表面前进行展示。议会就是他的观众。随着影音设备的更新，如今许多人可以实时观看演讲者的演讲，在这些录影机前，政治家的表现一览无遗。议会成了剧院。广播和电影不仅改变了专业演员的功能，也同样改变了那些在它们面前展现自我之人的功能，例如政治家。"[367]

艺术的技术再生产使得艺术和文学的经典领域为越来越广泛的阶层所接受，从这一意义上说，它促进了大众文化的发展。广播不仅开创了广播剧等全新种类，而且也创造了沟通的全新方式和众多艺术享受的可能性，例如音乐会和歌剧的再生产，以及广播电台与出版了众多价廉物美的歌词集及剧本的雷克拉姆出版社联手，仅在1930年10月就在17个不同城市策划了多台横跨拉辛至席勒的戏剧和歌剧《莱茵黄金》《费德里奥》《弄臣》等，上述所有作品皆由电台进行转播；另外，书评与政治节目也通过广播放送。

虽然广播很快沦为政治宣传的工具，但政府对此仍抱有非常明显的怀疑态度：魏玛共和国的民主党人对是否利用这一新兴事物犹疑不决。例如，普鲁士内政部长阿尔伯特·格雷策辛斯基在一次内阁会议上提出财政批款请求，希望借助广播传播魏玛民主制的信息；同时，他也向反对共和的极端势力宣战，但他的同僚们对此置若罔闻。与之相对，纳粹党人则立刻毫无顾忌且目的明确地将这一新兴高效的大众媒体用作宣传工具：身为宣传部长的约瑟夫·戈培尔早就在生产商处以75帝国马克的公道价格买到了同年在无线电展览会上展出的"人民收音机"；1938年，"人民收音机"的小型版推出，售价35帝国马克，它就是日后人们戏称的"戈培尔之嘴"。

在魏玛共和国期间，广播政治和组织就已成为一个重要的媒体政治话题，以至于1926年和1932年分别颁布了广播法条例——其中后一条几乎是送给戈培尔的"新婚晨礼"（温弗里特·B.莱尔克语）。毫无疑问，广播改变了当时的公众结构。不断增长的听众人数就是明证：1926年1月1日，即广播节目开播后的第10年，德国有102.2万听众；到了1932年2月1日，听众人数已飙升至409.9万。[368]

大城市成为大众文化和娱乐产业不断扩张的市场，两者间的过渡十分流畅，其质量自然也截然不同。观众从剧院流向例如卡巴莱、杂耍、电影等娱乐舞台。"文化财产"、各种形式的意见和信息加速突变，并借助新兴的技术手段飞速扩张。这种方式补充了报纸、杂志、书本之类的经典媒介下的空间，同时构成了这一信息额外的共鸣板。毫无疑问，20世纪的20—30年代是现代通信过程发生结构性改变的催化剂。虽然一些经典形式在这一过程中并未被取代，但也未赢得显著增长。例如，1920年出版了包括重印版在内的书籍共计27793种，1929年微幅下降，为27002种。出版高峰出现在经济相对繁荣的1925—1927年间，其中1925年最多，共计出版书籍31595种。与书籍不同，杂志数量显著上升，1920年为4552种，到了1929年则增长到7303种，增幅同样主要出现在20世纪20年代后5年间。[369]

总的来说，魏玛共和国的新闻出版业欣欣向荣、百花齐放，既有政党或利益相关期刊和专门的斗争宣传报，也有专业期刊乃至发行量巨大的日报，例如《柏林日报》《福斯日报》以及《法兰克福报》。[370]但这一多样性以及出版社和书商匆忙的成立潮，也反映了魏玛政治、社会、文化的分裂以及学科的专门化。[371]

一系列出版界的领军者，例如斯图加特的科达出版社、莱比锡的雷克莱姆出版社、法兰克福的费舍尔出版社、柏林的乌尔施坦和恩斯特·罗沃特出版社、莱比锡的库尔特·沃尔夫出版社，以及慕尼黑的C.H.贝克、莱因哈特·皮佩尔与朗根－穆勒出版社拥有出版界的顶尖人才，不仅保证了出版项目的高品质，同时也力求创新，以回应社会的新需求，拓展新的消费阶层。例如，继传统经典出版物《雷克拉姆百科图书》之后，S.费舍尔也致力于出版价廉物美的出版物和"文化书籍"，乌尔施坦出版轻松的休闲读物《黄色的乌尔施坦图书》，而早在1916年起，国际工人出版社就开始出版一系列"红色－马克小说"。克瑙尔策划了畅销书《世界长篇小说》系列。S.费舍尔将托马斯·曼于1929年获得诺贝尔奖的长篇小说《布登布洛克一家》特别版定价2.85帝国马克，而此版共计印刷45万册。《魔山》在5年时间内重印近120次，当时的全麻面精装版售价为12帝国马克。

在"促进图书文化"的框架下，魏玛共和国末期举行了多次相关的大型活动，例如1930年的"青年与书籍"、1931年的"女性与书籍"、1933年的"人民与书籍"等。同时，书籍也需要快速更换封面，许多版本可能过几个月就过时了，即便是严肃的出版社也不得不应对这一迅猛增长的需求。20世纪20年代典型的对于新兴事物的追求也促进了大众文化的发展。各种信仰、政治及社会思潮的众多读书协会（有些成员人数众多，最高甚至达到60万人）就是大众对于书籍拥有日益高涨的兴趣的明证。当然，单本书籍的质量或整体行业的兴趣领域仍良莠不齐。图书产业的发展漫无边际，也引发了社会的嘲讽，例如卡尔·阿诺德1925年的漫画《被苛求的零售书商》。书商坐在书墙前高高的梯子上，书墙里塞满了各种各样的大字标题，其中包括"图书业欣欣向荣"。

大量艺术作品及评论文章旨在讨论技术或社会现代化及其后果。大量文学创作围绕现实的政治问题展开。《政治剧院》的宣传员埃尔文·皮斯卡托尔1929年的文章《从艺术到政治》非常直接地写道："我的日历始于1914年8月4日。从那天起气压表开始上升：1300万人死亡，1100万人伤残，50万士兵行军，60亿发炮弹，500亿立方米煤气。哪有什么'个人发展'？没有人在这种时候可以发展'自我'，而只会被其他所改变。战争在20岁的人们面前拔地而起。其他所有事物都成为多余。"[372]

事实上，这个10年的作家们很早就开始创造鸿篇巨制的时代小说。他们不仅描绘了诸如大都市的兴起之类的现代现象，也书写了具体的政治事件。虽然阿尔弗雷特·德布林长达4卷的小说《1918年11月——一场德国革命》（也许从文学性上看未必成功）全部出版是在很久之后的1948—1950年间，但作家实际上在1937—1943年的流亡中已创作完成。与之相对，伯恩哈特·克雷曼的《11月9日》在1920年便已出版。

克雷曼的社会批判意图显而易见，在日后的前言中，他带着被第二次世界大战的经验所激发的尖锐写道："战争的恐怖背景下，军国主义的血腥鬼魂露出令人恐惧的身影，这意味着对德意志人民的可怕警告。同时，我想要毫不留情地揭下统治阶级恐怖思想的面具。他们的自负、他们的政治家局限性、他们肆无忌惮的贪婪、他们无良的自我主义、他们精神与灵魂的贫瘠应当使德意志人民思索并警醒。"[373]

日后因长篇小说《斯大林格勒》闻名的特奥多尔·普利维尔在1932年名为《皇帝下台，将军依然在位》的文献体小说中，同样批判性地描写了1918—1919年间的革命。小说不仅艺术性地塑造了社会中下层人民的形象，也同样展现了上层社会的图景。不少作家或艺术家也兼是魏玛共和国的马克思主义批评家，他们创作了大量辛辣讽刺的夸张漫画，例如深受达达主义及未来主义影响的格奥尔格·格罗兹在他的系列画作《统治阶级脸谱》（1923年）中画出了他所看到的统治阶级。在他阶级斗争的眼里，无论是军人还是资产阶级都面目可憎，就连画起社民党的领导也毫不手软。政治讽刺画也是约翰·赫尔茨费尔特在《工人画报》上的照片蒙太奇的主要内容。这些拼贴画一开始在柏林发表，1933年画家移民之后在布拉格发表。柏林的反战主义达达社的作品多在赫尔茨费尔特胞弟维兰德的马利克出版社出版，后者自己也在1921年发表了名为《社会、艺术与共产主义》的纲领性文章，并成为越来越多的共产主义作家的出版商。

这一旨在启蒙与单方面不留情面的清算文学是清清楚楚的

政治文学，它想要偏袒一方，也的确被这样解读。在许多其他社会批判作品中也蕴含着这样的隐约意味，例如海因里希·曼和利昂·福希特万格尔的长篇小说。海因里希·曼自1931年起担任普鲁士艺术学院诗歌艺术分会会长，直到1933年遭纳粹分子驱逐。在他身上，人们可以明显看出更为长期的、可追溯至"一战"前的发展。早在1905年，他就写下讽刺小说《垃圾教授》。1930年，由约瑟夫·冯·斯坦伯格改编，玛莲娜·迪特里希和埃米尔·亚宁斯主演的同名电影大获成功。《冯·施塔特博士将军》是他另一部讽刺普鲁士军国主义和奴役精神的辛辣的社会批判小说，作品共分两卷，第一部分名为《臣仆》，1914年便已出版，而第二部分《首脑》直到1925年才问世。

作为杰出的政治批判领域知识分子的海因里希·曼以大量杂文、演讲、论文以及其他文章活跃于文坛。而他的弟弟托马斯·曼在1918年还曾发表了代表其不问政事之态度的杂文《一个不关心政治的人的观察》。直到20世纪20年代，托马斯才渐渐成为一名"理性共和党人"，自始至终他都比海因里希来得保守；两人在这些年间的书信往来是这一兼具政治色彩的兄弟情谊的力证。托马斯·曼在写作上所取得的成就远超其兄长，无论在托马斯·曼自己眼中抑或旁人看来，这位1929年诺贝尔文学奖得主、布莱希特口中的"大作家"都是引领德意志精神的代表人物。托马斯·曼也写了不少时代小说，但他始终对描写对象保持适当距离，因此在面对政治和社会时也能保持较高的叙事艺术的自主性。他在这些年间所创作的最重要的作品是长篇小说《魔山》（1924年），小说延续了西方成长小说的创痛，但其革命性的创新在于展示了"一战"前夕一个似乎远离世事的封闭世界，这一世界象征着灾难的预兆。他的约瑟夫三部曲虽然从1933年起才开始出版，但其创作同样始于托马斯·曼的慕尼黑岁月。而另一部著作《雅各布的故事》则在他移民前就已完成。

如果我们将渐渐成为魏玛共和国捍卫者的托马斯·曼和其他同时代批判派作家们相比，恰恰可以证明想要获得崇高的文学地位，必须与时代精神保持距离。想要直接影响政治决策的尝试或与政治事件密切相关的新闻报道风格，虽然为后人追溯历史提供了丰富资源，但对叙事艺术有百害而无一利。

利昂·福希特万格尔的长篇小说《成功》（1930年）所叙述的故事发生在20世纪20年代早期的慕尼黑，它是跨越至1933年的时代三部曲的第一部分。福希特万格尔在他的讽刺性映射小说中写到了纳粹党在慕尼黑的崛起以及他们发展壮大的社会沃土，对于希特勒在慕尼黑的崛起的描写具有讽刺漫画式的风格。奥斯卡·马利亚·格拉夫的一些时代批判小说也经常以辛辣的讽刺描写小市民阶级和巴伐利亚乡村，例如《博尔维泽尔》（1925年）、《一夫当关》（1932年）、《深渊》（1935年）以及最为重要的《安东·斯亭格尔》（1937年）都具有明确的政治目的性。《我们是囚犯》（1927年）是格拉夫自称为"自白"的一部作品，它以编年体的形式描写世纪之交直至巴伐利亚委员会革命的这段岁月变迁。小说的核心思想除了大城市中人们的混沌迷茫和碌碌无为，还包括深受现代化、世界大战以及革命影响的迷失的一代人的命运。

《深渊》以社民党排字工人兼工会干部约瑟夫·霍赫艾格的视角，文学性地描绘了魏玛共和国的灾难。霍赫艾格本不是什么"好事政治之人"，"他无非就是一个喜欢助人为乐的社会实践家。这是关键所在"。他厌恶动荡的革命年月，坚决反对这种形式的动乱。自那以后，他也开始厌恶谢德曼。"他活该挨艾伯特一顿骂。就这样在窗前宣布共和国成立，这算哪门子政治……"小说的小标题为《一部时代小说》，分各个段落理性地报道了共和国的政治发展。[374]格拉夫曾在1918至1919年投身于以库尔特·埃森纳为核心的慕尼黑革命，在20年代乃至日后的移民岁月里，他还描写了纳粹主义崛起的社会心理学条件，主要体现在小说《斯亭格尔》《深渊》以及之后的《一个和平爱好者周围的动荡》（1947年）。

　　虽说凯乐曼、普利维尔、海因里希·曼、格拉夫以及与布莱希特交好，并曾与他有过合作的福希特万格尔早早就归属政治左派，但另一些社会批判作家则不尽然，例如在政治上很难划分的汉斯·法拉达。在他的众多长篇小说中，法拉达描写了小人物的日常生活，包括他们的忧虑与喜悦以及他们存在的社会政治背景。法拉达在文学上并没有什么创新，但他在心理刻画上的敏锐性以及客观描述上的准确性使其作品犹如犯罪小说一般引人入胜。虽然他的小说多以大城市为舞台，展现城市人民的生活，但也有例外。如他的小说《农民、炮弹、和尚》（1931年）描写了德国最北部省份的社会与政治骚乱以及霍斯坦的诺伊敏斯特的农民诉讼："我的小城代表了成百上千大大小小的城市。"作家的意图很明显，他想以农民的例子来展现共和国的社会危机的典型画面以及绝大多数农民对于魏玛民主制的拒绝。在他之前，几乎没有历史学家或是社会学家如此生动地展现过石勒苏盖格–荷尔斯泰因州纳粹主义的崛起。法拉达自己的人生也如他的小说般充满冒险色彩，在许多书中他都描写了通货膨胀带来的社会影响，例如《小男人，你该何去何从？》（1932年）以及《狼中狼》（1937年）。其中后者第一部分的小标题颇具代表性："城市和它永不安宁的居民"。
《谁曾吃过铅盆里的饭》（1934年）描写了一个失败者最终成
为罪犯的一生——这部作品也包含了因为各种不法行为多次入
狱的法拉达的生活经历。

魏玛共和国的作家与出版家们所关注的主题还包括生活与
工作上的巨变，包括齐格弗里特·克拉考尔的《职员》以及恩
斯特·荣格尔于1932年发表的论著《工人——统治与构成》。
荣格尔是"保守革命"的一员，也始终是魏玛共和国尖锐的批
判者之一。他想要通过论文的方式来展现当时德国社会的最大
阶级——工人阶级的构成，将他们塑造成明显有别于其他政党
的"已强势改变历史并从地域上决定了一个巨变世界的形式的
影响深远的重大势力"[375]。与众多其他论著一样，这本书还讲
到了弗里茨·朗在《大都会》中就已为之心醉神迷的现代技术
的影响。

具有时代批判精神和哲学思辨性的作家将科学技术视为现
代社会的典型标志，他们经常将对这一问题的阐述与对大众的
分析相结合（后者也同样被视为现代工业世纪的典型特征）。
例如，哲学家兼精神病学家卡尔·雅斯贝尔斯在他的现实批判
性论文《时代的心理状态》中写道："科技与大众互相成就，
技术的存在秩序与大众休戚相关。"[376]

魏玛共和国时期，尤其是20世纪30年代初期，时势批判
的争论主要围绕科技问题展开并非巧合。与雅斯贝尔斯一样，
奥斯瓦尔德·斯宾格勒在同年就科技主题写下了意味深远的历
史哲学阐释：《人类和技术——生之哲学文集》。斯宾格勒在
科技视角下解释了当时的失业情况，讨论了人口统计学及政治
学纬度，并最终质问了以英国、德国、法国和美国为首的领先

工业国家的权力来源。按照他的阐释，它主要基于这些国家的技术能力和工业产能："政治、战争和经济展现了亲缘关系，甚至可以说是完全一致。军事实力排名依赖于工业实力的排名。"[377]

汉斯·弗雷耶尔认为，科技知识以及机械世界的飞速发展注定了革命会在19世纪爆发："科技及其杂乱无章的生产力甩出了新的工具和权力，世人们都理所当然地坚信这就是未来的发展。"在一个"工业化社会"，人类不是"这个世界的主体，而是账单上的款项：消费者和劳动力。这一原则执行得越纯粹，人类的力量就越彻底地臣服于该原则，这一体系也就越抽象，离人类越远"。[378]虽然意识形态的出发点截然不同，但属于"保守革命派"的弗雷耶尔已与马克思主义者布莱希特得出了相似的结论：现代化将人类的陌生化推至顶点。

左翼与右翼的批评家一致认为，大众民主制都没有能力克服陌生化。相反，它们只会愈发加剧这一进程。因此，无论是在左翼的共产主义革命者还是右翼时政批判者眼中，一场避无可避的保守革命都是虚妄的期待。在马克思主义时政批评家眼中，议会制无非是布尔乔亚为了使工人阶级远离权力的一种统治手段，使用得当甚至还能让工人阶级产生共同执政的幻觉。对于右翼革命派法学家卡尔·施密特来说，议会制的危机并非来自布尔什维克主义或法西斯主义的反对，而是"现代大众民主制的后果以及承载着道德热情的自由个人主义和受政治理念操控的民主主义家国情怀之间的矛盾对立"。"自由的个人主义意识与民主均一性之间的矛盾"是无法克服的[379]。施密特以19世纪自由派理论家们的理想议会制来对比当时的现实议会制，这从论证上说精彩绝伦，但从政治上看却糟糕透顶——这种对比对于现实来说只有毁灭性的影响。

不管怎么说，施密特的批判所产生的影响还是基于现实危机，他的追随者们认为这是一场在两次世界大战之间的令欧洲民主制全部沦陷的危机。即便是1924年跨议会联盟在瑞士峰会上的结论也同样悲观。随着普遍选举权的引入，议会制势必成为民主议会制，这并不是它的原貌，如今的议会制体系已建立在大众民主立法及参与的基础上。但随着战争结束及其对战争策发国产生的深重经济打击，解决大众社会及经济问题成为议会义不容辞的任务：如果因为阶级社会的利益冲突太过尖锐且不可调和而未能完成任务，那么议会将面对的是失望乃至绝望的大众，他们不会责怪实际问题，而是把责任推卸在全新的议会体系之上，他们只看到了影响，却看不到原因。

敏锐的民众很早就意识到了议会民主制这一基本结构变化。瑞士峰会的专家之一、英国政治学家兼社会政治家哈罗德·J.拉斯基认为社会经济巨变是引发危机的重要原因，"当前几乎所有国家的议会制都在经历这一变革"。"如果说19世纪的议会主要解决政治问题，那么我们这个世纪的议会更多地需要解决经济问题。"在拉斯基看来，普遍投票权以及大幅提升的议会的社会代表性的一个重要结果是国家的角色变化：传统的管理国家成为维持秩序的力量，它需要不断面对全新的社会及经济要求，结果是当今的国家深入到了每一个部门。这一发展又触及了议会制的社会角色："重建一个能适应全新经济秩序的政治平衡越来越成为议会存在的意义。"[380]

为了适应这一基本的结构变化，在当今的现代大众民主之中，必须在迄今为止主导的对于议会制体系的国家法的思路基础上补充来自社会学的考量。现代的"干预国家"改变了国家和社会之间的关系，国家不仅在事实上主管一切，同时也对一切负责。在一个多元化社会中，议会代表着与之对立的利益，但同时也必须加以平衡与融合。议会成为这一过程的舞台，不同的阶级和社会团体要求各自代表来代表自身利益，这使得大危机之时的妥协与融合愈加艰难。

一个岌岌可危的民主制若想在关键时刻具有危机解决能力，其政治决策的公众合法性不可或缺。因此问题是：议会内部沟通这一传统形式在多大程度上可以在外部社会公众中赢得权威和公信力？卡尔·施密特基于英国的理想模式所提出的商议型绅士议会是否足以在意见交流的基础上做出政治决策？首都柏林城中心的宏伟建筑，作为魏玛民主制最直观的展现而存在帝国议会的政治仪式如何传递到大众中去？换句话问：当时的议会演讲和辩论足以服众吗？选举结果可以回答这一问题：魏玛共和国中符合当下政治体系的政党比例越低，反民主政党比例越高，帝国议会及州地方议会的社会基础和公信力就越低。就这点而言，时代差异也至关重要，尤其是当那些极端政党不遵守沟通方法与规则之时。议会中的许多代表虽在政治理念上各执己见，但一致认同议会制原则，他们中的许多人在"一战"前的帝国议会中便已相识，也曾跨越党派相互合作。但对于这一基本共识，极端政党却并不认可。

1930年之后，赢得大量新议席的极端主义政党不仅缺少这一共同的议会经验，而且他们通常也完全不想遵守惯常的行为准则，他们经常诽谤其他议员，甚至威胁要夺取他们的权力。对于纳粹党和共产党而言，议会越来越成为他们策划阻挠行为的舞台，此外，他们将很大一部分活动演变为街头的煽动集会，在共和国建立伊始和末期更是策划了大量血腥的街头屠杀。到1930年为止，虽然较1920年有所削弱，但选举所产生的依然是有执政能力的议会民主制，同时总统具有强大但并非一手遮天的权力。民主议会制的危机并非局限于德国，只不过基于一系列原因（其中包括1918—1919年政治体系与国家形式的突变，战败及其所带来的社会与经济后果以及集体应对的缺失），危机在德国比在其他欧洲工业国家要来得严重得多。

因此，民主制危机绝非德国的"特殊道路"[381]，只不过欧洲各国的危机解决能力和战胜危机的方式不尽相同。实际上即便是有深厚民主传统的英国与法国也曾陷入严重的、危及系统的危机之中，他们之所以能最终战胜危机，只是因为他们并没有背负那些在德国交替出现并加重的毁灭性的负担。但除了一系列小国家，为数众多的欧洲民主制在20年代走向末路，其中除了捷克斯洛伐克和芬兰以外，全部都是1918—1919年新成立的民主国家。最终这些国家都落入独裁政权或是某一意识形态引领的独裁：匈牙利早在1919年就已实行军事独裁；1922年，墨索里尼在意大利建立起欧洲的第一个法西斯独裁政权，其他南欧国家也步上意大利后尘，葡萄牙变成独裁国家；1923年及1930年的西班牙同样如此，乃至1936年西班牙内战后，佛朗哥将军再次建立带有法西斯色彩的军事独裁政权。军事独裁或专制统治也席卷了所有中东欧国家，首先是1926年的波兰，接着是波罗的海三国及巴尔干各国。1933年，恩格尔伯特·陶尔斐斯在奥地利发动政变，建立了带有一定法西斯元素的专制—等级制政府。

鉴于上述欧洲政局的变化，通行的阐释几乎可以反转：尽管存在诸多更为严峻的问题，但魏玛共和国比绝大多数1918—1919年成立的民主政体更长久地抵制住了"独裁的诱惑"（卡尔·迪特里希·布拉赫尔语）。因此，我们绝不能低估1930年前帝国议会的中央政治意义与角色，尤其是1930年大联盟的破裂绝非必然。虽然这一个10年间的政府组阁、立法以及议会程序皆有据可依，但在分析时也必须考量决定了魏玛共和国政治文化的政治、经济与社会发展。[382]

如果仔细研究议会民主制在众多欧洲国家的迅速衰败和在其他国家的威胁，不难理解为何在对于其危机与未来的一般及国际辩论中，即便是德国的学界、艺术界、出版界和司法界批评家们也往往态度严厉地反复讨论这一年轻民主共和国的缺陷，却鲜少提及其优点。他们以此否定了民主制的功绩。

事实上，魏玛共和国的文化与政治思想史更多地证明了一个时代的文化财富与其政治、经济或社会发展的稳定性并无太大关联。从20世纪20年代与30年代初期的显著对比中，人们可以得出截然相反的结论：因为不仅是时事批判作家们才思泉涌，这些年的文化领域放眼望去皆是成就斐然。例如绘画与音乐，诞生了包括理查德·施特劳斯、保罗·亨德密特、卡尔·奥尔夫、库尔特·维尔、汉斯·埃斯勒以及保罗·德绍等各具特色的大家。另外，在建筑与装潢艺术、科学、图书与新闻界以及电影等新艺术领域也同样百花齐放。

各艺术领域都表现出了显著的现代性，另外值得一提的是许多领域还直接触及时代问题或实际的时代性要求。例如建筑首先回应了3个挑战：城市建筑的任务是为城市大众创造居住空间，工业建筑不仅要符合目的，还要构建独有的审美效果，此外城市建设还需应对已初露端倪的交通革命。

从彼得·贝伦斯到布鲁诺·陶特的工业与住宅建筑，慕尼黑建筑师波斯泰的居住社区（1924—1929年），斯图加特的韦森霍夫社区（1927年），柏林的花园城"大西洋"（1926—1930年，建筑师鲁道夫·弗兰克尔）或是汉斯·沙伦斯的西门子城（1929—1932年），上述种种只是经典案例中的沧海一粟。这一住宅建筑追求延伸至室内装潢和家具布置的整体艺术。因此早在1907年便已成立、倾注了特奥多尔·豪斯一生心血的德意志制造联盟要求统一的质量保证和艺术品质。这一原则在1919年由瓦尔特·格罗皮乌斯等人在魏玛创立，在1925年搬至德绍，1932年再度迁往柏林的"包豪斯"中得到更深层次的贯彻：人们在此设想了一个由建筑师、雕塑家和画家共同完成的"整体艺术作品"。所有人都应当"回归手工业"，"艺术家是手工业者的升级"。在1919年的纲领期刊上，包豪斯宣称其愿意推动一切艺术形式，以"艺术手工业"为开端，反对"自以为是的阶级分立"。除了格罗皮乌斯，包豪斯的代表人物还有密斯·范德罗、汉尼斯·迈耶、莱昂纳尔·费宁格、保罗·克雷以及奥斯卡·施莱默等。

事实上，"包豪斯"以及其他一些现代住宅建筑、工业建筑以及绘画风格确定了魏玛共和国的文化特征为"新客观主义"。自1922年起，它的代表艺术家们以反对"一战"前及"一战"时发展盛行的表现主义为纲领。但这仅仅阐释了20世纪20年代以及30年代初期文化的一种重要倾向。第一次对于艺术流派的全面概括始于1925年的曼海姆，紧接着古斯塔夫·F.哈特劳勃创造了"新客观主义"这一概念。对于具体形象的强调、对空间内光影效果的压制以及对装饰性饰品的抛弃经常会产生一种静态的比邻，一种空间内角色和物件的间离以及一种符合两次世界大战间歇期人们的幻灭与对理性的狂热追求的构图上的严格性。安东·拉德谢特的《工业景观中的自画像》

（1923年）是极具启发性的一个例子，在画中，其他仿佛自动机器一样的形象在单调的几何结构中与自画像背对而立。

　　无论是在艺术还是文学领域，不少"新客观主义"的代表曾经也属于表现主义派，仅这一点就体现了这一艺术发展的复杂和活力。事实上，多样性、矛盾性以及不断地变化不仅是某一艺术或风格形式的特征，也是整个魏玛文化的表现。问题在于那些适用于建筑、家具艺术以及绘画的概念多大程度上可以衍生至如文学等其他领域。那些被归类到"新客观主义"派的作家们事实上截然不同。魏玛年代的文化财富之所以如此丰富，是因为除了上文提到的批判性作家与艺术家以外，还有众多远离时事政治与社会事件的作品，例如赫尔曼·黑塞、伊娜·塞德尔、里卡达·胡赫、戈尔特鲁德·冯·乐福、赖内·马利亚·里尔克等。德语文化圈也不仅仅局限于魏玛共和国，奥地利与捷克作家阿尔图·施尼茨勒、雨果·冯·霍夫曼斯塔、弗兰茨·维尔弗以及弗朗茨·卡夫卡都是同样值得一提的名字。在文化的其他领域也同样如此，例如新维也纳音乐派代表人物阿诺德·勋伯格和他的学生们。问题始终在于是否可以将艺术史的划分沿用到政治与社会发展之上，这里谈得更多的是文化、政治与社会的辩证。它不仅出现在作品中，也在艺术家、文化家和知识分子与魏玛民主制的关系中得到淋漓尽致的体现。

━━━━ 魏玛共和国的知识分子与政治

魏玛共和国充满争议的文化财富无法以某一内容来概括，而是应当借助形式标准加以理解：首先是普遍的危机意识以及文化内部的革命活力，诚如约翰·威利特之言"中间派的爆炸"[383]。但这一文化的普遍结果其实是中间派的腐蚀，或是如汉斯·赛德迈尔所言"中间派的丧失"。虽然这一危机意识以及革命因素可以追溯至1914年前或是19世纪——例如雅各布·布克哈特的文化悲观主义、末世气氛，弗里德里希·尼采那令人心醉神迷的、对即将到来的厄运的预告以及早期表现主义只是其中一些表现——但是，这一趋势在20世纪20年代的加深与积聚则是第一次世界大战的后果。20世纪20年代的文化标志是向极端主义的发展，其极端后果无一例外地演变为革命：一方面是保守主义革命，另一方是社会主义革命——两者从一开始就没有给魏玛共和国留有机会，在左翼与右翼革命分子中，共和国承载着过渡与瓦解的显著特征。两种立场都既有社会、政治及意识形态问题的尖锐认识，也有对现存政体及其政治捍卫者的诋毁。无论是在保守革命理念还是马克思主义思潮中，无论新的共和国可以维系多少年都不过是纯粹的过渡阶段，是过去和未来将魏玛共和国碾压成微不足道颗粒的历史阶段。

当然，保守革命派并不仅仅是复辟的代言人：即便他们的思想不可否认地带有政治反动目的的烙印，但他们也在寻求新的方案。无论亚瑟·穆勒·范登布吕克和他的追随者们的第三帝国样貌如何，都不能将它视为没落王朝的简单重建。以卡尔·施密特为代表的保守革命派发现了宪法与政治的危机症状，而奥斯瓦尔德·斯宾格勒和恩斯特·荣格则意识到了基于城市化所产生的现代技术的意义，以及人类生活的改变乃至社会结构的本质性变化。看起来，矛盾的不仅仅是"保守革命"这一概念，还有对政治与统治的未来组织形式的阐释：除了对于现代生活已知的大众性的精英式厌恶，这些魏玛民主制的保守革命派敌人中的一些人还持有恺撒主义的理念。对此，卡尔·施密特不仅尖锐地分析了其公民表决的灾难性，也表达过自己的赞同。但全民公投的恺撒主义与霍亨索伦王朝的复辟毫无关系——今日还持有这一德国民族主义和一些其他保守分子的糟糕误解是毫无意义的：如果只是20世纪20年代—30年代初期后革命时期的复辟浪潮，魏玛共和国绝不至于无力招架。尽管如此，政治复辟的追随者们也是共和国的掘墓人之一。

那么政治文化图谱的另一端情况如何呢？共和国的左翼知识分子对共和国也绝无更大的善意。尽管他们的论战更为多样，但他们因为纳粹革命而一无所获的事实（同时他们还是革命最早的牺牲品）也不能掩盖左翼知识分子曾和右翼知识分子一样反对1918—1919年成立的共和国。哪怕左翼知识分子们是如此愤世嫉俗，但共和国还是曾给予他们一些呵护：在与这一敌对者的交往中，共和国表现得小心而周到，也正因这份宽容，其文化财富才会如此深厚。

但是，作为资本主义发展与智识开化的产物的法兰克福社会研究所的重要分析家们真的有个人理由来反对魏玛的政治与社会经济体系吗？卡尔·冯·奥希斯基和齐格弗里特·雅各布森真的有足够理由带着知识分子的自大来嘲笑社民党总统艾伯特吗？或者说汉斯·迈尔真的有动机在他去世后发表的回忆录《被撤销的德国人》第一卷中，指责奥托·韦尔斯的机会主义吗？那可是奥托·韦尔斯，那个在3月22日的德意志议会上作为社民党发言人勇敢地阐述了他所在政党拒绝授权法的原因，并以这场德国议会史上最重要的（同时也是徒劳无功的）演讲之一而载入史册的人。

　　不管怎样，法兰克福大学与几乎全是左翼分子的社会研究院展开合作，后者的院长同时也是大学教授。科隆市立大学在市长康拉德·阿登纳的庇护下推行着自由的聘用政策，聘用了例如来自维也纳的社会主义法学家、纯法学理论代表人物汉斯·科尔森，后又在科尔森的支持下聘用了司法上才华横溢，但政治上却屡屡失误的卡尔·施密特（后者还并不领情）。社会主义市场经济的创始人之一阿尔弗雷德·穆勒·阿马克与赫尔穆特·普雷斯纳，以及国民经济学兼社会学家埃尔文·冯·贝克拉特一起开设马克思主义研讨班。作为"红色斗士"在普鲁士法学家、阿登纳顾问的弗里茨·施迪尔·索穆勒处获得博士学位的汉斯·迈尔详尽地描述了这一思想生活。

　　出于政治或其他与学科无关的原因，魏玛共和国时期大学的聘用政策也曾阻碍了一些重要学者的职业生涯，因此并不值得美化。太多例子证明，在魏玛民主制中，大学的桥头堡作用微乎其微，甚至连庇护之地都算不上。无论是教授还是大学生都是如此！柏林大学的主要发言人、日耳曼学者尤里乌斯·彼得森甚至在格尔哈特·豪普特曼60大寿的庆祝活动上公然抗议社民党总统艾伯特的出席。问题是，主要聚集在首都或是大学里的众多左翼学者、文学家、艺术家、作家、出版家们拥有极大的影响力，但他们和那些保守革命党人一样都对共和国不抱有丝毫感恩之情。

在那些将社会主义革命希望视为科学认知并坚定捍卫的人们眼里，魏玛共和国不过是一场不完整的革命和过渡时期的可鄙产物。但恰恰正是这些知识分子，以他们对社会问题的尖锐分析为现代社会研究的建立做出了贡献。这里值得一提的，有特奥多尔·盖戈尔关于德意志人民社会分层结构的分析，西格蒙德·诺伊曼的魏玛政党分析，埃米尔·雷德勒、卡尔·格吕贝格和一众其他社会学家关于社会发展问题的论著，另外还包括自由主义国民经济学家戈茨·布里夫对于工商业无产阶级的描绘；库尔特·图库尔斯基等在奥希斯基的期刊《世界舞台》上发表的许多针对日常政治的评论和批判也同样洞若观火。另外，上文提到过的一些文学作品也提供了另一种形式的时事针砭。

比起毒舌的左派，高高在上、受自由主义思想影响的日常传播领域对待新共和国更为谨慎。但总的来说，公共意见普遍认为共和国的新闻业差强人意。政治上相对温和的期刊报纸——无论是无党派、自由主义、社民主义还是政治天主教倾向——始终是少数，就如同魏玛民主制在1919年成立的、由社民党、中央党和德国民主党组成的政治联盟一样，后者自1920年第一次议会选举后就再未获多数支持。彼得·盖伊在他关于魏玛共和国知识分子的书中，提出了"局外人的共和国"这一说法。事实上，魏玛共和国确实是局外人的共和国，但知识分子们绝非注定要成为局外人。与其如此，不如说无论是左翼还是右翼的"新"知识分子都不接受共和国，而那些旧王朝的精英们就更不用提了。当然，在学者、作家和艺术家中存在着历史学家弗里德里希·迈内克所说的"理性共和党人"，如之前提到过的托马斯·曼和马克思·利伯曼以及其他许多大名鼎鼎的名字，但是他们真能代表魏玛精神与共和国的关系吗？

从具体、普遍的意义上说，这一精神要旨是时事批判，敏锐的知识分子致力于分析社会与政治，他们想要投身政治，并不在乎自己的所作所为带来的政治后果。在格奥尔格·格罗兹犀利的讽刺画《统治阶级》中，为了魏玛共和国身先士卒的总统艾伯特和外交部长施特雷泽曼与那些1918年前的"社会支柱"们处于相同的光线下。约翰·哈特菲尔德在他的相片蒙太奇中表现了渐渐抬头的纳粹主义，但他的批判主要集中在令人憎恶的资本主义社会，而在他看来，纳粹主义也是它的产物之一——他并不了解资本主义和他同样反对的魏玛民主制的区别，也不想了解。反对者和敌人们无差别地与它们作斗争，这是危机的症状，这样的知识分子同时也是这一危机最尖锐的诊断者。在共和国短暂的存续期间，批评家们没有给它留出时间，他们并没有从民主制的基础出发，也不怀有批判性的善意，而是纯粹出于敌意。

诚如瓦尔特·拉奎尔所言，从某种意义上说，魏玛的知识分子缺少对话能力：左翼知识分子不把右翼知识分子放在眼里，反之亦然；而旧精英们无从理解这些年的革命精神（哪怕是在艺术方面）。比如说，在保守革命派的奥斯瓦尔德·斯宾格勒的身上，一些大标题——如他的历史哲学著作《西方的没落》（1918年）的题名——比他本身许多模糊的政治目标影响更大。

左翼与右翼分处两极，不相往来，这在各自圈中已成既定事实。左翼受虐狂式的自我反省导致越来越多的分裂，一般来说，与官方政党共产主义的关系仿佛硝酸，其正统性对批判思考赶尽杀绝，因此迟早会遭到左翼知识分子领军人物的弃绝。自20世纪20年代末30年代初以来，抵制德国共产党除了政治与科学原因以外，还加入了越来越多的人道主义因素。20世纪30年代的苏联领导人的作秀公审以及1939年纳粹德国与苏联订立的协议，唤醒了大批马克思主义者的理性，但为时已晚。

事实上，知识分子批判的炮火主要集中在存在缺陷、风雨飘摇的不完整的魏玛共和国——它的社会问题、资本主义经济体系，乃至其政治领导的单调性。左翼知识分子的批判能力因其言论的公正性和正确性而光辉夺目：他们的价值在于社会批判的贴切性，但并非政治建设性，而后者恰恰是投身于政治的理性共和党人们日益追求并努力做出实际且持久妥协的目标。在马克思主义的阐释模型中，政治的重要性低于社会和经济。

毫无疑问，知识分子的批判真知灼见地分析了现代社会的问题现象，但批判和危机形成了一个辩证的过程，归根结底问题在于：社会批判仅仅是对魏玛共和国所积累的问题的回应吗？还是说它自己本身也会产生危机呢？20世纪20年代的危机意识是对危机的反应，还是说反而加深了危机？[384]如果当时人们遵从左翼知识分子所倡导的马克思主义（物质）基础与（意识形态）上层建筑的模型，认为存在决定意识，那么这一问题自然就迎刃而解。但是这一单线模型并不适用于实际的变换关系，因为从某种意义上说，危机意识自主自立，并最终在魏玛社会中影响或至少加深了人们的普遍印象：不能也不允许保持现状。但这种诊断为极端思想宣传家们的煽动提供了便利。文化悲观主义本身就可能导致政治危机。[385]

戈培尔对魏玛出版业的致命打击之所以能成功，并不是因为从业人员们从1933年春天起就开始被驱逐、关押、禁止工作乃至被谋杀，而是因为纳粹革命铲除了诞生批判精神的沃土，也就是魏玛共和国。

纳粹主义也是危机中的产物，是根基动摇以及社会、政治和道德迷失的后果。但纳粹主义并没有像左翼与右翼知识分子一样对危机做出思想上的应对，其意识形态也没有建立人道及道德的抗议形式（如它或多或少强加于左翼知识分子的那样）。从社会心理学上更说得通的解释是，纳粹主义以反智识反市民怒意为生，以极端的形式质疑社会由来已久的道德基础。但与左翼及右翼革命党人一样，纳粹分子同样蔑视魏玛民主制，在反犹的同时还反对资本主义——只不过是以一种一股脑儿接受、毫无理性纲领的形式。从某种不同寻常的意义上说，纳粹主义是一场被推向极端主义的中间派的大众运动：在文化政治上，它捍卫着那种单纯的、追求和谐的"天然"平民的审美理想，与某些带有苏联烙印的社会主义现实主义沾亲带故。面对这样的"文化政治"和它的"品味"，在色彩与对象上开拓创新的画家马克思·贝克曼和恩斯特·路德维希·基希纳引起极大争议，他们过于批判，过于激进，也太善于发现问题。

━━━━ 魏玛共和国的终结和1933—1934年的纳粹革命[386]

"你们为什么没有阻止希特勒？"年轻一代总是孜孜不倦地追问他们的父母或祖父母——那群1933年的亲历者。此时再谨慎的回答都无法令人满意。事实上，对于民主制在德国失败以及纳粹独裁得以建立的缘由的探究，始终是20世纪德国当代史的核心问题。但这不仅仅只是学者们需要解决的问题，同时也是一个突出的政治问题，是当代政治构成的一项任务——民主制的失败，纳粹独裁的建立、崛起以及失败，乃至联邦德国民主制的建立，这一三合一的问题是后世必须汲取的政治经验。

在过去的几十年间，大量的研究极大地丰富了我们对于魏玛共和国解体以及所谓的纳粹夺权方面的认知。这些研究表明，非专业人士期待历史学家们给出简单回答反而会误入歧途。以魏玛共和国为代表的众多欧洲民主制的覆灭原因是多种多样的，每一个个例的阐释都需要解开一条复杂的原因链，且不可能避开第一次世界大战和两次世界大战期间欧洲的发展这些历史前提。每一次更深入的探究都表明，魏玛共和国的失败绝不是某个单一因素造成的。

魏玛共和国是什么时候失败的？仅仅是这个问题就有诸多不同解答。第一种观点认为魏玛民主制的终结可以追溯至1930

年3月27日，当时社民党出身的总理赫尔曼·穆勒领导的大联盟政府下台。自那以后的1930年3月30日至1932年5月30日，中央党出身的总理海因里希·布吕宁带领被容忍的少数派内阁执政。这届内阁不再按照议会民主制的规定组阁，而是依赖总统的总统内阁。但不管怎么说，帝国议会还是容忍且也愿意容忍它的存在。为了确保它的存在，与议会大多数的合作必不可缺。但到了1932年6月1日至12月2日的冯·帕彭总统内阁，这种与议会的连接就不复存在了；后续1932年12月3日至1933年1月30日的冯·施莱谢尔将军的内阁也同样如此。根据第二种评判标准，也可认为魏玛共和国在1930年3月或1932年5月宣告终结，或者也可以将1933年1月30日阿道夫·希特勒作为以绝对优势赢得大选的政党元首被任命为总理作为共和国的终点。当时，纳粹党赢得了584个席位中的196席，第二大党社民党则只获得121席。虽然这看起来有些自相矛盾，但比起前任冯·帕彭和冯·施莱谢尔，希特勒的组阁似乎更符合议会制惯例。但不管怎么说，这还是确定魏玛共和国终结时间的第三种可能性，因为希特勒被任命为总理毫无疑问是建立纳粹独裁的关键一步，纳粹党也公开反对议会民主制。关于魏玛共和国的结束时间，还有第四种说法，即1933年3月23日。彼时，德意志议会决定撤销人民与国家的紧急法，即所谓的《授权法》，魏玛宪法至此已失去实际效力。

无论人们如何评价关于魏玛共和国终结日期的不同回答，有一点是毫无疑问的：共和国的瓦解是一个长期的过程。但若认为1930年3月赫尔曼·穆勒下台才是这一过程的开端，那肯定是错误的。最新的研究越来越倾向于认为早在大联盟破裂之前危机就开始呈现剧烈化趋势。仅认为自1929年开始蔓延，但在德国滞后发生的经济危机是国家与宪法陷入危机的原因显然不足以服众。应该说，1930—1931年的经济危机加深了宪法危机，但其并非第一成因。在阐释过程中，还必须考虑20世纪20年代问题重重的宪法发展。如上文所述，从宪法历史和政治发展的观点来看，即便是1924—1929年共和国政权最稳固的年间，即所谓的"黄金20年代"也绝非是真正的稳定时期。

有三个核心问题需要解答：

1. 当今研究认为哪些负担是拖垮共和国的关键因素？

2. 魏玛民主制到底稳不稳定？

3. 崛起的纳粹运动有什么特征？它为何如此迅速地给予魏玛共和国致命一击？

第一个问题的解答是，魏玛共和国诞生于战败之际，在广大民众眼里，它等同于失败。虽然战败并非因它而起，它却必须对其后果承担责任。战败导致政府体系与国家政体的变革，但这一改变的基本特征有悖于1918年前通行的政治决策形式：外交之余，内政方面出现了来自右翼政党的意图重建君主制与立宪制的修正主义，他们确确实实秉持着反动的政治目标。除了"左翼"反对，"右翼"反对势力同样抬头，虽然彼此相互仇视，但这两大运动带来的势力相互交叠，造成了极大的破坏性。

在议会制政府体系中，政党的核心角色是确立政治意愿，做出政治决定。但在1918年前建立的政党体系中以有限的形式慢慢发展而成的魏玛政党的议会经验却少之又少。他们的政党结构是在立宪制政府体系中建立的，议会与政府严格对立。身为最大党的社民党困于纲领要求与实用主义的长期矛盾之中，政党路线在两者间摇摆。鲜明的阶级特性、狭隘的利益政治以及欠缺的政治妥协能力，是20年代绝大多数德国政党的特征。这些大党们致力抗争的问题，因为比例选举制导致的政党体系的分裂而愈发加深。因为缺少符合议会制的体系，所以导致政党们只能部分甚至完全不能理解其在议会里的任务。唯一的例外是中央党，它拥有来自信仰的强势与融合力，但这同时也是它最大的缺陷，因为作为政治天主教的喉舌与媒介，中央党始终只局限于信仰天主教的那部分民众。

基于这一政党体系结构，几乎所有政党以及民众团体都或多或少对共和国持保留态度也就毫不意外了。他们的保留源于战后的实际问题，同时也源于对魏玛宪法的妥协姿态的不满。这一不满从左翼延伸至右翼，区别只是程度不同。其中一方将1918—1919年的革命和魏玛宪法视为一切厄运的根源，他们想要复辟1918年覆灭的国度。而另一方则认为1918—1919年的革命远远不够。他们期待实现社会主义化和委员会宪法，认为魏玛共和国不合心意而弃绝。即使在理性共和党人主导的中间派政党——社民党、中央党和德国民主党——也对全新的、由他们建立并承载的共和国持保留态度。选民们的选票足以反映这一点。在社会的大多数人看来，比起"一战"前的帝国，魏玛共和国显得黯淡无光，也缺少那些少数派可以或想要认同的象征。旧帝国那让人回想起1870年9月2日普法战争胜利的"色当日"，"皇帝庆生"，1914年前德意志邦联君主亮相的浩大声势，当时的民族自信心与国际地位都与今日形成鲜明对比——这一切都比本可以用来庆祝人民当权的共和国宪法日显得光辉闪耀。德意志帝国深谙展示及庆祝之道，但共和国完全不同。于是过了一段时间后，人们很容易忘记并不是共和国策划并输掉了第一次世界大战，而是那个熠熠生辉的德意志帝国。1925

年保罗·冯·兴登堡重新掌权，坐上魏玛共和国最德高望重的位置，接替恪尽职守、清醒理性却被许多人憎恶乃至诽谤的共和民主真正的拥护者弗里德里希·艾伯特，成为象征意义上的"皇帝替身"。

虽然艾伯特和施特雷泽曼同样兼具激情，但他们的理性共和主义倡导的是很理性而非感性的。正如这一概念所示，无论是政治理性还是"宪法爱国主义"都不像日后联邦共和国的多尔夫·施特恩贝格所说的那样充满感情色彩。所谓理性共和主义，指的是精英而非大众政治。从这一点上说，虽然魏玛民主制的先驱们厥功至伟，但在情感上有所欠缺。"一战"前的伟大德国梦以及那之后在1918年、1923年乃至1930—1932年反反复复的大萧条并没有使寄托着人民情感的国家价值褪色，反倒是国家的统一迟迟未能解决诸多问题。人民共同体情绪高昂，将社会分成三六九等的多元主义令人愤怒。魏玛共和国缺少具有象征意义的成功，虽然也曾展现出卓越的成就，却被淹没在铺天盖地的问题之下。

经济重负导致了大规模社会重组，例如1922—1923年的通货膨胀致使曾经的中产阶级陷入贫困甚至赤贫，而心理影响进一步加剧了共和国的经济问题。关于赔偿问题的长期且情绪化的讨论就展现了这一互相影响。在1931年中止赔款的所谓的《延债宣言》前，想要进行彻底调控的尝试从未间断。当1932年6—7月的洛桑会议最终带来事实终结赔款的决定，魏玛共和国终于从一个沉重的经济负担中解脱出来。尽管如此，这一成功的影响也直到1933年后才得以显现。自1933年以来德国经济慢慢复苏，这主要得益于世界经济大萧条的缓解以及战争赔款的勾销，但纳粹政府将功劳占为己有。另外，我们不得不想到，如果德国全额支付了《凡尔赛和约》所要求的战争赔款，那势必是一笔天文数字，实际支付的赔偿款并非造成共和国经济问题的关键原因。更确切的说法应当是，赔款是20世纪20年代一系列经济困难中的一项，同时也加深了危机。赔款问题所造成的政治影响远比物质经济影响要持久且深重得多。

1922—1923年的通货膨胀造成了在政治上也影响深远的财富再分配，而1929—1930年的世界经济危机带来的后果更是在其经济及社会影响方面雪上加霜，其结果之一就是"中产恐慌"（特奥多尔·盖戈尔语）。这一经济危机最核心的结果是剧增的失业数字，其在1932年2月达到了令人发指的高峰，当时有612.8万人失业，这大概是德国全部从业者的1/3。如果考虑到失业情况因为短工而变得更为恶劣以及失业者家庭受到的直接影响，就不难理解德国人民在心理以及政治上无依无靠的巨大不安。

此外，所有职工的工资和薪水也遭到削减。在将近4年的时间里，实际工资从1928年的100%降到1932年的80%。今日人们估计，当时大约有一半的德国民众直接或间接受到失业影响。最终，1927年引入的失业保险再也无法按计划覆盖这一大规模问题。虽然提高了保险金额，同时大幅削减失业赔付，但它"事实上已经崩盘"。其他所有社会保险的赔付额都大幅跳水，包括退休和医疗保险。尽管如此，社会福利在国民收入中的占比还是从1928年的11.4%上升至1932年的20.8%。[387]

各阶层民众广泛的收入减少导致购买力的急剧下降，这沉重打击了个体户、消费生产性企业以及小零售商。如果说消费品生产的基数在1928年是100%，那么到了1932年则仅为67%。在1929—1932年的短短几年间，工业生产值更是下跌到仅为

53%，在此期间，国民收入从每年730亿马克下降到仅为450亿，股票市场同样陷入谷底。[388]德国经济的很大部分崩盘，公司倒闭潮以及1931年的银行危机都证明了这一点。美国撤回贷款，不仅仅是因为美国自身的经济危机，还因为外国对德国维持政治经济的能力稳定失去信心。

　　总的来说，1929—1931年以来轮番加剧的问题已完全堆积在一起。世界经济危机袭击的是一个本已虚弱无力的经济体。在魏玛共和国时期，德国经济始终未能真正得以可持续恢复，其结构缺陷如今已一览无遗。

　　人们经常会问，像2008年这样的经济危机或是欧盟国家在最近十年面临的严重的债务危机与1929年开始的世界经济危机是否有可比性？虽然两者在某些部分，例如南欧国家极端的失业率、居高不下的国债、盘根错节的世界经济以及银行结构性的流动不足等方面有着相似之处，但截然不同的语境和因素大大限制了其可比性，尤其是当今现代福利国家的保险体系为失业保险所规划的金额远高于当时，因此有效防止了魏玛共和国时期大规模贫困的发生。因此，虽然在联邦德国70年的历史里也曾屡次出现高失业率，但自从1950年，即联邦德国成立的第一年失业率达到10.1%的峰值后，这一数字持续下降，5年后便已减半。到了20世纪60年代则实现完全就业。但即便是2005年最高的11.2%的失业率也远低于1932年29.9%的平均值。总的来说，自1949年以来，德国再未出现像1930—1933年那样影响范围如此广泛的失业情况，联邦德国也再未发生过1922—1923年这样的通货膨胀，因此也未出现过可以与之比拟的结构性经济动荡。

　　如果说我们能从魏玛乃至其他国家的经济灾难中吸取什么

教训，教训就是：鉴于当时就已存在的势必导致辩证反应的国际经济的相互交织，任何工业国家都不可能在世界经济危机中独善其身，更不要说倚重外贸出口的国家。一个国家能在多大程度上经受住这样的危机，取决于其自身的经济和金融稳定性，即主要看它的预算政策。对此的关键指标是：国债和私营企业债务越高，国家的风险就越大，遇到危机时社会的腐蚀就越严重——它是对于贫穷化的集体恐惧、大规模绝望以及政治恐慌反应的前提。这一发展为煽动者充满仇恨的蛊惑提供了最肥沃的土壤，他们杜撰出造成灾难性的经济与社会局面的替罪羊，同时承诺找到对于复杂问题简单而迅速的解决方法。

1922—1923年前国家欠下的巨债直到1924年后才因接受大规模贷款而得以覆盖，这毫无疑问是1929—1930年起的世界经济危机为何在德国造成如此惨烈影响的主要原因。近10年来，南欧欧元国家的债台高筑以及2008年普遍的金融银行危机也可能造成这样的严重后果。只是联邦德国挺过了2008年的金融危机，而魏玛共和国惨遭1931年危机的清洗，可见稳定的经济是抵御危机的第一要素。只有财政预算相对稳定的国家才能长期通过社会保险体系补偿和资助大规模失业潮，2005年的德国就是这么做的。最后，无论是当时还是今日，有一点是毋庸置疑的——推迟解决问题只是表面上赢得了时间，而事实上问题只会因此加剧和堆积。紧接着的关键问题是：在叠加了社会政治因素后，自1929—1930年以来的议会政党体系是否有能力做出经济政治方面的必要决定？

这里简单提到的包括经济因素在内的重负与魏玛宪法的制度框架相互影响。毫无疑问，仅凭一部宪法不足以驾驭根本性的国家与社会危机。然而抛开这一原则性的原因不谈，魏玛宪法和它的政党体系本身的致命性缺陷非但没能在面对危机时建立宪法屏障，反倒是加剧了危机。但我们也不能忘记，魏玛宪法并没有那么的不完整，如果生在一个政治相对稳定的年代，它很可能会大放光彩。例如，虽然历史与国情不同，但1958年建立的法兰西第五共和国相类似的宪法结构就恰恰通过加强总统权限（当然也更持久）起到了维稳的作用。

值得一提的是，即便共和国在1929—1930年开始陷入危机之时，魏玛宪法也仍然发挥着作用。希特勒夺权绝非必然，只要当时灾难性的人事任命，即1925年和1932年旧帝国的陆军元帅冯·兴登堡两度当选总统有所改变，就可能带来截然不同的结果。可以肯定，如果总统是弗里德里希·艾伯特或是1925年落选的威廉·马克思，他们绝不会任命冯·帕彭、冯·施莱谢尔乃至希特勒为总理。如特奥多尔·艾申伯格几年前所预言，到了魏玛共和国末年，个人因素在政治决策中将起到举足轻重的作用。最糟糕的是魏玛宪法中压倒性地混入了代表、总统乃至公投元素。如果总统始终按宪法精神办事，那么他只能任命一个至少有可能获得议会信任的人选为总理。但1932年5月30日布吕宁倒台后任命冯·帕彭为总理就已经违背了宪法精神，因为一开始就很清楚，别说议会大多数，就连议会较强少数派都不会支持后者执政：1932年9月12日，议会以512对42票废除了由他提出的紧急命令要求，并通过一份针对他的不信任案。结合专制保守主义总理这一毁灭性的议会败绩，在兴登堡的许可下由他发起的解散议会行动毫无疑问有悖魏玛宪法的精神，但通过这一方式，冯·帕彭避开了议会废除紧急命令的权力（48条第3段）。

多条宪法条款（25条、53条与48条）的结合使得上文提到的总统备用法得以实践，与此同时被损害的则是议会体系，议会的立法及监管职能一时被架空。

另外，执行这一备用宪法的可能性使得政党们在1930年大联盟瓦解之际得以不再被迫做出妥协。人们远离了议会决策和妥协的艰难道路。在1930年后，因政党和议会不再行使职责而导致的权力中空里势必渗入其他的宪法机关。

对于第二个问题我们可以认为，魏玛共和国从始至终都受到危机的动摇。因为对真实起因的错误判断，战败的经济与社会恶果迟迟无法消除。20世纪20年代的德国人始终与危机共存，1920年春的鲁尔工人大罢工和卡普暴乱，法国对鲁尔区的占领以及1922—1923年席卷德国的通货膨胀，使巴伐利亚、萨克森和图林根陷入特殊状态的内政危机，因各种赔款条约而起的持续的政治斗争（例如1924年的道威斯计划，1929—1930年的杨格计划），社民党、中央党和德国民主党内忠于宪法的共和党人被德国民族人民党以及其他右翼保守党派造谣中伤为"11月的罪犯"、妥协政治家或是叛国贼。魏玛共和国从来不得安宁，它仅存在于世短短14年，几乎年年都处于危机四伏的严峻局面之中。

1925年弗里德里希·艾伯特去世后，总统之位就再难寻得坚定的共和派担任了。直到1929年春，兴登堡还努力按照宪法行使职权，以至民主党派们在1932年还将他视为民主制的最后堡垒，但依靠兴登堡来拯救魏玛共和制的机会事实上微乎其微。1932年，兴登堡的竞争对手是阿道夫·希特勒，后者在1932年4月10日第二轮选举中获得了1341万张选票，而兴登堡获得1935.9万张，共产党候选人泰尔曼则赢得370万选民支持。因此到了1932年，事实上忠于共和国的民主党人除了兴登堡以外早已别无选择。

魏玛共和国的稳定遥不可及。1918—1919年的革命并没有带来整个20世纪20年代乃至30年代早期的民主制稳定，也没能使人们认同彼时引入的国家与宪法秩序。如选举结果所示，广大群众并没有接受新秩序的合法性。早在1919年，恩斯特·特勒尔奇就提出了发人深省的问题，即人们需要多少时间承认新宪法的合法性。而社会学家特奥多尔·盖戈尔则总结道："从实在法的视角来看，只要新的权力形式尚未合法化，革命的承载者们就仍然是'罪犯'，但一旦实现合法化，那么旧制度的捍卫者就会沦为'罪犯'。"[389]事实上，在整个魏玛共和国存续期间，大多数民众始终认为政治家们捍卫被革命所取代的旧宪法，同时拒绝接受新宪法是合法的——很多人反而视民主制的建立者为"11月的罪犯"。诚然，任何新宪法都需要时间来扎根于民众的意识中，更何况这还是一部通过革命建立的宪法，但魏玛共和国根本没有这样的时间。

任何一场革命，无论合法与否，都会动摇人们的法制意识，动摇被波及者的思想与行动的政治立场。如果一场革命未能在大多数民众中贯彻自己的建设性理念，那么革命内在的毁灭性特质就会发挥更大作用。宪法法律的不确定性日增，其合规性却被反复质疑。从这一角度来看，1918—1919年的历史，即革命党人的自我认知以及民众对此的传播学、科学乃至首要的精神接受，是一个将共和国的开始与终结归入受革命史限定的相互关系的过程。比起将纳粹夺权视为对1917年布尔什维克革命和1918—1919年德国革命的回应的阐释（恩斯特·诺尔特语），这一相互关系更加多维。

关于第三个问题可以这样理解：照理说，事实终结了1918

年开始的革命，魏玛共和国及其宪法理应获得长久的认可，但在整个共和国存续期间，国家和社会的新秩序从来没有达成过肯定的基本共识。恩斯特·诺尔特所说的左翼的不满和右翼的煽动之所以能大展拳脚，是因为即便是政治中间派，即魏玛三党也只是半推半就地捍卫着新兴的共和国（虽然我们并不能因此否认社民党、中央党以及德国民主党人为魏玛共和国所做出的巨大贡献）。

这是认识从建立伊始就伴随魏玛共和国的根本动荡的新角度。无畏的民主党人面对民主制的极端主义敌人，这些敌人不仅视共和国的支持者为政治异己，还想要从精神上加以毁灭。共产党、德国民族人民党和其他极端右翼组织，以及首当其冲的纳粹党都属此类。魏玛共和国的政治氛围越来越被敌意所主宰。

除了致力于克服现实及政府危机，魏玛共和国也始终在讨论各种改革方案。这些改革方案也证明了共和国的摇摇欲坠。除了国家改革的考量以及对普鲁士问题的解决方案的建议，自1930—1931年来人们越来越多地尝试借助半专制，及至1932年起完全专制的治国理念来解决共和国的危机。包括来自两个极端阵营以外的不少政治家，都将危机用作推行专制—阶级化立宪制国家及社会宪法的动力。魏玛各党派普遍意识到，现有的政治格局无法继续维系。到了共和国末期，只有少数政治家愿意再给共和国机会。自1930年3月大联盟瓦解起，维系魏玛宪法基本结构就不再是重中之重。彼时的核心问题是：应当怎样改革共和国，共和国的遗产中值得保留些什么，又能够保留些什么？

这一结构有助于我们理解纳粹的成功，对于许多当时的民众来说，席卷共和国、拥有越来越多拥趸的纳粹风暴只是魏玛共和国明显的执政缺陷所激发的众多替代品之一。与共和国本身一样，它日后的产物，即纳粹党同样诞生于危机之时，同样承诺解决危机。但魏玛共和国的危机解决能力与日俱减，1930年起议会越来越无法达成妥协，也因此越来越丧失行动力，总统的权力得到实际增强，魏玛的"半议会制"变成了总统制政府体系。这一宪法变革受到了从右翼到中间党派的欢迎，而硕果仅存的大型民主政党——社民党虽然坚定拒绝政治势力向总统倾斜，却早已无法制止这一悄无声息的宪法变革，尤其是它还在1930年因为自己的过错而被踢出了政府。

自1930年起寻找危机出路的所有政治团体中，复辟主义党派，即政治意义上的反动党派绝不是最强大的——对于立宪君主制的单纯复辟及其所承载的社会宪法在共和国期间从来没有寻到过真正的机会。虽说冯·帕彭或是兴登堡之流的反革命政策也对共和国的覆灭起到推波助澜的作用，但它仅仅是破坏性的。自1919年起潜伏着的革命的不安中，有一个政治"运动"得到了最好的机会，此时它已凭借"国家社会主义运动"这一称呼与不受爱戴的魏玛政党国家分道扬镳，它摒弃多元利益和政党分裂，承诺会推动政党融合，为挣扎着想要摆脱1918年的"城堡和平政策"及其幻象，并因此真正意义上已四分五裂的民众创造了一种新的统一身份模式。当然，这一结论绝不是宣称应当正面评价这种形式的意义（何况它还充满了仇视、敌意和偏见）。我们只是想说：在这样的历史语境中，大批民众认为纳粹意识形态是正面积极的，尤其是从不受魏玛共和国束缚的年轻一代。必须注意的是，这一代人的职业、社会及经济前景非常暗淡：他们很大程度上失去了在社会上的立足之本，觉得自己被骗走了未来。

尽管1930年前就存在诸多重负和结构缺陷，但导致魏玛政党体系崩溃的关键还数1930年9月的那场选举，以及已笼上恐怖主义阴影的1933年5月5日选举之前的多次选举结果。在仅仅两年半的时间内，不仅举行了4次议会选举，还有1932年的总统选举以及众多地方议会选举。从宪法意义上看，仅仅是这些扎堆的选举就使魏玛共和国几乎带上了公投的色彩。对比1928年的选举，选民的大量流动以及投票率变化表明了魏玛共和国的政治动荡。

1928年议会选举投票率为74.6%，为历年最低，与之相对，魏玛联盟三党以46.8%的选票获得1920年以来的最佳战绩。对民主党派最不利的一次选举，即1933年5月5日的议会选举以88.04%的投票率占据历年最高，但魏玛三党只获得了30.3%的选票。尤其值得注意的是两个自由主义政党，即德国民主党和德国人民党的落败，两党的票数总和从1928年的13.6%跌至1933年的1.9%。德国民主党和德国人民党的损失超过10%，而中央党在1928—1933年间只下跌了0.9%，基本持平。德国共产党从10.6%升至12.3%，而纳粹党的得票率则从1928年的2.6%一跃至43.9%。当然，纳粹恐怖主义以及潜在社民党及共产党选民的极度惊恐是造成这一选举结果的重要因素。共产党的选票只是小幅提升，这对于一个极端政党来说并不常见。虽然它在数月前1932年11月6日的议会选举中已经获得16.9%的选票，但1933年3月的选举结果还是低于它的最好成绩。除了威胁，极端主义选民的流失也是原因之一。

1928—1933年议会选举结果

	1928	1930	1932. 7. 31	1932.11.6	1933.3.5
投票率	74.6 %	81.4 %	83.39 %	79.93 %	88.04%
社民党	29.8	24.5	21.6	20.4	18.3

续表

	1928	1930	1932. 7. 31	1932.11.6	1933.3.5
中央党	12.1	11.8	12.4	11.9	11.2
德国民主党	4.9	3.8	1.0	1.0	0.8
德国人民党	8.7	4.5	1.2	1.9	1.1
德国民族人民党	14.2	7.0	5.9	8.3	8.0
德国共产党	10.6	13.1	14.3	16.9	12.3
纳粹党	2.6	18.3	37.3	33.1	43.9
原魏玛联盟	46.8	40.1	35	33.3	30.3

1. 结果是，政治自由主义落入几乎无足轻重的地位。尤其是代表性的宪法政党、1919年在魏玛宪法的撰写中扮演了决定性角色的德国民主党的没落，象征民主共和国的覆灭。

2. 除了自由主义中间党选票被蚕食以外，右翼保守党派的失败也值得一提——例如，德国民族人民党的支持率从1928年的14.2%下降至1933年的8%。它的失败很大程度上成就了纳粹党。从政治上看，在主席阿尔弗雷德·胡根贝格的影响下越来越具有民族主义与右翼保守主义倾向的德国民族人民党逐渐成为纳粹党的依附。

3. 一方面，政治天主教，即中央党（包括巴伐利亚的巴伐利亚人民党）尚能坚守阵地。

4. 另一方面，社民党失去了超过10%的选民，但仍是仅次于纳粹党的第二大党。

1930年3月关于失业保险的争论中，因为社民党的原因而致使执政联盟分裂，导致1930年9月14日不得不举行带来灾难性结果的选举，自此议会再没能结成民主派的大多数。社民党、中央党、德国民主党和德国人民党相加也只获得了44.6%的选票。虽然坚定的反民主阵营以38.4%的支持率同样未能赢得绝对多数，但若考虑到各种小党派中只有极少部分支持议会制政府体系，可以说议会的多数派是在民主制和反民主制之间左右摇摆。从这一角度看，布吕宁的半议会政府和帕彭及施莱谢尔的公开反议会政策并非原因，而是议会职能缺失以及总统权力乃至魏玛宪法的公投因素抬头的结果。

毫无疑问，1930—1932年布吕宁的两届政府不惜一切代价以整顿财政为目的的通货紧缩政策加重了经济危机，但当时是否真的有其他可能性，至今仍存在争议。任何对1930年后的经济、金融和内政政策的评估都必须注意，德国人在1922—1923年间所经历的通货膨胀导致无论是政界还是民间都普遍存在反通胀的基本态度。此外，布吕宁在经济政治上想要得到快狠准的效果也需要更具说服力的论证。

另外，布吕宁利用德意志帝国自1930年来的国家与经济危机做到以下几点是不争的事实[390]：

1. 在总统制的意义下阐释魏玛宪法，

2. 整顿财政，

3. 将赔偿一笔勾销。

但在做出这样的总体评价时必须注意，虽然布吕宁利用危机达成自己的政治目标，但他并没有造成危机，也不能肯定地宣称他的政策加深了危机。至于布吕宁的政治目标是什么，想要回答这一问题，必须相应考虑当时的社会语境，其中包括政党议会制自1930年9月14日起就已名存实亡这一事实。

这也是为何像社民党这样完全不赞同布吕宁的政治目标的政党从1930年春天起暂时决定"理性共和主义"式地宽容总理政策，并自1930年9月起成为常态的深层原因之一。就像1932年兴登堡赢得总统选举对社民党来说只是个无伤大雅的不快，虽然对布吕宁有着诸多厌恶，社民党也找不到替代之选。

尤其是在1932年7月20日的普鲁士政变后，冯·帕彭和冯·施莱谢尔的政府反证了这一判断。也恰恰是此时，普鲁士的魏玛联盟和国家层面对布吕宁的少数派政府的宽容之间的密切关联才显现出来，因为在这两个事件中，社民党和中央党都出于政治理性的原因进行了合作。想要将布吕宁的政府和他的继任者们区分开来，必须强调的是，布吕宁多少还是尝试着获得议会多数派的宽容。他所推行的政策虽不合乎议会原则，但也并非坚定的反议会。另一方面，诚如卡尔·迪特里希·布拉赫所言，恰恰是因为布吕宁政府的合法化特质推动了民主制权力的覆灭。因为通向总统制的道路越长，就越需要议会的宽容。随着布吕宁的倒台，政府和议会对总统的依赖变得昭然若揭，在公众眼里，政党的政治角色越来越微不足道。

自弗朗茨·冯·帕彭于1932年6月1日执政起，议会就彻底沦为总理算计的对象，并最终在总统的支持下发动对普鲁士的政变，以此攻陷"民主制的堡垒"。普鲁士之所以被视为民主制的堡垒，并不仅仅因为它直到那时都保留着三个民主派魏玛联盟政党的政府，还因为它拥有一支直到这一时刻都为维护宪法恪尽职守的近10万人的超强警察部队。

借议会解散之机对总理发起的不信任案导致了1932年11月的大选，这证明即便是布吕宁时代标志性的半议会制政府也与帕彭相去甚远，后者甚至都没获得议会10%的支持。其结果是库尔特·冯·施莱谢尔的组阁，这是一次仅持续了两个月的实验，这位政治抱负远大的将军试着在政党之外缔结一个以格里高利·施特拉瑟为核心的由国防军、工会以及纳粹党左翼组成的联盟。施特拉瑟的尝试一开始就注定是失败的，因为工会并不想参与这场游戏，而他在纳粹党中只代表少数派，希特勒很快就剥夺了他的权力。

1933年1月30日，虽然年迈的冯·兴登堡总统百般不愿，还是迫于周围的压力任命阿道夫·希特勒为总理。与他的前任们不同，作为无可争议的最大党的代表，希特勒凭借纳粹党（33.1%）和德国民族人民党（8.3%）获得了议会较多数支持，其任命似乎合乎法规，但因这一政府仍未获得议会多数票，因此在仅仅8个月时间里便举行了第三次选举。1933年2月28日的《国会纵火案法令》表面上合法化了主要针对左翼政党，尤其是共产党的政治左翼主义，它废除了一部分基本法，并在总统的同意下宣布进入永久紧急状态。在1932年11月6日选举中已经比同年7月31日丢失了4.2%选票的纳粹党为何能在1933年5月5日与德国民族人民党携手赢得议会多数支持，也许只有在上述种种情况下才可以解释。所有证据都表明，如果没有这一恐怖主义，纳粹党的支持率还会继续回落，或至少不会提升。但即便是借助这一恐怖统治，纳粹党还是没能获得绝对多数。

尽管如此，对于1932—1933年的选举，人们不由发问：纳粹党的选民们从何而来？对此存在诸多社会学及历史编纂学的阐释，且都已有同时代的榜样。[391]

问题的出发点在于其成员的社会基础，时间分为1930年前，1930—1933以及1930年后。在1930年选举大获全胜前，纳粹党大约有12.1万名党员，1933年变为67万。这些成员的职业与社会阶层各不相同，有的比较重要，有的则无足轻重。这一不平衡的比例，说明纳粹主义对于每个社会阶层的吸引力大相径庭。这些关于纳粹党员社会结构的数据发人深思，但还不足以对其选民的变化做出经验性解释。

1933年前纳粹党的社会结构[392]
（国家层面以及纳粹党内不同社会及职业分布）

就业者		国家层面（1925年人口普查）	纳粹党内（1930年9月14日前）		新纳粹党员（1930年9月14日至1933年1月30日）		纳粹党员占总就业人数的百分比（1933年1月30日前）
				（%）		（%）	
				（%）		（%）	
工人		14443000	45.1	34000	28.1	233000	33.5	1.9
自经营者	a）农林业（农场主）	2203000	6.7	17100	14.1	90000	13.4	4.9
	b）工业及手工业（手工业者和工商业者）	1785000	5.5	11000	9.1	56000	8.4	3.9
	c）贸易与交通业（商人）	1193000	3.7	9900	8.2	49000	7.5	4.9
	d）自由职业者	477000	1.5	3600	3.0	20000	3.0	4.9
公务员	a）老师	334000	1.0	2000	1.7	11000	1.7	}4
	b）其他	1050000	3.3	8000	6.6	36000	5.5	
	职员	5087000	15.9	31000	25.6	148000	22.1	3.4
	协助工作的家庭成员（大多为女性）	5437000	17.3	4400	3.6	27000	4.9	0.6
总计		32009000	100	121000	100	670000	100	2.5

　　值得注意的是，农业主、职员、自主经商者、自由职业者以及底层公务员比例较高，而工人阶级比例则低于平均值。尽管如此，还是有必要在此做一区分，低于平均值的主要是工会领导下的社民主义以及共产主义产业工人阶级。而与之相对，

日后的选举结果表明，纳粹党内及纳粹党选民中的农业工人占比超重。即便产业工人比重偏低，也不能说明整个工人阶级对纳粹主义无动于衷。从绝对数字来看，工人阶级是纳粹党员中占比最大的社会阶层，1933年就占总数的三分之一。如果没有工人的支持，纳粹是不可能发起大规模群众运动的。

上述分析基于地方个案研究和国家层面结果的两相结合。当然，只有具备适用于全国各州、各大中型城市及农村的代表性结果，那些选民运动的众多地方性特质才可以被真正地全面展现。尽管如此，还是可以认为，虽然存在诸多差异，但并没有出现本质性的新认知。[393]

那么，总体评价到底如何呢？根据研究者们的一致共识，1919—1933年间乃至1928—1933年间的选民变化对纳粹主义的崛起产生了决定性影响。仅是上文提到的1928年及1933年参选比例的变化（74.6%变为88.04%）就足以证明选民们的巨大变化。

上述经验性研究表明，无论是魏玛宪法1919年引入的妇女选举权，还是选举年龄降低至20岁都导致了选民群体，即具有选举权的公民以及真正投票的选民的巨变。年轻选民人数激增，在之后的选举中，那些先前没有参加选举的公民也纷纷投出自己的选票，再结合全面的代际更替，以至于到了1933年，产生了一批与1919年第一次国民议会选举时的选举意见截然不同的选民群。

"是谁选择了纳粹党？"这一问题一方面是追问纳粹党选民的政治渊源，另一方面则是追问他们的社会出身。

1930年后，纳粹党主要在新教徒选民中取得巨大胜利，而天主教徒则表现出相当强烈的抵制。如果考虑到社会阶层，那么毫无疑问，职员（即所谓的"新中产阶级"）、农业主和农业工人中——尤其是易北河东岸地区以及石勒苏盖格-荷尔斯泰因州和弗兰肯地区——投票支持纳粹党的人数占比是压倒性的。

人们有理由指出，迅速攀升的失业率和纳粹选票的大涨之间存在直接关联，然而失业率其实更多地增加了共产党而非纳粹党的选民（于尔根·W.法尔特语）。这一结果无可争议，但重点在于关联。虽然共产党更受益于失业率，但纳粹党也从中获益匪浅。

从经济角度看，因为各社会阶级遭受了相同或相似的经济损失以及随之而来的社会降级，可以说失业很大程度上抹平了社会阶级差异，并以此削弱了以意识形态为核心的阶级政党的意义。从严格意义上说，纳粹党被视为一场全面的社会与民族的"运动"绝非巧合。它以反阶级政党，甚至可以说是反政党的形象横空出世，致力挖掘民众中社会形态迥异的抗议潜力。以此，纳粹党从魏玛共和国与日俱增的反政党效应中获得了大众心理学上的有效结果。

纳粹党一方面挑起反市民、反资本主义情绪，它暗示自己是唯一真正的人民党。另一方面，作为已经提到的政党的下属组织，纳粹党代表着"联盟原则在政治体系中的渗透"（汉斯·蒙森语）。纳粹党是"民族与社会抗议的人民党"，从党员、干部阶层、党内精英以及选民等方面看是一个相对年轻的政党。

根据现代选举研究的结果，从政治角度看，1930年纳粹党的选票首先来自至今不曾参加过选举的选民，其次来自曾经的德国民族人民党选民，再次来自曾经的德国民主党以及德国人民党选民。到了1932年，每两名选民中就有一人来自小党，每三人中有一人是自由党人或德国民族党人（J.W.法尔特语）。1932年时，纳粹党的五分之一选民之前从未参加过选举，七分之一是曾经的社民党选民。虽然也有其他党派选民流向纳粹党的情况（例如中央党、德国人民党和德国共产党），但相对来说是微不足道的比例。在1933年3月5日的选举中，从未参选或刚获得选举资格的选民中的60%投票给纳粹党。在1928—1933年的数次选举中，从未参加过选举的选民阵营中总计有将近24%的人流向纳粹党。也就是说，纳粹主义的动员效果竟然从这一人群中赢得了近600万选票，同时还有来自自由党阵营、右翼保守阵营以及小型利益政党的750万选票。即便是梅泽堡这样几乎全是产业工人的共产党堡垒也出现了纳粹党支持者大幅增长的情况，这足以说明基于魏玛社会彻底的政治自由化和盲目化所带来的波动之剧烈。

另外，政治、社会、文化和信仰领域的反对声也同样振聋发聩（M.莱纳·勒皮西乌斯将其称为"社会道德领域"）。相对的，1932年7月，只有七分之一的天主教选民选择了纳粹党，而非基督教选民中则有40%支持纳粹。

至于纳粹党是"中间极端主义"政党（S.M.利普塞特语）的论点，则必须区分对待；纳粹党支持者中60%来自于信仰新教的广义中产阶级，40%来自工人阶级。除了长期因素以外，短期的政治影响也起到了重要作用，例如，1925年兴登堡在总统选举中大获全胜的选区在1933年的选举中也展现出对纳粹党的超高支持率。

与之相对，受天主教思想浸润的地区以及由社民党工会领导下的产业工人则再一次表现出对纳粹主义的坚定抗拒，例如纳粹党在柏林获得31.3%的选票，在科隆–亚琛地区获得30.1%的支持率，均低于平均水平。另外，如果与1932年11月6日的选举结果对比，我们也可以看出希特勒被任命为总理以及纳粹党的选举恐怖主义所带来的负面影响，因为在这最后一场完全自由的选举中，纳粹党在柏林只获得了22.5%的选票，在科隆–亚琛更只有17.4%。但在所有情况里，我们都必须将地域差别和地方特色纳入考量，例如为什么尤其在小地方小城市里，当地的乡绅在政治上特别有所作为。[394]总的来说，在1919—1933年间，特定社会文化领域的政治凝聚力在不断下降，仅仅是受工会领导的工人数量的减少就足以说明这一点：1919年时自由（社民党）工会组织中共计有548万工人，1922年甚至达到789万，但到了1929年，这一数字已下降到仅剩491万。

抛开所有自第一次世界大战以来所产生的社会、政治及经济危机不谈，自世纪之交起便已存在一种暂时的"末世危机意识"（H.蒙森语），经过1914年及1918年的政治事件，这一意识不断得到新的滋养，这从艺术家、文学家和知识分子对魏玛共和国民主制的批判中就可见一斑。同时，这一危机意识激起了人们寻求解脱的渴望，或者说在对政治领袖的渴求中达到顶峰的民族复兴理念。在这一点上，纳粹党宣扬"人民共同体"的理念，声称自己拥有实现全社会复兴、消除阶级对立的方法。这一全面的人民共同体统一理念不仅吸收了大量市民阶层小党派以及自由选民，还或多或少包括了地方社团组织。

这一复杂的混乱局面的结果是：纳粹群众运动及其在选举中获得的成功无法用社会阶层分析的类别来解释。与之相对，必须考虑到上文提到的社会结构变化，尤其是代际更迭以及造成社会和政治迷失的特定社会团体的转型。首先是人数众多的职员阶层，他们中很大一部分是不得不从曾经的法律或经济自营业者转变为职员的。这一变化未必影响他们的经济状况，但对他们的社会自信造成了重创。

这一多样化的结构变化导致传统规范的约束力下降。面对父辈们的社会地位，年轻一代不但觉得茫然无措，地位可危，还常感到未来的一切可能性皆是虚空。这一局面为社会仇恨和政治抗议提供了格外有利的土壤。

1932年冯·帕彭发动普鲁士政变后，一部分在1918—1919年被取代的权力精英实现复辟。直到1933年的纳粹革命才诞生出意识形态上的新政党精英，这些政党精英尽是些失去了社会及职业根基或是社会地位降级的官员。矛盾的是，如今纳粹党的一党专政及其官员取代了他们所反对的议会民主制。纳粹领导层表现出明显的小市民、无产阶级以及农民气质，并在1933年取代了短暂复辟的旧统治阶层以及议会民主派精英们。后者除了在普鲁士自由州得以施展拳脚以外，几乎从未能彻底贯彻自己的理念。

纳粹党人在旧社会的废墟上建立了一个全新的、纯粹以意识形态和政党政治为导向的等级制度。民主党派的议会及管理精英没能在1918—1933年间贯彻自己的政治力量，成为所有民众的代表，着实令人唏嘘。

纳粹党无法归入纯粹的左翼—右翼模式。尽管有许多不合时宜的错误和许多反动的想象，但无论在形式还是内容上，纳粹主义的崛起都意味着新事物对旧事物的胜利。

纳粹主义承诺未来，它的革命特质很大程度上在于它暗示了一个未来的图景——这是1918—1919年的革命者们不曾做到的。早在1931年，汉斯·福莱尔就以这样的句子开启他的《右翼革命》一书："市民社会的战场上正形成一支全新阵线——来自右翼的革命。它拥有蕴含未来密码的吸引力，在说出密码前就已将来自所有阵营的最强硬、最清醒、最吃香的人收入麾下。它还在搜集，但它定会成功。它将摧毁那些旧政党，摧毁他们进退两难的纲领和陈旧死板的意识形态。"[395]这一福莱尔笔下的"保守革命党人"和纳粹的形象并不相符——前者的知识分子和精英特质过于强烈——但两者的敌人形象以及自信乐观则十分相近。这些"保守革命党人"首先为纳粹主义奠定了知识基础，使其得以在缺少自由激情的情况下实现其未来憧憬。与之相对，自由激情更多的是1789—1918年间"经典革命"的标志——无论它们成功与否。这就是右翼革命者和纳粹区分于左翼革命者的特征（后者对天赋人权的理所当然的接受至今仍对革命这一概念提出着道德上的要求——即便这一要求在实践政治中多么无足轻重）。因为纳粹主义缺少这一道德元素，因为它最终野蛮残暴地在意识形态和政治实践中实现了前所未有的血腥独裁，因此直到今日许多历史学家都无法将革命这一概念应用于纳粹分子。

但事实上，纳粹主义，或者说所谓的纳粹夺权是"革命性"的，这要从它的目的、过程和影响说起。卡尔·迪特里希·布拉赫紧接着康拉德·海顿总结道：纳粹主义的历史是它被低估的历史。[396]直至今日人们仍否认其在夺权时便已展现出的"革命"特质就是低估的表现之一。以下是将历史社会学的革命概念（形式概念而非价值概念）运用于纳粹夺权的关键性论点：

纳粹夺权摧毁了至今通行的法律和宪法体系，同时它也一步步以摧毁性行为建立起以专制统治为目的的独裁政权。它建立起意在实现其专制目的的各部委机构，通过关键领导岗位大招聘的方式成立了一支全新的纳粹统治精英团队，并以此大规模取代了魏玛共和国的统治阶级以及旧帝国时代残存的政治精英。

随着纳粹主义的崛起，魏玛宪法和社会体系逐渐分崩离析。若非魏玛共和国国家和社会日益动荡与瓦解，纳粹主义是绝无机会的。社会各阶层的意识形态化、一极化以及政治化这些所有革命都必然具备的特征对纳粹主义也不例外。这一点同样适用于20世纪20年代末30年代初。政治一极化以及借助卡尔·施密特的敌友选项将意识形态合法化演变为对不同意见者的身体毁灭，标志着20世纪20年代便已存在的政治氛围，而纳粹党则以一种难以想象的方式极度加剧了这一氛围。

因统治地位而起的戏剧性冲突是所有革命的必备特征，[397]纳粹夺权也不例外，它始于对最有影响力的部长职位的争夺，紧接着是踢走曾经的盟友，即德国民族党以及其他一些保守党派，最后在对魏玛共和国的宪法机关权力的逐步瓦解中达到高潮。颠覆成功后，所有革命都会试着从相对无计划（包括底层极端革命者在内的行动）过渡到有计划的领导及社会体系变革。纳粹夺权同样具有这一特征。与最初颠覆阶段的极端破坏不同，颠覆计划成功后，取而代之的主要是有计划的意识形态替代体系的建立和长期的变革。

历史社会学的革命模型是由形式上的定义标准而非内容前提决定的。这一误解使得想要将"革命"这一概念应用于纳粹夺权难上加难。外行们往往认为这是概念游戏，但事实并非如此。事实上想要理解某一历史现象，必须赋予其贴切的概念，对该历史现象的正确归类也倚赖于此。我们现在讨论的是历史认知过程中不可或缺的一部分。

　　但纳粹夺权是否是一场革命这一问题还有另一层维度，即司法维度。革命都是"非法的"，它们无视现有法律。不以合法形式，即宪法规定的决策程序废除宪法的行为即是革命性的。持这一观点的人们认为纳粹夺权是合法进行的，而正是这一合法性大大方便了纳粹党人的权力交接。毫无疑问，希特勒在魏玛共和国末年就已施展的合法性策略，以及他借此在1930年9月25日莱比锡国防军诉讼中取得的巨大宣传成功，为他建立独裁统治铺平了道路。即便不能宣称纳粹夺权是合法的，但人们至少可以像约瑟夫·英森瑟表述的那样提起某种"合法化效果"。合法性策略的这一政治影响是毋庸置疑的，但纳粹夺权是在魏玛宪法的精神下合法进行的，且基于这一所谓的合法性不能被称为革命的说法仍然存在争议。事实上，纳粹建立独裁的过程恰恰伴随着一系列违背法律的行为。在任命希特勒出任总理这一尚且合法的步骤之后，1933年2月28日的《国会纵火案法令》就已经是对于法律的第一次严重触犯。在这一紧急法案的基础上，紧接着"罪行法定"这一法律原则被废除。自此，惩治犯罪行为以及做出量刑标准所遵照的法律可能在犯罪行为发生时并不存在。《国会纵火案法令》的诞生致使一系列基本法被废除。1933年3月5日，最后一次相对自由的议会选举举行之日，暴力充斥着街头巷尾。这些暴力行径对选举结果有多大影响很难估算，但可以肯定的是纳粹当权者召集议会后做出的违法行为。他们逮捕了81名共产党代表和一些社民党代表，后者被禁止行使自己的代表权：这一逮捕行为违反了受宪法保护的议会代表的豁免权。而根据魏玛宪法，1933年3月23日为颁布所谓的《授权法》而召开的集会[398]是非法的。

　　根据《授权法》第5条，如果现任政府下台，那么该法也相应失效。剔除胡根贝格这一最重要的联盟伙伴算得上是《授权法》失效的一个原因。但一系列严重的违法行为都表明本就不合法的《授权法》也同样被非法使用着。法律原文规定，由政府颁布的法律不得用于成立议会或帝国委员会，总统的权力不得触犯。但事实上，帝国委员会在1932年2月14日被取消，《授权法》也因此被正式废除。当然，帝国委员会这一机构早在1933年春天因为各州的解散而被剥夺了宪法政治意义。也就是说，帝国委员会失去了魏玛宪法所赋予的职能。

1934年8月2日兴登堡去世后，总统一职与总理合并。"元首兼总理"这一新职务的引入是对授权法的一种相当可疑的解释，但也明确保证了总统的职能。因为只有总统作为独立的宪法机构存在，这一职能的保障才有意义。根据《授权法》第2条，这恰恰是任命宪法机构的前提。

在纳粹建立独裁的过程中，最关键的几步无疑是不合法的。纳粹精通粉饰之道绝不意味着其行为就是合法的，而所谓99%的民众都支持纳粹统治这种公投宣言也绝非事实。

在1933年1月30日至1934年8月2日期间颁布了所有建立纳粹独裁所需的重要法令。其中包括1933年3月31日以及4月7日颁布的所谓各州一体化法案，包括所谓的《在编公务员重建法》（借助这一法律，希特勒得以将犹太人出身或信仰犹太教的德国人以及政治异见者排除在公务员队伍之外），还包括5月2日的工会解散以及6—7月除了纳粹党议会的所有政党的自动解体。1933年7月1日，禁止新建政党的法律锁定了一党专政的国家形式。一系列新部门的建立，政党部门与国家机构的结合以及将所有民众纳入纳粹组织的尝试，还有借助盖世太保和特别法庭（例如，1935年4月24日建立的人民法庭）建立起的恐怖统治。这仅仅只是建立独裁的一系列步骤中的几步。同样值得一提的，是1934年6月30日，对以冲锋队首领恩斯特·罗姆为核心的潜在党内反对势力的铲除，希特勒以此防止了一场可能发生的自下而上的革命（马丁·布若扎特语），使政党免于极端化以及计划外的革命行动的侵扰。随着冲锋队被清除，纳粹领导层确保了与视罗姆军为竞争对手的国防军的绝对合作。像这种政党内部对于确实存在或莫须有的敌人的血腥铲除，在革命过程中比比皆是。

也就是说，纳粹革命有一个漫长的过程，其此起彼伏的高潮对独裁统治的建立产生了深远的影响。这一过程从1933年1月30日一直持续到1934年8月2日。

纳粹政权巩固初期，基于实际抑或是表面的经济、政治及社会繁荣，其统治越来越受到民众的认可。始于1918—1919年革命的不安，以及同样始于彼时的新旧统治阶级的交替得以暂时结束。1933—1934年的纳粹革命，是从1918年开始直到1945年纳粹政权倒台这一整个革命时期的高潮和转折点。在这一过程中，纳粹独裁所追求并最终实现的战争终结了由1933—1934年革命开启的社会革命。这一社会革命很大程度上带来了社会现代化。与此同时，所有旧时代，也即旧帝国的权力精英也纷纷退出了历史舞台。从社会出身、受教育程度、职业生涯，一句话，即社会地位和年龄来看，1933—1934年上台的纳粹统治阶级与1918年前乃至1918—1919年时的统治阶级已大相径庭。政党精英们的上升之道不再是社会出身、教育水平或是行政及司法职业生涯。这一管理层的变化与代际更替相伴相随——"纳粹革命"很大程度上是一场年轻一代的革命，"纳粹革命"第一次为年轻一代以及社会中下层打开了晋升通道。但没过几年，随着第二次世界大战的开始，这一社会、政治以及职业经济前景就被证明是虚幻的，是一条灾难性的迷途——但这一日后的历史经验在1933年显然无法预计。

真正的等级化，即在所有社会阶层引入领袖原则是一种与传统社会结构无关的等级化。就这点而言，虽然本质是反自由和反民主的，但"纳粹革命"恰恰对那些至今被排除在领导之外的社会阶层或是身怀技术创新能力而自觉在纳粹政权中能大有作为的人们有着巨大的社会吸引力。纳粹统治的反市民、反资本主义特性不容忽视，同时诸多反动及反现代目标也往往决定着纳粹党和纳粹德国的对外形象。事实上，人民共同意识形态连同众多社会政治措施使得纳粹党对国家和社会提出完全的统治要求，另外，未来的个人与政党将完全交融。这样一来，旧宪法的政治影响力便失去了根基。

如果考虑到战争对大众的动员，对军队及其社会领导结构的现代化以及由它引起的中欧人口大迁徙，那么纳粹独裁的影响是革命所无法想象的。无论从哪种角度看，纳粹独裁失败后留下的世界发生了"彻底"的改变。无论是1945年后的外交和国际关系，抑或是德国战后社会秩序的内部结构，都清晰体现出纳粹独裁留下的"革命性影响"。社会的现代化影响很大程度上是无心为之且充满矛盾，但它确实存在。除此以外，资产阶级国家、社会以及法律被有计划地破坏，并通过建立一个"人民共同体"取而代之。这一共同体应当实现人种和政治意义上的"人类培育乌托邦"，占领东欧的"生存空间"以及清除自第一次世界大战以来发展形成的欧洲国家体系——作为欧洲雅利安统治人种的纯种日耳曼人。这一类理念与"一战"前及"一战"中的泛欧洲帝国主义以及当时许多国家出现的反犹主义再无关联。但上文提到的法律和道德受到的深重冲击，以及20世纪世界大战和革命带来的价值观崩塌是纳粹独裁导致野蛮化的前提。

1918—1919年革命带来的动荡似乎在1933—1934年转稳，但"革命形势"仍在继续，直到纳粹独裁终结。但在1918—1945年间的"革命"岁月中，1933—1934年纳粹独裁的建立仍是关键性的"革命行动"。

这种说法使用了"革命"这一概念。比起相对而言不知所谓的术语"夺权"，它更适合正确理解纳粹独裁的可怕性及其对人性、自由和民主的彻头彻尾的挑战。

此外，"革命"这一概念更准确地表达了流行于1930—1933年间的群众运动和1933年纳粹争权间的辩证关系。纳粹运动的群众性是希特勒被任命为总理的前提条件。到了共和国末期，纳粹党的支持率比以往任何德国政党都要多得多，其增长势头甚至可能在1933年后仍持续数年。人们常说希特勒在自由选举中从未获得过绝对多数，因为他只是在1932—1933年的议会选举中获得了超过第二名社民党两倍多，超过其他政党数倍的议席。但这不是最重要的。我们这里要说的不是纯粹的"自上而下的革命"，和大多数革命一样，来自上层和下层，来自统治者和大众的革命推动力的相互作用是"纳粹革命"的特征。在1933年1—3月的关键阶段，虽说领导层是第一要素，但街头暴力和大众运动也不可或缺——它们正是总理希特勒在1933年3月5日议会选举公投中获胜的不二法宝。3月5日确定了1月30日的结果，大多数选民认可了德国民族党和纳粹党的"起义政府"，独裁通过公投获得了合法性。

新版补记

新版经过审阅后，在一些地方做了修改，同时增加了新章节，大大扩充了本书内容。因为最初出版地的一系列话题和篇幅的限制，第一版多有缺陷，对此新版有重大变动。图书目录也重新更新。尾注一般只标明原始资料援引，该原则保持不变。

衷心感谢皮珀出版社的伊莎贝拉·雅罗斯在出版和印刷准备方面给予的宝贵支持。

慕尼黑，2018年9月

霍斯特·穆勒

大事年表

1918年

10月28日	宪法改革：帝国实行议会制
11月4日	基尔水兵起义开始
11月7—8日	库尔特·艾斯纳（独立社民党）领导巴伐利亚革命；巴伐利亚共和国宣告成立
11月9日	谢德曼（社民党）在柏林宣告共和国成立；皇帝退位；帝国首相马克西米连·冯·巴登亲王将主管政治事务的总理之位托付给弗里德里希·艾伯特
11月10日	社民党与独立社民党共同组成革命政府——民意委员会
11月11日	马蒂亚斯·埃尔茨贝格（中央党）在贡比涅签署停战协定
11月12日	巴伐利亚人民党成立
11月20日	德国民主党成立
11月24日	德国民族人民党成立
12月15日	德国人民党成立
12月16—21日	柏林的工人与士兵委员会代表大会决定举行国民大会选举
12月23日	柏林人民海军暴乱
12月29日	独立社民党退出民意代表委员会
12月30日	德国共产党成立

1919年

1月5—12日	德国共产党和独立社民党发动"斯巴达克起义"
1月15日	罗莎·卢森堡和卡尔·李卜克内西（德国共产党）遭暗杀
1月19日	国民大会选举
2月6日	国民大会在魏玛召开
2月10日	颁布国家临时秩序法
2月11日	弗里德里希·艾伯特被选为临时总统
2月13日	"魏玛联盟"政府组阁（社民党—中央党—德国民主党），总理：谢德曼（社民党）
2月21日	库尔特·艾斯纳被杀
5月	自由军团铲除4月7日在慕尼黑宣告成立的委员会共和国
6月16日	德国收到接受《凡尔赛和约》的最后通牒

6 月 20 日	谢德曼政府下台
6 月 28 日	签署《凡尔赛和约》
8 月 11 日	总统签署魏玛宪法，宪法于 8 月 14 日正式生效
9 月	埃尔茨贝格的经济改革开始

1920年

3 月 13—17 日	卡普暴乱；工会大罢工。暴乱失败后政府重组
3 月 15 日—5 月 15 日	鲁尔区共产主义起义；4 月 2 日国防军进驻鲁尔区，起义被镇压
6 月 6 日	第一届议会选举：魏玛联盟三党惨败，失去了绝对多数

1921年

3 月 1 日	伦敦赔款会议威胁制裁德国
3 月 8 日	杜伊斯堡、杜塞尔多夫以及鲁尔地区被同盟国占领
3 月 20 日	汉堡和德国中部爆发共产主义起义
5 月 6 日	德国与俄国签署经济协定
5 月 11 日	接受 5 月 5 日的伦敦最后通牒
8 月 26 日	马蒂亚斯·埃尔茨贝格（中央党）被右翼极端分子暗杀
8 月 29 日	总统宣布进入紧急状态；巴伐利亚与国家层面爆发矛盾

1922年

4 月 16 日	德国与俄罗斯签署《拉巴洛条约》
6 月 24 日	外交部长瓦尔特·拉特瑙（德国民主党）被右翼极端分子暗杀
7 月 21 日	颁布《共和国保护法》
8 月	通货膨胀加速

1923年

1 月 11 日	法国及比利时军队进驻鲁尔区；消极抵抗一直持续至 9 月
9 月 26 日	最高级别政府专员冯·卡尔带领巴伐利亚进入紧急状态
9 月 27 日	全国进入紧急状态
10 月 13 日	第一次使用授权法
10 月	通货膨胀势如破竹；萨克森与图林根发生暴动，国家行政与两地矛盾重重
10 月 19 日	国家层面与巴伐利亚陷入分歧（持续至 1924 年 2 月）
11 月 8 日—9 日	希特勒在慕尼黑发动政变
11 月 16 日	发行地产抵押马克，通货膨胀结束

| 11 月 23 日 | 古斯塔夫·施特雷泽曼总理（德国人民党）下台 |

1924年

3 月 1 日	取消紧急状态
5 月 4 日	第二届议会选举；德国共产党和德国民族人民党获胜
8 月 29 日	议会接受道威斯计划（计划规定了赔款范围和支付期限）
12 月 7 日	第三届议会选举（民主党派选票小幅上升）

1925年

1 月 15 日	德国民族人民党加入政府（10 月 25 日退出）
2 月 28 日	总统艾伯特去世，享年 54 岁
4 月 26 日	保罗·冯·兴登堡在选举第二轮以 48.3% 的得票率当选总统
7—8 月	同盟国撤出鲁尔区
12 月 1 日	签署《洛迦诺协定》（德国、法国以及比利时放弃通过暴力争夺共同领土），英军撤出科隆地区

1926年

4 月 24 日	与苏联签订友好中立条约
5 月 5 日	总统颁布国旗法
9 月 10 日	德国加入国际联盟
9 月 17 日	施特雷泽曼与白里安在图瓦里会晤
12 月 10 日	德、法外交部长白里安和施特雷泽曼一同被授予诺贝尔和平奖

1927年

| 1 月 31 日 | 同盟国军事管控委员会解散（裁军监督结束） |
| 7 月 16 日 | 颁布失业保险法 |

1928年

5 月 20 日	第四届议会选举（社民党获得胜利，德国民族人民党遭遇失败）
6 月 28 日	以总理穆勒为首的大联盟政府开始执政（社民党、德国民主党、中央党、德国人民党、巴伐利亚人民党）
8 月 27 日	签署《白里安—凯洛格公约》（非战公约）

1929年

3 月	失业人数升至 280 万
8 月 21 日	签署杨格计划（确立分期付款和赔款期限）
10 月 3 日	外交部长施特雷泽曼（德国人民党）去世
10 月 25 日	纽约股市崩盘，世界经济危机开始

| 12 月 22 日 | 为反对杨格计划发起的全民公投没能获得所需票数 |

1930年

3 月 27 日	穆勒领导的大联盟分崩离析（契机：社民党与德国人民党就失业保险的资助金额无法达成一致）
3 月	失业人数达到 350 万
6 月 30 日	莱茵兰暂时撤军
7 月 18 日	议会解散
9 月 14 日	纳粹党议席在第五届议会选举中从 12 席激增至 107 席（占 18.3%）

1931年

失业人数上升至平均 450 万
6 月 5 日	为了"保障经济与金融"第二次颁布紧急命令
6 月 20 日	美国总统胡佛建议德国赔款暂缓一年（延债宣言）
7 月 13 日	达姆施塔特国家银行破产，银行危机接踵而至
10 月 6 日	为了"保障经济与金融"第三次颁布紧急命令
10 月 9 日	布吕宁第二届内阁
10 月 11 日	"国家反对党大会"在哈尔茨堡举行（哈尔茨堡阵线）
12 月 8 日	为了"保障经济与金融"第四次颁布紧急命令

1932年

2 月	失业人数达到 612.8 万
4 月 10 日	兴登堡在第二轮选举中再度当选总统
4 月 13 日	党卫军（SS）和冲锋队（SA）被禁
4 月 24 日	普鲁士等地进行地方议会选举。"魏玛联盟"失去多数支持
5 月 30 日	布吕宁被迫下台。弗朗茨·冯·帕彭被任命为总理
6 月 4 日	议会解散
6 月 16 日	取消冲锋队禁令
6 月 16 日—7 月 9 日	洛桑会议。终止德国赔款
7 月 20 日	"普鲁士政变"。普鲁士当值政府下台，帕彭被任命为负责普鲁士事务的国家专员
7 月 31 日	议会选举。纳粹党以 37.7% 的选票成为最大党。纳粹党和共产党一同赢得超过半数的代表席位
9 月 12 日	议会以 512 对 42 票通过对帕彭政府的不信任案。议会解散
10 月 25 日	宪法法院就"普鲁士政变"做出妥协判罚

11 月 6 日	议会选举。纳粹党赢得 33.1% 的选票，依然是最大党
11 月 17 日	冯·帕彭内阁下台
12 月 2 日	库尔特·冯·施莱谢尔被任命为总理

1933年

1 月 6 日	希特勒与冯·帕彭进行"科隆谈话"
1 月 28 日	施莱谢尔下台
1 月 30 日	希特勒被任命为总理，冯·帕彭任副总理
2 月 27 日	帝国议会发生大火
2 月 28 日	颁布《人民与国家保护法》（"国会纵火法案"）。德国进入永久性紧急状态。纳粹党针对政治异己者进行恐怖镇压
3 月 5 日	议会选举。纳粹党（43.9%）和德国民族人民党（8%）联手获得绝对多数
3 月 21 日	"波茨坦日"
3 月 23 日	议会颁布《消除人民与国家贫困法》（授权法）。自此，希特勒政府颁布法律不再需要获得议会同意。
3 月 31 日	颁布第一部国家与地方一体化法案
4 月	颁布第二部国家与地方一体化法案（国家代理官法）
5 月 2 日	工会解散
6—7 月	除了纳粹党以外的所有政党（自动）解散

魏玛共和国政府的重要官员

起始日期	总理	副总理	外交部长	内政部长	国防部长	经济部长	财政部长	粮食部长	劳动部长	司法部长
1919年2月13日	谢德曼（社民党）	西弗尔（德国民主党），自1919年4月30日起：德恩伯格（民主党）	布洛克多夫－朗茨夫·德恩伯爵（无党派）	普罗伊斯（德国民主党）	诺斯克（社民党）	维塞尔（社民党）	西弗尔（德国民主党），自1919年4月19日起：德恩伯格（民主党）	施密特（社民党）	鲍尔（社民党）	朗斯贝格（社民党）
1919年6月21日	鲍尔（社民党）	埃尔茨贝格（中央党），自1919年10月2日起：西弗尔（德国民主党）	H·穆勒（社民党）	大卫（社民党），自1919年10月5日起：科赫（德国民主党）	诺斯克	维塞尔（社民党），1919年7月15日起：施密特（社民党）	埃尔茨贝格（中央党）	施密特（社民党）	施利京（社民党）	自1919年1月2日起：西弗尔（德国民主党）
1920年3月27日	H·穆勒（社民党）	科赫（德国民主党）	科斯特（社民党）	科赫（德国民主党）	格斯勒（德国人民党）	施密特（社民党）	维尔特（中央党）	赫尔姆斯（中央党）	施利克（社民党）	布伦克（德国民主党）
1920年6月21日	费伦巴赫（中央党）	海因策（德国人民党）	西蒙斯（无党派）	科赫（德国民主党）	格斯勒（德国人民党）	绍尔茨（德国人民党）	维尔特（中央党）	赫尔姆斯（中央党）	布朗斯（中央党）	海因策（德国人民党）
1921年5月10日	维尔特（中央党）	鲍尔（社民党）	罗森（无党派）	格拉特瑙尔（社民党）	格斯勒（德国人民党）	施密特（社民党）	维尔特（中央党）	赫尔姆斯（中央党）	布朗斯（中央党）	西弗尔（德国民主党）

续表

起始日期	总理	副总理	外交部长	内政部长	国防部长	经济部长	财政部长	粮食部长	劳动部长	司法部长
1921年10月26日	维尔特（中央党）	鲍尔（社民党）	维尔特（中央党），1922年1月21日—6月24日：拉特瑙（德国民主党）	科斯特（社民党）	格斯勒（德国人民党）	施密特（社民党）	赫尔姆斯（中央党）	赫尔姆斯（中央党），自1922年3月31日起：费尔（巴伐利亚人民党）	布朗斯（中央党）	拉特布鲁赫（社民党）
1922年11月22日	库诺（无党派）	—	冯·罗森贝格（无党派）	奥泽尔（德国民主党）	格斯勒（德国人民党）	贝克尔（德国国民人民党）	赫尔姆斯（中央党）	路德（无党派）	布朗斯（中央党）	海因策（德国人民党）
1923年8月13日	施特雷泽曼（德国人民党）	施密特（社民党）	施特雷泽曼（德国人民党）	索尔曼（社民党）	格斯勒（德国人民党）	冯·劳默尔（德国人民党）	希尔弗丁（社民党）	路德（无党派）	布朗斯（中央党）	拉特布鲁赫（社民党）
1923年10月6日	施特雷泽曼（德国人民党）	—	施特雷泽曼（德国人民党）	索尔曼（社民党），自1923年11月11日起：雅勒斯（德国人民党）	格斯勒（德国人民党）	科特（无党派）	路德（无党派）	冯·卡尼茨伯爵（无党派）	布朗斯（中央党）	拉特布鲁赫（社民党），到1923年11月3日止
1923年11月30日	马克斯（中央党）	雅勒斯（德国人民党）	施特雷泽曼（德国人民党）	雅勒斯（德国人民党）	格斯勒（德国人民党）	哈姆（德国民主党）	路德（无党派）	冯·卡尼茨伯爵（无党派）	布朗斯（中央党）	艾民格尔（巴伐利亚人民党），到1924年4月15日止

续表

起始日期	总理	副总理	外交部长	内政部长	国防部长	经济部长	财政部长	粮食部长	劳动部长	司法部长
1924年6月3日	马克斯（中央党）	雅勒斯（德国国人民党）	施特雷泽曼（德国人民党）	雅勒斯（德国国人民党）	格斯勒（德国人民党）	哈姆（德国民主党）	路德（无党派）	冯·卡尼茨伯爵（无党派）	布朗斯（中央党）	—
1925年1月15日	路德（无党派）	—	施特雷泽曼（德国人民党）	希勒（德意志民族人民党），自1925年10月26日起：路德斯（德国人民党）	格斯勒（德国人民党）	诺伊豪斯（德国民族人民党），自1925年10月26日起：科罗内（德国人民党）	封·施利本（德意志民族人民党），自1925年10月26日起：路德（无党派）	冯·卡尼茨伯爵（无党派）	布朗斯（中央党）	福伦克（中央党），自1925年11月21日起：路德（无党派）
1926年1月20日	路德（无党派）	—	施特雷泽曼（德国人民党）	库尔茨（德国国民主党）	格斯勒（德国人民党）	库尔提乌斯（德国人民党）	莱茵霍特（德国国民主党）	哈斯林德（中央党）	布朗斯（中央党）	马克斯（中央党）
1926年5月16日	马克斯（中央党）	—	施特雷泽曼（德国人民党）	库尔茨（德国国民主党）	格斯勒（德国人民党）	库尔提乌斯（德国人民党）	莱茵霍特（德国国民主党）	哈斯林德（中央党）	布朗斯（中央党）	马克斯（中央党），自1926年7月16日，贝尔（中央党）
1927年1月29日	马克斯（中央党）	赫格特（德国国民族人民党）	施特雷泽曼（德国人民党）	冯·克伊德尔（德国国民族人民党）	格斯勒（德国国人民党），自1928年1月19日起：格罗纳（无党派）	库尔提乌斯（德国国人民党）	科勒（中央党）	希勒（德国国民人民党）	布朗斯（中央党）	赫科特（德国民族人民党）

续表

起始日期	总理	副总理	外交部长	内政部长	国防部长	经济部长	财政部长	粮食部长	劳动部长	司法部长
1928年6月28日	H.穆勒（社民党）	—	施特雷泽曼（德国人民党），自1929年10月4日起：库尔提乌斯（德国人民党）	瑟夫林（社民党）	格罗纳（无党派）	库尔提乌斯（德国人民党），自1929年12月23日起：施密特（社民党）	希尔弗丁（社民党），自1929年12月23日起：摩尔登豪尔（德国人民党）	迪特里希（德国民主党）	维瑟尔（社民党）	科赫（德国民主党），自1929年4月13日起：冯·盖拉尔（中央党）
1930年3月30日	布吕宁（中央党）	迪特里希（德国民主党）	库尔提乌斯（德国人民党）	维尔特（中央党）	格罗纳（无党派）	迪特里希（德国民主党）	摩尔登豪尔（德国人民党），自1930年6月26日起：迪特里希（德国民主党）	希勒（德国民族人民党）	施泰格瓦尔特（中央党）	布雷特（经济党）
1931年10月9日	布吕宁（中央党）	—	布吕宁（中央党）	格罗纳（无党派）	格罗纳（无党派）	瓦尔姆波特（无党派）	迪特里希（德国民主党）	希勒（地方人民党）	施泰格瓦尔特（中央党）	约尔（无党派）
1932年6月1日	冯·帕彭（无党派）	—	冯·诺伊拉特男爵（无党派）	冯·盖尔男爵（德国民族人民党）	冯·施莱谢尔（无党派）	瓦尔姆波特（无党派）	什未林－封·科洛西克公爵（无党派）	冯·布朗男爵（德国民族人民党）	谢弗尔（无党派）	格特纳（德国民族人民党）

续表

起始日期	总理	副总理	外交部长	内政部长	国防部长	经济部长	财政部长	粮食部长	劳动部长	司法部长
1932年12月3日	冯·施莱谢尔（无党派）	—	冯·诺伊拉特男爵（无党派）	布拉特（无党派）	冯·施莱谢尔（无党派）	瓦尔姆波特（无党派）	什未林·封·科洛西克公爵（无党派）	冯·布朗男爵（德国国民族人民党）	绪鲁普（无党派）	格特纳（德国国民族人民党）
1933年1月30日	希特勒（纳粹党）	冯·帕彭（无党派）	冯·诺伊拉特男爵（无党派）	弗里克（纳粹党）	冯·布罗姆贝格（无党派）	胡根贝格（德国国民族人民党）	什未林·封·科洛西克公爵（无党派）	胡根贝格（德国国民族人民党）	塞尔特（钢盔党）	格特纳（德国国民族人民党）

1919—1933 年的魏玛共和国国家选举总览

（人数单位：百万）

	1919 年 1 月 19 日国民大会	1920 年 6 月 6 日第一届议会	1924 年 5 月 4 日第二届议会	1924 年 12 月 7 日第三届议会	1928 年 5 月 20 日第四届议会	1930 年 9 月 14 日第五届议会	1932 年 7 月 31 日第六届议会	1932 年 11 月 6 日第七届议会	1933 年 3 月 5 日第八届议会
总人口数	63.052	59.198	59.198	59.198	62.41	62.41	62.41	62.41	62.41
有选举权的人数	36.766	35.949	38.357	38.978	41.224	42.957	44.226	44.373	44.685
有效票	30.4	28.196	29.281	30.29	30.753	34.971	36.882	35.472	39.343
议席总数	421（423）	459	472	493	491	577	608	584	647
政党	票数 / % / 议席	票数 / % / 议席	票数 / % / 议席	票数 / % / 议席	票数 / % / 议席	票数 / % / 议席	票数 / % / 议席	票数 / % / 议席	票数 / % / 议席
德国民族人民党	3.121/10.3/44	4.249/15.1/71	5.697/19.5/95	6.206/20.5/103	4.382/14.2/73	2.458/7/41	2.177/5.9/37	2.959/8.3/52	3.137/8/52

续表

	1919年1月19日国民大会	1920年6月6日第一届议会	1924年5月4日第二届议会	1924年12月7日第三届议会	1928年5月20日第四届议会	1930年9月14日第五届议会	1932年7月31日第六届议会	1932年11月6日第七届议会	1933年3月5日第八届议会
纳粹党	—	—	1.918/6.6/32	0.907/3/14	0.81/2.6/12	6.41/18.3/107	13.746/37.3/230	11.737/33.1/196	17.277/43.9/288
德国人民党	1.346/4.4/19	3.919/13.9/65	2.694/9.2/45	3.049/10.1/51	2.68/8.7/45	1.578/4.5/30	0.436/1.2/7	0.662/1.9/11	0.432/1.1/2
中央党	5.98/19.7/91	3.845/13.6/64	3.914/13.4/65	4.119/13.6/69	3.712/12.1/62	4.128/11.8/68	4.589/12.4/75	4.231/11.9/70	4.425/11.2/74
德国民主党（自1930年起：德国国家党）	5.642/18.6/75	2.334/8.3/39	1.655/5.7/28	1.92/6.3/32	1.506/4.9/25	1.322/3.8/20	0.372/1/4	0.337/1/2	0.334/0.8/5
社民党	11.509/37.9/163	6.104/21.6/102	6.009/20.5/100	7.881/26/131	9.153/29.8/153	8.578/24.5/143	7.96/21.6/133	7.248/20.4/121	7.812/18.3/120
独立社民党	2.317/7.6/22	5.047/17.9/84	—	—	—	—	—	—	—
德国共产党	—	0.59/2.1/4	3.693/12.6/62	2.709/8.9/45	3.265/10.6/54	4.592/13.1/77	5.283/14.3/89	5.98/16.9/100	4.848/12.3/81

续表

	1919 年 1 月 19 日国民大会	1920 年 6 月 6 日第一届议会	1924 年 5 月 4 日第二届议会	1924 年 12 月 7 日第三届议会	1928 年 5 月 20 日第四届议会	1930 年 9 月 14 日第五届议会	1932 年 7 月 31 日第六届议会	1932 年 11 月 6 日第七届议会	1933 年 3 月 5 日第八届议会
巴伐利亚人民党	—	1.239/4.4/21	0.947/3.2/16	1.134/3.7/19	0.946/3.1/16	1.059/3/19	1.193/3.2/22	1.095/3.1/20	1.074/2.7/18
地方人民党	—	—	—	—	0.582/1.9/10	1.109/3.2/19	0.091/0.3/1	0.064/0.2/—	—
农民党	—	—	—	—	0.481/1.6/8	0.34/1/6	0.137/0.4/2	0.149/0.4/3	0.114/0.3/2
地方联盟	—	—	0.575/2/10	0.499/1.6/8	0.2/0.7/3	0.194/0.6/3	0.097/0.3/2	0.105/0.3/2	0.084/0.2/1
经济党／巴伐利亚农民联盟	0.275/0.9/4	0.219/0.8/4	0.694/2.4/10	1.005/3.3/17	1.397/4.5/23	1.362/3.9/23	0.147/0.4/2	0.11/0.3/1	—
德意志－汉诺威党	0.077/0.3/1	0.319/1.1/5	0.32/1.1/5	0.263/0.9/4	0.196/0.6/3	0.144/0.4/3	0.047/0.1/—	0.064/0.2/1	0.048/0.1/—
其他各党	0.133/0.4/2	0.332/1.2/4	1.166/4/4	0.598/2/4	1.445/4.7/4	1.697/4.9/18	0.609/1.7/4	0.749/2.1/5	0.389/1/4

1919—1933 年魏玛共和国的失业率

年份	劳动人口数（千人）	失业人数（千人）	占工会成员比（%）	占劳动人口数比（%）
1919	16950	—	3.7	—
1920	18367	—	3.8	—
1921	19126	346	2.8	1.8
1922	20184	215	1.5	1.1
1923	20000	818	9.6	4.1
1924	19122	927	13.5	4.9
1925	20176	682	6.7	3.4
1926	20287	2025	18.0	10.0
1927	21207	1312	8.7	6.2
1928	21995	1391	8.4	6.3
1929	22418	1899	13.1	8.5
1930	21916	3076	22.2	14.0
1931	20616	4520	33.7	21.9
1932	18711	5603	43.7	29.9
1933	18540	4804	(46.3)	25.9

参考资料

Unveröffentlichte Quellen

Zur Geschichte der Weimarer Republik liegt eine Fülle ungedruckter und gedruckter Quellen vor. Das ungedruckte Material zur Reichsgeschichte findet sich vor allem in der Abreilung R (Deutsches Reich) de Bundesarchivs in Berlin-Lich-terfelde sowie in Koblenz. Auch die Hauptstaatsarchive der Länder sowie die Stadtarchive enthalten unentbehrliches Quel-lenmaterial. Je nach Themenstellung sind nicht-staatliche Ar-chive und Sammlungen heranzuziehen. Für parteigeschicht-liche Untersuchungen vor allemdas Archiv der sozialen Demokratie der Friedrich-Ebert-Stiftung in Bonn und das Internationale Institut für Sozialgeschichte in Amsterdam. In beiden Sammlungen finden sich Dokumente v.a zur Ge-schichte der SPD und z. T. umfangreiche Nachlässe von SPD-Politikern. Für die Erforschung Weimars bedeutsame Nach-lässe, v. a. von Zentrumspolitikern, sind im Historischen Archiv der Stadt Köln zu finden, z. B. die Nachlässe von Carl Bachem und Wilhelm Marx. Nachlässe finden sich auch in den übrigen Archiven, z. B. der des DDP-Politikers Conrad Haußmann im Haupt- und Staatsarchiv Stuttgart und der von Gustav Strese-mann im Politischen Archiv des Auswärtigen Ames in Berlin. Auch das Bundesarchiv besitzt neben staatlichem Schrifigur große Sammlungen zur Geschichte der politischen Parteien, V:a. DDP und DVP, und cine Reihe von Nachlässen, z. B. von Reichsinnenminister Erich Koch-Weser, Reichskanzler Luther sowie einen Teilnachlass von Reichskanzler bzw. Reichsminis- ter Joseph Wirth (der Hauptteil befindet sich im Original noch im Zentralen Staadlichen Sonderarchiv Moskau, ist in digita-lisierter Form jedoch ebenfalls im Bundesarchiv zugänglich). Wert und Umfang der Nachlässe sind äußerst unterschiedlich, auch die Art der Quellen; sie können z. B. enthalten: Tagebü-cher, Briefe, Kabinetts- und Fraktionsprotokolle, Gesprächs-notizen, Redeentwürfe, Referentenberichte sowie Materialien aller Art. Von vielen führenden Politikern ist kein nennens-werter Nachlass überliefert, so z. B. von Friedrich Ebert. Noch immer existieren außerdem unzugängliche Nachlässe in Privat-besitz.

Die Ermittlung von Archivbeständen lässt sich mittlerweile für alle größeren und zahlreiche kleinere Archive über deren Findmittel m Internet bewerkstelligen. Stellvertretend seien hier nur genannt das Bundesarchiv (http://www.bundesarchiv. de), das Archiv der sozialen Demokratie der Friedrich-Ebert-Stiftung (http://www.fes. de/archive/), das Politische Archiv des Auswärtigen Ames (http://www.auswaertiges-amt.de/ www/de/infoservice/politik) sowie die Archive einzelner Bun-desländer (für Bayern: http://www.gda.de; für Baden-Würt-temberg: http://www.lad-bw.de; für Nordrhein-Westfalen: http://www.archive.nrw.deund andere).[399]

Eine gedruckte Aufstellung zugänglicher Nachlässe mit Um-fangangaben und Stichworten zum Charakter der Ouellen bie-Tel nach wie vor, wenn auch auf dem Stand der Siebzigerjahre, das Verzeichnis der schriflichen Nachlässe in deutschen Archiven und Bibliotheken, Bd. I, I: Die Nachlässe in den deutschen Archi-wen. Bearb. von Wolfgang A. Mommsen, Boppard 1971; Bd. II: Die Nachlässe in den Bibliotheken der Bundesrepublik Deutsch-land, 2. völlig neubearb. Auflage von Tilo Brandis, Boppard 1981.

Gedruckte Verzeichnisse und Findbücher ihrer Bestände, die gelegentlich noch heranzuziehen sind, besitzen ebenfalls alle größeren Archive, stellvertretend: Das Bundesarchiv und seine Bestände. Bearb. von Friedrich Facius, Hans Booms und Heinz Boberach (Schriften des Bundesarchivs, I0), 3.erg. und neube-arb. Aufl. von Gerhard Granier u. a. Boppard 1977. Eine Zu-sammenstellung der - zur Erforschung der Zeitgeschichte unentbehrlichen - Periodika, ebenfalls auf dem Stand der Sieb-zigerjahre, jedoch gelegentlich noch nützlich, bietet: Gert Ha-gelweide, Deutsche Zeitungsbestände in Bibliotheken und Archi-ven. Düsseldorf 1974. Eine spezielle Übersicht zu wirtschafts-und sozialgeschichtlichen Quellenbeständen unter Einschluss der Wirtschaftsarchive: Thomas Trumpp und Renate Köhne, Archivbestände zur Wirtschafts- und Sozialgeschichte der Weima-ver Republik. Boppard 1979 sowie Th. Trumpp in den beiden Bänden zur Inflation (S. u. Feldman).

Veröffentlichte Quellen

Geschichtskalender

Egelhaafs Historisch-Politische Jahresübersicht. Stuttgart 1918 ff. (in Jahresbänden, stärker auf Darstellung und Interpretation der politi-schen Ereignisse ausgerichtet).

Horkenbach, Cuno (Hrsg.): Das Deutsche Reich von 1918 bis Heute. Berlin 1931 (behandelt die Zeit von 1918–1930, jeweils ein-zelne Jahresbände für 1931–1933).

Schulthess' Europäischer Geschichtskalender. München 1918 f.(in Jahresbänden).

Protokolle der Reichs- und Landtage, Verlautbarungen, Statistiken

Berichte und Protokolle des &. Ausschusses über den Entwurf einer Verfassung des Deutschen Reichs. Berlin 1920 (Drucksache Nr. 391) (unentbehrlich für die Verfassungsberatungen).

Heilfron, Eduard (Hrsg.): Die Deutsche Nationalversammlung im lahre 1919 in ihrer Arbeit für den Aufbau des neuen deutschen Volksstaates. 9 Bde., Berlin 1920.

Sitzungsberichte und Drucksachen des Preuischen Landtags 1921–1933, I. -5. Wahlperiode.

Statistische Jahrbücher de Deutschen Reiches, jährlich publiziert.

Verhandlungen der Verfassunggebenden Deutschen National-versammlung. Stenographische Berichte, Bd. 326ff., Berlin 1919 ff.

Verhandlungen de Reichstags. Stenographische Berichte, 1.-7.Wahlperiode, Bd. 344ff., Berlin 1920 ff. (1920–1933).

Weimar-Index. Deutscher Reichsanzeiger und Preußischer Staatsanzeiger. Register 1918–1933, bearb. von Martin Schumacher, Düsseldorf 1988.

Quelleneditionen und Quellensammlungen

Akten der Reichskanzlei. Hrs. von Karl Dietrich Erdmann und Wolfgang A. Mommsen bzw. Hans Booms, Boppard 1968–1990.

Akten zur deutschen auswärtigen Politik 1918–1945. Serie A: 1918–1925. 14 Bde., Göttingen 1982–1995; SerieB: 1925–1933.21 de., Göttingen 1966–1983.

Quellen zur Geschichte des Parlamentarismus und der politi-schen Parteien. Hrsg. von der Kommission für Geschichte des Par-lamentarismus und der politischen Parteien, z. B.:

Die Regierung des Prinzen Max von Baden. Bearb. von Erich Mat-thias und Rudolf Morsey, Düsseldorf 1962;
Die Regierung der Volksbeauftragten 1918/19. Eingel. von Erich Mat-thias, bearb. von Susanne Miller unter Mitwirkung von Heinrich Potthoff, 2 Bde., Düsseldorf 1969;
Zwischen Revolution und Kapp-Putsch. Militär und Innenpolitik 1918–1920. Bearb. von Heinz Hürten, Disseldorf 1977;
Die Anfänge der Ara Seeckt. Militär und Innenpolitik 1920–1922. Bearb. von

Heinz Hürten, Düsseldorf 1979;

Dir Kienjahr 1923– Militar und Innenpolitik 1922–1924– Bearb. non Heinz Hürten, Disseldorf1980;

Winkliberalismus in der Weimarer Republik. Die Führunggremien de Deutschen Demokratischen Partei und der Deutschen Staatspar-It 1918–1933. Engel von Lothar Albertin, bearb. von Konstanze Wigner u. a., Disseldorf r980;

Der Zentralrat der Deutschen Sozialisitischen Republik. 19, 12. 1018–8.4 19r9. Bearb. von Eberhard Kolb unter Mitwirkung von Rein-hard Rürup, Leiden 1968: Die SPD-Fraktion in der Nationalversammlung 19r9–1920. Bearb. von Heinrich Potthoff und Hermann Weber, Disseldorf 1986;

Staat und NSDAP 1930– 1932. Quellen zur Ara Brüning. Eingel. v. G. Schulz, bearb. von I. Maurer und U. Wengst, Düsseldorf 1977;Politik und Wirtschaft in der Krise r930 -1932. Quellen zur Ara Brü-ning. Eingeleitet von Gerhard Schulz, bearb. von Ilse Maurer und Udo Wengst unter Mitwirkung von Jürgen Heideking, Teil I und Il, Disseldorf1980;

Die Regierung Eisner 1918/19. Ministerratsprotokolle und Doku-mente. Eingel. und bearb. von Franz J. Bauer, Düsseldorf r987;

Das »Ermächtigungsgesetz« vom 24. März 1933. Quellen zur Ge-schichte und Interpretation des »Gesetzes zur Behebung der Not von Volk und Reich«. Hrsg. u. bearb. von Rudolf Morsey. Überarb. u. erg. Neuauflage, Düsseldorf 2010.

Die Zentrumsfraktion in der Verfassunggebenden Preußischen Lan-desversammlung 1919–192r. Sitzungsprotokolle. Bearb. von August Herman Leugers-Scherzberg, Diseldorf 1994;

Nationalliberalismus in der Weimarer Republik. Die Führungs-gremien der Deutschen Volkspartei 1918–1933. Bearb. von Eberhard Kolb und Ludwig Richter, Düsseldorf 1999;

Westarp, Kuno Graf. Konservative Politik im Übergang vom Kaiser. reich zur Weimarer Republik. Bearb. von Friedrich Freiherr Hillervon Gaertringen, Düsseldorf 2001.

Die Protokolle der Reichstagsfraktion und des Fraktionsvorstandsder Deutschen Zentrumspartei 1926–1933. Bearb. von Rudolf Mor-sey, Mainz 1969; 1920–192s. Bearb. von Rudolf Morsey und KarstenRuppert, Mainz 1981.

Hubatsch, Walther (Hrs.): Hindenburg und der Staat. Aus den Papieren Hindenburgs von 1878 -1934. Göttingen u.a. 1966.

Jahrbuch der Deutschen Sozialdemokratie für das Jahr 1926. Hi- vom Vorstand der Sozialdemokratischen Partei Deutschlande, Berlin 1927. (Ebenso für die Jahre 1927, 1928,

1929, 1930, 1931, ND Nendeln/Lie. u. a. 1976.)

Nationale Arbeit. Das Zentrum und sein Wirken in der deut-schen Republik. Hrsg. von Karl Anton Schulte, Berlin/Leipzig 1929. Politisches Jahrbuch. Hrsg. von Georg Schreiber, 3 Bde., Mön. chengladbach1925–1928.

Protokoll über die Verhandlungen des Parteitages der Sozialde-mokratischen Partei Deutschlands, abgehalten in Weimar vom 10. bis Is. Juni 1919. Berlin 1919, ND Glashütten i. T. u. a. 1973. (Ebenso mit teils abweichendem Titel für die Parteitage in Kassel 1920, Gör-litz 1921, Nürnberg 1922, Berlin 1924, Heidelberg 192s, Kiel 1927, Magdeburg 1929, Leipzig 1931.)

Quellen zur Geschichte der deutschen Gewerkschaftsbewegung im 20. Jahrhundert. Bd.I-4, bearb. von Peter Jahn u.a., Köln 1985–1988. (Dokumente für die Jahre 1914–1933.)

Allgemeiner Kongreß der Arbiter- und Soldatenräte Deutsch-lands vom 16. bis 21. Dezember 1918 im Abgeordnetenhause zu Ber-lin. Berlin 1919, ND Glashütten i. T. 1972.

Groß-Berliner Arbeiter- und Soldatenräte in der Revolution 1918/19. Dokumente der Vollversammlungen und des Vollzugsrates vom Generalstreikbeschluß am 3. März 1919 bis zur Spaltung der Räteorgane im Juli 1919. Hrsg. und bearb. von Gerhard Engel, Gaby Huch und Ingo Materna, Berlin 2002.

Der Reichsrat. Vertretung der deutschen Länder bei der Gesetz-gebung und Verwaltung de Reiches 1919–1934. Ein biographisches Handbuch. Bearb. von Joachim Lilla, Düsseldorf 2006.

Der vorläufige Reichswirtschaftsrat 1920 bis 1933/34. Eine Doku-mentation. Bearb. von Joachim Lilla, Düsseldorf 2012.

Verfassungsgeschichte, Reich und Länder

Anschütz, Gerard: Die Verfassung des Deutschen Reichs vom I1. August 1919. I4. Auf. Berlin 1933.

Handbuch des Deutschen Staatsrechts. Hrsg. von Gerhard An-schütz und Richard Thoma, 2 de., Tübingen 1930.

Hue de Grais, Graf Robert u. a. (Hrsg.): Handbuch der Verfas-sung und Verwaltung in Preußen und dem Deutschen Reiche. 23.Aufl. Berlin 1926.

Poetsch, Fritz: Vom Staatsleben unter der Weimarer Verfassung (1920–1924). In: Jahrbuch des Offendichen Rechts der Gegen-wart 13 (1925), 17 (1929), 21 (1933/34).

Poetzsch-Heffter, Fritz: Handkommentar zur Reichsverfassung. 3.Auf. Berlin 1928.

Preuß, Hugo: Reich und Länder. Bruchstücke eines Kommentarszur Verfassung des Deutschen Reiches. Hrsg. von Gerard An-schütz, Berlin 1928.

Preuß, Hugo: Staat, Recht und Freiheit. Tübingen 1926, ND Hil-desheim 1964.

Preuß, Hugo: Um die Reichsverfassung von Weimar. Berlin 1924.

Preußische Gesetzessammlung. Berlin 1918 ff.

Reichsgesetzblatt. Hrsg. im Reichsministerium des Innern, Ber-lin 1918 ff.

Schmitt, Carl: Die geistesgeschichtliche Lage des heutigen Par-lamentarismus. 2. Aufl. Berlin 1926, ND 1969.

Schmitt, Carl: Verfassungslehre. Berlin 1928, ND 1970.

Triepel, Heinrich: Quellensammlung zum Deutschen Reichs-staatsrecht. S. Auf. Tübingen 1931.

Verfassungsausschuß der Länderkonferenz. Beratungsunterlagen 1928. Hrsg. vom Reichsministerium des Innern, Berlin 1929.

Ziegler, Wilhelm: Die deutsche Nationalversammlung 1919/1920 und ihr Verfassungswerk. Berlin 1932.

Politische Memoiren, Reden, Persönliche Zeugnisse

Abernon, Viscount: Ein Botschafter an der Zeitenwende. 3 Bde., Leipzig 1929–1931.

Becker, Carl Heinrich: Internationale Wissenschaft und natio-nale Bildung. Ausgewählte Schriften. Hrsg. von Guido Müller, Köln u. a. 1997.

Braun, Otto: Von Weimar zu Hitler. 2. Aufl. New York 1940, ND Hildesheim 1979.

Brecht, Arnold: Aus nächster Nähe. Lebenserinnerungen 1884–1927. Stuttgart 1966.

Brecht, Arnold: Mit der Kraft des Geistes. Lebenserinnerungen. Zweite Hälfte 1927 -1967. Stuttgart 1967.

Brüning, Heinrich: Memoiren 1918– 1934. Sturgart 1970. (Zum Authentizitätsproblem: Morsey, Rudolf: Zur Entstehung, Authent. Zitär und Kritik von Brünings Memoiren 1918 -19344. Opladen 1975, (kritische Ausgabe i. Y, voraussichtlich Düsseldorf 2018).

Curtis, Julius: Sechs Jahre Minister der Deutschen Republik Heidelberg 1948.

Dittmann, Wilhelm: Erinnerungen. Bearb. und eingel. von Jür-gen Rojahn. 3 Bde., Frankfurt a. M., New York 1995.

Ebert, Friedrich: Schriften, Aufzeichnungen, Reden. 2Bde, Dresden 1926.

Ein Demokrat kommentiert Weimar. Die Berichte Hellmut von Gerlachs an die

Carnegie-Friedensstiftung in New York 1922–1930. Hrsg. von Karl Holl und Adolf Wild, Bremen 1973.

Feder, Ernst: Heute sprach ich mit ... Tagebücher eines Berliner Publizisten 1926–1932. Hrs. von Cécile Lowenthal-Hensel und Arnold Pucker, Stuttgart 1971.

Friedensburg, Ferdinand: Lebenserinnerungen. Frankfurt a. M., Bonn 1969.

Gessler, Otto: Reichswehrpolitik in der Weimarer Zeit. Stuttgart 1958.

Grzesinski, Albert: Im Kampf um die deutsche Republik. Erinne-rungen eines Sozialdemokraten. Hrsg. von Eberhard Kolb, Mün-chen 2001.

Die Tagebücher von Joseph Goebbels. Im Auftrag des Instituts für Zeitgeschichte hrsg. von Elke Fröhlich, Teil I, I,1-2,3, Oktober 1923–März 1934, München 2004–2006 (inges. 6 Bde).

Haffner, Sebastian: Geschichte eines Deutschen. Die Erinnerun-gen 1914– 1933, Stuttgart, München 2000.

Heuss, Theodor: Hitlers Weg (1932), ND mit einem Geleitwort von Wolfgang Gerhardt und einem Nachwort von Werner Treß, Hildesheim u. a. 2008.

Heuss, Theodor: Erinnerungen 1905–1933. Tübingen 1963.

Hess, Theodor: Bürger der Weimarer Republik. Briefe 1918–1933. Hrsg. und bearb. von Michael Dorrmann, München 2008.

Heuss, Theodor: In der Defensive. Briefe 1933–1945. Hrsg. und bearb. von Elke Seefried, München 2009.

Hindenburg, Paul von: Briefe, Reden, Berichte. Hrsg. von Fritz Endres, Ebenhausen 1934.

Hirschberg, Max: Jude und Demokrat. Erinnerungen eines Münchener Rechtsanwalts 1883–1939. Hrs. von Reinhard Weber, München 1998.

Hider. Reden, Schriften, Anordnungen. Februar 1925–Januar 1033. Hrs. vom Institut für Zeitgeschichte, 9 Bde., München 1992–199; Der Hitler-Prozeß 1924. Hrs. von Lothar Gruchmann, Rein-hard Weber und Otto Gritschneder, 4 Bde., München 1997–1999.

Hoegner, Wilhelm: Die verratene Republik. Deutsche Ge-schichte 1919–1933. 2. Aufl. München 1979 (zuerst 1934).

Keil, Wilhelm: Erlebnisse eines Sozialdemokraten. 2 Bde., Stutt-gart 1948.

Kessler, Harry Graf: Tagebücher 1918–1937. Hrs. von Wolfgang Pfeiffer-Belli, Frankfurt a. M. 1961.

Kessler, Harry Graf: Das Tagebuch 1880–1937, Bd. 6(1916–1918) ff., Stuttgart 2006ff.; Bd. 7, 8, 9 (1919–1937), Stuttgart2007, 2009, 2010.

Keynes, John Maynard: Krieg und Frieden. Die wirtschaftlichen Folgen des Vertrags von Versailles, ND 2006 (Engl. Original 1919, Dt. 1920).

Klemperer, Victor: Leben sammeln, nicht fragen wozu und wa-rum. Tagebücher 1918–1924. Hrsg. von Walter Nowojski unter Mit-arb. von Christian Löser, 2 Bde., Berlin 1996.

Luther, Hans: Politiker one Partei. Erinnerungen, Stuttgart 1960.

Meißner, Otto: Staatssekretär unter Ebert, Hindenburg und Hit-ler. Hamburg 1950.

Müller, Richard: Geschichte der deutschen Revolution. 3 Bde., ND Berlin 1973.

Müller-Franken, Hermann: Die November-Revolution. Berlin 1928.

Noske, Gustav: Erlebtes aus Aufstieg und Niedergang einer De-mokratie. Offenbach 1947.

Noske, Gustav: Von Kiel bis Kapp. Zur Geschichte der deut-schen Revolution. Berlin 1920.

Rathenau, Walther: Briefe. 3 Bde., Dresden 1930.

athenau, Walther: Gesammelte Reden. Berlin 1924.

Rathenau, Walther: Gesammelte Schriften. 6 Be., Berlin 1929.

Rathenau, Walther: Gespräche mit Rathenau. Hrsg. von Ernst Schulin, München 1980.

Rathenau, Walther: Hauptwerke und Gespräche. Hrsg. von Ernst Schulin, München, Heidelberg 1977.

Rathenau, Walther: Tagebuch 1907–1922. Hrs. von Hartmut Pogge von Strandmann, Düsseldorf 1967.

Scheidemann, Philipp: Der Zusammenbruch. Berlin 1921.

Scheidemann, Philipp: Memoiren eines Sozialdemokraten. 2 Bde., Dresden 1928.

Schubert, Carl von (1882–1947). Sein Beitrag zur internationalen Politik in der Ära der Weimarer Republik. Ausgewählte Doku-mente. Hrsg. von Peter Krüger, Berlin 2017.

Seeckt, Hans von: Aus meinem Leben. 1918–1936. Hrsg. von Friedrich von Rabenau, Leipzig 1940.

Severing, Carl: Mein Lebensweg. 2 Bde., Köln 1950.

Stampfer, Friedrich: Die ersten 14 Jahre der Deutschen Republik. Offenbach 1947.

Stresemann, Gustav: Reden und Schriften. 2 Bde., Dresden 1926.

Stresemann, Gustav: Vermächtnis. Der Nachlaß in drei Bänden. Hrsg. von Henry Bernhard, Berlin 1932–1933.

Thälmann, Ernst: Reden und Aufsätze zur Geschichte der deut-schen Arbeiterbewegung. 2 Bde., Berlin (Ost) 1955–1956.

Troeltsch, Ernst: Spektator-Briefe. Aufsätze über die deutsche Re-volution und die Weltpolitik. Hrsg. von Hans Baron, Tübingen 1924, ND Aalen 1966.

Westarp, Kuno Graf: Am Grabe der Parteienherrschaft. Bilanz des deutschen Parlamentarismus von 1918 is 1932. Berlin 1932.

Auswahldokumentationen

Becker, Josef (Hrsg.) unter Mitarbeit von Ruth Becker: Hitlers Macht-ergreifung 1933. Vom Machtantritt Hitlers 30. Januar 1933 bis zur Besie-gelung des Einparteienstaats 14. Juli 1933. 3. Aufl. München 1993.

Die ungeliebte Republik. Dokumente zur Innen- und Außen-politik Weimars 1918–1933. Hrs. von Wolfgang Michalka undGottfried Niedhardt, München 1980.

Dokumente zur deutschen Verfassungsgeschichte. Hrsg. von Ernst Rudolf Huber, Bd. 3, Stuttgart u. a. 1966.

Falter, Jürgen u. a.: Wahlen und Abstimmungen in der Weimarer Republik. Materialien zum Wahlverhalten 1919–1933. München 1986.

Longerich, Perer (Hrse.): Die Erste Republik. Dokumente zur Geschichte des Weimarer States, München 1992.

Milaz, Alfred: Wahler und Wahlen in der Weimarer Republik. Bonn 1965.

Mommsen, Wilhelm: Deutsche Parteiprogramme. 3. Auf. Mün-chen 1977.

Petzina, Dietmar, Abelshauser, Werner und Faust, Anselm: Statis-disches Arbeitsbuch Ill. Materialien zur Statistik des Deutschen Rei-ches 1914–1945. München 1978.

Schumacher, Martin: Wahlen und Abstimmungen 1918–1933. Eine Bibliographie. Düsseldorf 1976.

Schwabe, Klaus (Hrsg.): Quellen zum Friedensschluß von Ver-sailles. Darmstadt 1997.

True, Wolfgang (Hrsg.): Deutsche Parteiprogramme seit 1861. 4. Aufl. Göttingen 1968.

Quellen zur Außenpolitik der Weimarer Republik 1918–1933. Hrsg. von Wolfgang Elz, Darmstadt 2007. (Ausgewählte Quellen zur deutschen Geschichte der Neuzeit. Freiherr-von-Stein-Gedächt-nisausgabe, Bd. 32).

Ursachen und Folgen. Vom deutschen Zusammenbruch 1918 und 1945 bis zur staatlichen Neuordnung Deutschlands in der Gegenwart. Hrsg. und bearb. von Herbert Michaelis und Ernst Schraepler unter Mitwirkung von Günter Scheel, Bde. 3–8 und Regbd., Berlin o.J.

Die Weimarer Republik 1918–1933. Hrs. von Karl-Egon Lönne, Darmstadt 2002.

Bibliografien und Quellenkunde

Bibliographie zur Zeitgeschichte. Beilage der Vierteljahrshefte für Zeitgeschichte. Zus. gest. zunächst von Thilo Vogelsang, seit 1978 von Hellmuth Auerbach unter Mitw. von Ursula van Laak, seit 1989 von Christoph Weisz und Ingeborg Brückner, Stuttgart 1953 ff. (vier-teljährlich, seit Jg. 37 (1989) jährlich).

Historische Bibliographie. Im Auftr. der Arbeitsgemeinschaft au-Beruniversitärer historischer Forschungseinrichtungen in der Bun-desrepublik Deutschland (AHF) hrsg. von Horst Möller u. a., bearb. von Christoph Frh. von Maltzahn, München 1988 ff. (jährlich).

Weimarer Republik, Nationalsozialismus, Zweiter Weltkrieg (1919–1945) (=Quellenkunde zur deutschen Geschichte der Neu-zeit von 1500 bis zur Gegenwart, Bd. G), Teil1: Akten und Urkun-den, bearb. von Hans-Günter Hockerts, Darmstadt 1996, Teil2: Persönliche Quellen, bearb. von Wolfgang Elz, Darmstadt 2003 (alle Bände auch auf CD-ROM erhältlich).

Sekundärliteratur

Gesamtdarstellungen, Sammelwerke, Forschungsberichte

Baechler, Christian: I'Allemagne de Weimar I919– 1933, Paris 2007.

Bernecker, Walther L..: Europa zwischen den Weltkriegen 1914–1945. Stuttgart 2002.

Bracher, Karl Dietrich, Funke, Manfred und Jacobsen, Hans Adolf (Hrsg.): Die Weimarer Republik r918–1933. Politik - Wirt-schaft - Gesellschaft. 3.Auf. Düsseldorf 1998 (zuerst 1987).

Bracher, Karl Dietrich: Deutschland zwischen Demokratie und Diktatur. Bern, München, Wien 1964.

Bracher, Karl Dietrich: Die Auflösung der Weimarer Republik. S.Aufl. Villingen 1971 (zuerst 1955, TB Düsseldorf 1984).

Bracher, Karl Dietrich: Die Krise Europas 1917–1975. Frankfurt a. M., Berlin, Wien 1976 (erw. Neuaufl. u. d. T. Europa in der Krise, ebd. 1979).

Bracher, Karl Dietrich: Geschichte als Erfahrung. Betrachtungen zum 20. Jahrhundert. Stuttgart, München 2001.

Bracher, Karl Dietrich: Wendezeiten der Geschichte. Historisch-politische Essays 1987–1992. Stuttgart 1992.

Büttner, Ursula: Weimar - die überforderte Republik 1918–1933. In: Gebhardt, Handbuch der deutschen Geschichte, 10., völlig neu bearb. Auf., Bd. 18, Stuttgart 2010, S. 173–767. (Auch separat er-schienen).

Conze, Werner und Raupach, Hans (Hrsg.): Die Staats- und Wirtschaftskrise de deutschen Reich 1929/33. Stuttgart 1967.

Dederke, Karlheinz: Reich und Republik. Deutschland 1917–1933. 8. Auf. Stuttgart 1996 (zuerst 1969).

Dehio, Ludwig: Gleichgewicht oder Hegemonie. Betrachtungen über ein Grundproblem der neueren Staatengeschichte. Krefeld 1948 (ND mit einem Nachwort von Klaus Hildebrand, Zürich 1996).

Erdmann, Karl Dietrich und Schulze, Hagen (Hrsg.): Weimar. Selbsipreisgabe einer Demokratie. Disseldorf 1980.

Erdmann, Karl Dietrich: Die Zeit der Weltkriege. In: Gebhardt, Handbuch der deutschen Geschichte. 9., neubearb. Auf. hrsg. von Herbert Grundmann, Bd. 4, 1 und 2, Stuttgart 1973/76 (TB Mün- chen 1999).

Evck, Erich: Geschichte der Weimarer Republik. Bd.r: Vom Zu-sammenbruch des Kaisertums bis zur Wahl Hindenburgs. s. Auf. Erlenbach, Zürich 1973; Bd. 2: Von der Konferenz von Locarno bis zu Hitlers Machtübernahme. 4. AufA. ebd. 1972.

Gessner, Dieter: Die Weimarer Republik. Darmstadt 2002 (For-schungsbericht).

Föllmer, Moritz und Rüdiger Graf (Hrsg.): Die »Krise« der Wei-marer Republik. Zur Kritik eines Deutungsmusters, Frankfurt/M. u. New York 2005.

Gusy, Christoph (Hrsg.): Demokratie in der Krise: Europa in der Zwischenkriegszeit, Baden-Baden 2008.

Handbuch der europäischen Geschichte. Hrsg. von Theodor Schieder, Bd. 7, TB1 und 2, 3. Aufl. Stuttgart 1996 (zuerst 1979).

Herbert, Ulrich: Geschichte Deutschlands im 20. Jahrhundert. München 2014.

Herzfeld, Hans: Die moderne Welt 1789–1945. Bd.2: Welt-mächte und Weltkriege. . Aufl. Braunschweig 1976.

Hobsbawm Eric J.: Das Zeitalter der Extreme. Weltgeschichte des 20. Jahrhunderts. 4. Aufl. München 2000.

Jasper, Gotthard (Hrsg.): Von Weimar zu Hitler 1930–1933. Köln, Berlin 1968.

Kershaw, Ian: Höllensturz. Europa 1914–1949, (2015), dt. Übers. München 2016.

Kohler, Bertold, Wilhelm, Ulrich, Wirsching, Andreas (Hrsg.): Weimarer Verhältnisse? Lektionen für unsere Demokratie? Stuttgart 2018.

Kolb, Eberhard (Hrsg.): Vom Kaiserreich zur Weimarer Repub-lik. Köln 1972.

Kolb, Eberhard: Die Weimarer Republik. 6.Auf. München 2002.

Mai, Gunther: Europa 1918–1939. Mentalitäten, Lebensweisen, Politik zwischen den Weltkriegen. Stuttgart 2001.

Möller, Horst: Demokratie und Diktatur im 20. Jahrhundert. In: Vierteljahrshefte für Zeitgeschichte si (2003), S. 29– 50.

Möller,. Horst: Die Weimarer Republik in der zeirgeschichdlichen Perspektive der Bundesrepublik Deurschland. In: Karl Dietrich Bra-cher, Manfred Funke und Hans Adolf Jacobsen (Hrsg.), Die Wei-marer Republik 1918–1933. Politik - Wirtschaft - Gesellschaft. 3. Auf. Düsseldorf 1998, S. 587–616.

Mället, Horst: Europa zwischen den Weltkriegen. München 1998 (ND 2013)

Mommsen, Hans: Die verspielte Freiheit. Der Weg von Wei-mar in den Untergang 1918 bis 1933. Berlin 1989 (TB u. d. I.: Aufstieg und Untergang der Weimarer Republik 1918–1933. München 2001).

Niedhart, Gottfried: Deutsche Geschichte 1918–1933. Politik in der Weimarer Republik und der Sieg der Rechten. 2.Aufl. Stuttgart 1996.

Nolte, Ernst: Die Weimarer Republik. Demokratie zwischen Lenin und Hitler, München 2006.

Overesch, Manfred und Saal, Friedrich Wilhelm: Chronik deut-scher Zeitgeschichte, Politik, Wirtschaft, Kultur. Bd. I: Die Weima-rer Republik. Düsseldorf 1982.

Peukert, Detlev J.K: Die Weimarer Republik. Frankfurt a. M. 1987 (Mehrere unveränderte Nachdrucke).

Politische Kulturgeschichte der Zwischenkriegszeit 1918–1939. Hrsg. von Wolfgang Hardtwig, Göttingen 2005.

Pyta, Wolfram: Die Weimarer Republik, Opladen 2004.

Raphael, Lutz: Imperiale Gewalt und mobilisierte Nation. Eu-ropa 1914–1945. München 2011.

Rosenberg, Arthur: Entstehung. und Geschichte der Weimarer Republik. 2 Bde., Hrsg. von Kurt Kersten, Neuauf., Frankfurt a. M. 1961 (Erstaufl. 1928/1935).

Schulz, Gerard: Deutschland seit dem Ersten Weltkrieg 1918–1945. 2. Aufl. Göttingen 1982.

Schulze, Hagen: Weimar. Deutschland 1917–1933. 4. Auf. Berlin 1993 (TB München, Berlin 1998).

Solchany, Jean: L'Allemagne au XXᵉ Siècle. Paris 2003–Frankfurt a. M. 1993.

Stürmer, Michael (Hrs.): Die Weimarer Republik. 3.Auf. Die Weimarer Republik - Demokratie in der Krise. Hrsg. vom Institut für Deutsche Geschichte der Universität Tel Aviv (= Tel Avi-zelbeiträge).

Winkler, Heinrich August: Weimar 1918–1933. Die Geschichte der ersten deutschen Demokratie. München 1993.

(Winkler, Heinrich August (Hrsg.): Weimar im Widerstreit. Deu-rungen der ersten deutschen Republik im geteilten Deutschland. München 2002.

Wirsching, Andreas: Die Weimarer Republik. Politik und Gesell-schaft, 2. akt. Auf. München 2008.

Einzelthemen

Biografien

Adolph, Hans J. L.: Otto Wels und die Politik der deutschen Sozial-demokratie 1894–1939. Berlin 1971.

Albrecht, Thomas: Für eine wehrhafte Demokratie. Albert Grzesinski und die preußische Politik in der Weimarer Republik. Bonn 1999.

Alexander, Thomas: Carl Severing. Sozialdemokrat aus Westfalen mit preußischen Tugenden. Bielefeld 1992.

Arns, Günter: Friedrich Ebert als Reichspräsident. In: Beiträge zur Geschichte der Weimarer Republik. Hrsg. von Theodor Schie-der (HZ-Beiheft 1), München 1971, S. I-30.

Baechler, Christian: Gustave Stresemann (1878–1929). De 'impérialisme à la sécurité collective. Straßburg 1996.

Berglar, Peter: Walther Rathenau. Seine Zeit, sein Werk, seine Persönlichkeit. Bremen 1970.

Besson, Waldemar: Friedrich Ebert. Verdienst und Grenze. 2. Auf. Göttingen 1970 (zuerst 1963).

Bloch, Max, Albert Südekum: Ein deutscher Sozialdemokrat zwi-schen Kaiserreich und Diktatur. Düsseldorf 2009.

Braun, Bernd: Hermann Molkenbuhr (1851–1927). Düsseldorf 1999.

Braun, Bern: Die Weimarer Reichskanzler - Zwölf Lebensläufe in Bildern. Düsseldorf 2011.

Brenner, Wolfgang: Walther Rathenau. München 2005.

Calkins, Kenneth R.: Hugo Haase. Demokrat und Revolutionär. Berlin 1976.

Dorpalen, Andreas: Hindenburg in der Geschichte der Weimarer Republik. Berlin, Frankfurt a. M. 1966.

Duchharde, Heinz (Hrsg.): Europäer des 20. Jahrhunderts. Weg-bereiter und Gründer des »modernen« Europa. Mainz 2002.

Epstein, Klaus: Mathias Erzberger und das Dilemma der deu-schen Demokratie. Frankfurt a. M., Berlin, Wien 1976 (zuerst 1959).

Erdmann, Karl Dietrich: Adenauer in der Rheinlandpolitik nach dem Ersten Weltkrieg. Stuttgart 1966.

Erdmann, Karl Dietrich: Gustav Stresemann. Sein Bild in der Geschichte. In: HZ Bd. 227 (1978), S. 599–616.

Feldman, Gerald D.: Hugo Stinnes. Biographie eines Industriel-len 1870–1924. München 1998.

Felken, Detlef: Oswald Spengler. Konservativer Denker zwischen Kaiserreich und Diktatur. München 1988.

Fest, Joachim: Hitler. Eine Biographie. Neuausg. München 2003 (zuerst Frankfurt a. M. 1973).

Fest, Joachim: Die unwissenden Magier. Über Thomas und Heinrich Mann. Berlin 1985 (TB 1998)

Forster, Bernhard: Adam Stegerwald 1874–1945. Christlich-na-tionaler Gewerkschafter Zentrumspolitiker - Mitbegründer der Unionsparteien. Düsseldorf 2003.

Friedrich Ebert und seine Zeit. Bilanz und Perspektiven der For-schung. Hrsg. von Rudolf König, Hartmut Soell und Hermann We-ber m Auftrag der Stiftung Reichspräsident Friedrich-Ebert-Ge-denkstätte. 2. Aufl. München 199I.

Fröhlich, Michael (Hrsg.): Die Weimarer Republik. Portrait ei-ner Epoche in Biographien. Darmstadt 2002.

Gall, Lothar: Walther Rathenau. München 2009.

Grau, Bernhard: Kurt Eisner 1867–1919. Eine Biographie. Mün-chen 2001.

Grupp, Peter: Harry Graf Kessler. Eine Biographie. 2. Auf. Mün-chen 1996 (TB Frankfurt a. M. 1999).

Haunfelder, Bend: Reichstagsabgeordnete der Deutschen Zent-rumspartei: 1871–1933. Biographisches Handbuch und historische Photographien. Düsseldorf 1999.

Hehl, Ulrich von: Wilhelm Marx. 1863–1946. Mainz 1987.

Hentzschel-Fröhlings, Jörg: Walther Rathenau als Politiker der Weimarer Republik. Husum 2007.

Hirsch, Felix E.: Stresemann. Ein Lebensbild. Göttingen 1978.

Hömig, Herbert: Brüning: Kanzler in der Krise der Republik. Eine Weimarer Biographie. Paderborn u. a. 2000.

Hömis, Herbert: Brüning:, Politiker ohne Aufirag. Zwischen weimarer und Bonner Republik. Paderborn u. a. 2005.

Hörster-Philipps, Ulrike: Joseph Wirth 1879–1956. Eine politi- sche Biographie.

Paderborn u. a. 1998.

Hürter, Johannes: Wilhelm Groener. Reichswehrminister am Ende der Weimarer Republik (1928– 1932). München 1993.

Kaune, Claudia-Anja: Willy Hellpach (1877–1955). Biographie eines liberalen Politikers der Weimarer Republik. Frankfurt/M. u. a. 2005.

Kellermann, Axel: Anton Erkelenz. Ein Sozialliberaler im Kaiser-reich und in der Weimarer Republik. Berlin 2007.

Kershaw, lan: Hitler. Bd.I: 1889–1936. Stuttgart 1998 (zuerst engl. London 1991; TB München 2002).

Kessler, Harry Graf: Walther Rathenau. Sein Leben und sein Werk. ND Wiesbaden 1962/68 (zuerst 1928).

Koenen, Andreas: Der Fall Carl Schmitt. Sein Aufstieg zum „Kronjuristen des Dritten Reiches«. Darmstadt 1995.

Kolb, Eberhard: Gustav Stresemann. München 2002.

Kolb, Eberhard: Das Stresemannbild im Wandel der Zeit. In: Historie und Leben. Festschrift für Lothar Gall zum 70. Geburtstag. Hrsg. von Dieter Hein, Klaus Hildebrand und Andreas Schulz, München 2006, S. 573–585.

Kopper, Christopher: Hjalmar Schacht. München 2006.

Krüger, Peter: Carl von Schubert. Außenpolitiker aus Leiden-schaft. Berlin 2017.

Küppers, Heinrich: Joseph Wirth. Parlamentarier, Minister und Kanzler der Weimarer Republik. Stuttgart 1997.

Loeffler, Hans F.: Walther Rathenau - ein Europäer im Kaiser-reich. Berlin 1997.

Lucas, Friedrich J.: Hindenburg als Reichspräsident. Bonn 1959.

Maga, Christian: Prälat Johann Leicht (1868–1940). Konservati-ver Demokrat in der Krise der Zwischenkriegszeit. Eine politische Biographie de Vorsitzenden der Reichstagsfraktion der Bayerischen Volkspartei in Berlin. Würzburg 1990.

Marks, Erich: Hindenburg. Feldmarschall und Reichspräsident. Göttingen u. a. 1963.

Meier-Welcker, Hans: Seeckt. Frankfurt a. M. 1967.

Merseburger, Peter: Theodor Heuss, München 2012.

Mittag, Jürgen: Wilhelm Keil (1870–1968). Sozialdemokrati-scher Parlamentarier zwischen Kaiserreich und Bundesrepublik. Düsseldorf 2001.

Möllet, Horst: Ernst Heilmann - ein sozialdemokratischer Parla. mentarier und Publizist in der Weimarer Republik. In: Jahrbuch des Instituts für Deutsche Geschichte der Universität Tel Aviv I (1982), 5.261–294 (jetzt in: Horst Möller, Aufklärung und Demokratie. Historische Studien zur politischen Vernunft. Hrs. von Andreas Wirsching, München 2003, S. 200–225).

Möller, Horst: Gottfried Reinhold Treviranus. Ein Konservativer zwischen den Zeiten. In: Paulus Gordan (Hrsg.), Um der Freiheit willen. Eine Festgabe für und von Johannes und Karin Schauf, Pfullingen 1983, S.118–146 (jetzt in: Horst Möller, Aufklärung und Demokratie. Historische Studien zur politischen Vernunft. Hrsg. von Andreas Wirsching, München 2003, S.226–245).

Mühlhausen, Walter (Hrsg.): Friedrich Ebert. Sein Leben, sein Werk, seine Zeit. Heidelberg 1999.

Mühlhausen, Walter: Friedrich Ebert 1871–1925 Reichspräsident der Weimarer Republik. Bonn 2006.

Nettl, Peter: Rosa Luxemburg. 2. Aufl. Köln, Berlin 1968.

Papke, Gerhard: Der liberale Politiker Erich Koch-Weser in der Weimarer Republik. Baden-Baden 1989.

Patch, William L.: Heinrich Brüning and the Dissolution of the Weimar Republic. Cambridge u. a. 1998.

Pentzlin, Heinz: Hjalmar Schacht. Leben und Wirken einer um-stritten Persönlichkeit. Berlin u. a. 1980.

Petzold, Joachim: Franz von Papen. Ein deutsches Verhängnis. München, Berlin 1995.

Pistorius, Peter: Rudolf Breitscheid 1874–1944. Ein biographi-scher Beitrag zur deutschen Parteiengeschichte. Diss. Köln 1970.

Pohl, Karl Heinrich (Hrsg.): Politiker und Bürger. Gustav Strese-mann und seine Zeit. Göttingen 2002.

Pohl, Karl Heinrich: Gustav Stresemann. Göttingen 2015.

Pufendorf, Astrid von: Otto Klepper (1888–1957). Deutscher Pat-rior und Weltbürger (Studien zur Zeitgeschichte, 54), München 1997.

Pyta, Wolfram: Hindenburg. Herrschaft zwischen Hohenzollern und Hitler. München 2007.

Radkau, Joachim: Theodor Heuss. München 2013.

Sabrow, Martin: Die Macht der Mythen. Walther Rachenau im öftentlichen Gedächtnis, sechs Essays. Berlin 1998.

Scheidemann, Christiane: Ulrich Graf Brockdorff-Rantzau 10g- 1928 Finc politische Biographic. Frankfurt a MA. 100%.

Schmersal, Helmur: Philipp Scheidemann 1865–1930. Ein ver-posenerSoriademokrat. Frankfurt a. M1. 1909.

Schrödet;, Wilhelm Heinz: Sozialdemokratische Parlamentarier in den deutschen Reichs- und Landtagen 1867–1933. Biogra-phien-Chronik-Wahidokumentation. Ein Handbuch. Düsseldorf 1995.

Schulin, Ernst: Walther Rathenau. Repräsentant, Kritiker und Opfer seiner Zeit. 2. Auf. Göttingen 1992 (zuerst 1979).

Schulze, Hagen: Otto Braun oder Preußens demokratische Sen-dung. Frankfurt a. M., Berlin, Wien 1977.

Schumacher, Martin (Hrsg.): M. d.R. Die Reichstagsabgeord-neten der Weimarer Republik in der Zeit des Nationalsozialismus. Politische Verfolgung, Emigration und Ausbürgerung 1933–1945. Düsseldorf 1991.

Schwarz, Hans-Peter: Adenauer. Bd.r: Der Aufstieg 1876–1952. München 1994 (zuerst 1986).

Smaldone, William: Rudolf Hilferding. Tragödie eines deutschen Sozialdemokraten. Bonn 2000.

Stehkämper, Hugo (Hrsg.): Konrad Adenauer-Oberbürger-meister von Köln, Köln 1976.

Thimme, Annelise: Gustav Stresemann. Eine politische Biogra-phie zur Geschichte der Weimarer Republik. Hannover 1957.

Turner, Henry Ashby: Stresemann - Republikaner aus Vernunft. Berlin, Frankfurt a. M. 1968.

Wette, Wolfram: Gustav Noske. Düsseldorf 1987.

Wheeler-Bennett, John W.: Der hölzerne Titan. Paul von Hin-denburg. Tübingen 1969.

Witt, Peter Christian: Friedrich Ebert. Parteiführer, Reichskanz-les, Volksbeauftragter, Reichspräsident. 3.Auft. Bonn 1992 (zuerst 1987).

Wright, Jonathan: Gustav Stresemann. 1878–1929. Weimars größter Staatsmann. München 2006.

Wilt, Peter: Hugo Stinnes. Wirtschaft und Politik 1918–1924. Stuttgart 1979.

Zaun, Harald: Paul von Hindenburg und die deutsche Außen-politik 1925–1934. Köln u. a. 1999.

Zoigeschichte in Lebensbildern. Aus dem deutschen Katholi-Tismus des 19, und 30 Janhundert; bites y con Rudolf Mons, hüfei Arete und Anton Rauscher, 12 bade., Mainz, Minster 107, 2007.

Entstchungsgeschichte der Weimarer Republik, Räteproblem

Biographisches Handbuch der Reichsrätekongresse 1918/ 19. Beart, von Sabine Roß, Düsseldorf 2000.

Boemeke, Manfred F. u.a. (Hrs.): The Treaty of Versailles. A re-assessment after 75 years. Cambridge u. a. 1998.

Erdmann, Karl Dietrich: Die Geschichte der Weimarer Republik als Problem der

Wissenschaft. In: Vierteljahrshefte für Zeitge-schichte 3 (1955), S.1–19.

Kolb, Eberhard: Friedrich Ebert. Vom »vorläufigen« zum defini-tiven Reichspräsidenten. Die Auseinandersetzungen um die » Volks-wahl« des Reichspräsidenten 1919–1922. In: Ders. (Hrsg.), Fried-rich Ebert als Reichspräsident. Amtsführung und Amtsverständnis (Schriftenreihe der Stiftung Reichspräsident-Friedrich-Ebert-Gedenkstätte, 4), München 1997, S.109–156.

Kluge, Ulrich: Die deutsche Revolution 1918/19. Staat, Politik und Gesellschaft zwischen Weltkrieg und Kapp-Putsch. Frankfurt a. M. 1985 u. ö.

Kluge, Ulrich: Soldatenräte und Revolution. Studien zur Militär-politik in Deutschland 1918/19, Göttingen 1975.

Kolb, Eberhard: Die Arbeiterräte in der deutschen Innenpolitik 1918–1919. 2. Auf. Frankfurt a. M., Berlin, Wien 1978 (zuerst 1962).

Kolb, Eberhard: Der Frieden von Versailles, 2. Auf. München 2011.

Krüger, Peter: Deutschland und die Reparationen 1918/19. Stutt-gart 1973.

Krumpholz, Ralf: Wahrnehmung und Politik. Die Bedeurung des Ordnungsdenkens für das politische Handel am Beispiel der deutschen Revolution von 1918–1920. Münster 1998.

Lehnert, Detlev: Sozialdemokratie und Novemberrevolution.Die Neuordnungsdebatte 1918/19 in der politischen Publizistik von SPD und USPD. Frankfurt a. M. 1983.

Möller, Horst:.Folgen und Lasten des verlorenen Krieges. Ebert, die Sozialdemokraten und der nationale Konsens: Heidelberg 1991.

Mac Millan, Margaret: Peacemakers. The Paris Conference of 1919 and its Attempt to End War, London 2002 (dr. 2017).

Mommsen, Woligans. J-: Die deursche Revolution 1918–1920. Pliste Rovolution und soriale Protestbewegung. in. CischieRe und Gesellschaft A (1978), S.362– 301.

Oertzen, Peter von; Betricbsräte in der Novemberrevolution. fine politikvissenschaftliche Untersuchung über Ideengehalt und Siknur der berrieblichen und wirtschaflichen Arbeiterfate in der deurtschen Revolution 1918/19, z. Aufl. Berlin, Bonn-Bad Godesberg 1976 (zuerst 1963).

Riedel, Hannspeter: Der Rätegedanke in den Anfängen der Wei-narer Republik und seine Ausprägung in Art. 16s WRV. Frankfurt a. M. 1991.

Ritter, Gerhard A.: Die Entstehung des Räteartikels 16s der Wei-marer Reichsverfassung. In: HZ 258 (1994), S.73 - 112.

Rürup, Reinhard: Probleme der Revolution in Deutschland 1918/19. Wiesbaden 1968.

Rürup, Reinhard: Rätebewegung und Revolution in Deutsch-land 1918/19. In: Neue Politische Literatur 12 (1967), S.303–315.

Salewski, Michael: Entwaffnung und Militärkontrolle in Deutschland 1919–1927. München 1966.

Schwabe, Klaus: Versailles nach 60 Jahren. In: Ders. (Hrsg.), Quellen zum Friedensschluß von Versailles. Darmstadt 1997.

Soutou, Georges-Henri: La grande illusion. Quand la France perdait la paix 1914–1920, Paris 2015.

Winkler, Heinrich August: Die Sozialdemokratie und die Revolution von 1918/19. Berlin, Bonn 1979.

Zarusky, Jürgen: Die deutschen Sozialdemokraten und das sowjetische Model. Ideologische Auseinandersetzung und außenpolitische Konzeptionen 1917–1933. München 1992.

Verfassungsgeschichte

Apelt, Willibalt: Geschichte der Weimarer Verfassung. 2. Auf. München 1964 (zuerst 1946).

Bollmeyer, Heiko: Der steinige Weg zur Demokratie. Die WeiMater Nationalversammlung zwischen Kaiserreich und Republik, Frankfurt/M. u. New York 2007

Boldt, Hans: Deutsche Verfassungsgeschichte. Bd. 2: Von 1806 bis zur Gegenwart. 2. Auf. München 1993 (zuerst 1990).

Borzenhart, Manfred: Deutsche Verfassungsgeschichte 1806 - 1949. Stuttgart u. a: 1993.

Brande, Hariwig: Der lange Weg in disole makratische Moderne. Deltacie Verfassungsgeschichie von 1800 bis 194s. Darmstad.

Deutsche Verwaltungsgeschichte, Hrse;, von Kurt G. A. Jeserich, Hans Poll und Christoph von Unruh: Bd. 4: Das Reich als Repli blik und in der Zeit des Nationalsozialismus. Stuttgart 1985.

Gillessen, Günther: Hugo Preuß. Studie zur Ideen- und Verfassungsgeschichte der Weimarer Republik (Schriften zur Verfassungs-geschichte, 60). Berlin 2000.

Gusy. Christoph: Die Weimarer Reichsverfassung. Tübingen 1997.

Hoppe, Bernd: Von der parlamentarischen Demokratie zum Präsidialstaat. Verfassungsentwicklung am Beispiel der Kabinettsbildung in der Weimarer Republik. Berlin 1998.

Huber, Ernst Rudolf: Deutsche Verfassungsgeschichte set 1789. Bd. (Weltkrieg, Revolution und Reichserneuerung 1914–1919). Stuttgart, Berlin, Köln, Mainz 1978 (ND 1992); Bd. 6 (Die Weimarer Verfassung in der Praxis) 1981 (ND 1993); Bd. 7 (Ausbau, Schutz und Untergang der Republik) 1984; Bd. 8 (Register) 1991.

Jung, Otmar: Direkte Demokratie in der Weimarer Republik. Die Fälle

»Aufwertung«, »Fürstenenteignung«, »Panzerkreuzerver-bot« und »Youngplan«. Frankfurt a. M. 1989.

Kurz, Achim: Demokratische Diktatur? Auslegung und Hand-habung des Artikels 48 der Weimarer Verfassung 1919–1925. Berlin 1992.

Pyta, Wolfram: Die Präsidialgewalt in der Weimarer Republik, in: Parlamentarismus in Europa. Hrsg. von Marie-Luise Recker, München 2004, S. 65–95.

Richter, Ludwig: Das präsidiale Notverordnungsrecht in den ers-ten Jahren der Weimarer Republik. Friedrich Ebert und die Anwen-dung des Artikels 48 der Weimarer Reichsverfassung. In: Eberhard Kolb (Hrs.), Friedrich Ebert als Reichspräsident. Amtsführung und Amtsverständnis. München, Wien 1997, S.207–257.

Richter, Ludwig: Die Vorgeschichte des Art. 48 der Weimarer Reichsverfassung. In: Der Staat 37 (1998), S.1–26.

Roellecke, Gerd: Konstruktionsfehler der Weimarer Verfassung. In: Der Staat 35 (1996), S. 599 - 613.

Schröder, Stephen: Das parlamentarische Untersuchungsrecht der Weimarer Reichsverfassung im Spiegel der zeitgenössischen Starsrechtslehre und Rechtsprechung. Damals wie heute: »Es wim-melt von Streitfragen ..« In: Zeitschrift für Parlamentsfragen 30 (1999), 5.715–738.

'Willoweit, Dietmar: Deutsche Verfassungsgeschichte. Vom Fran-kenreich bis zur Wiedervereinigung Deutschlands, 6.Auf., Mün-chen 2009.

Parlamentarismus

Abramowski, Günter: Die Reichsregierung im Spannungsfeld von Reichspräsident, Reichstag und Parteien 1924–1928. In: Tilman Koops und Martin Vogt (Hrsg.), Akten der Reichskanzlei, Weima-rer Republik. Ergebnisse einer Tagung de Bundesarchivs zum Ab-schluß der Edition, 28. bis 29. Juni 1991 in Koblenz. Koblenz 1997, S.65–72.

Best, Heinrich: Mandat one Macht. Strukturprobleme des deutschen Parlamentarismus 1867–1933. In: Ders. (Hrsg.), Politik und Milieu. Wahl- und Elitenforschung im historischen und inter-kulturellen Vergleich. St. Katharinen 1989, S.175–222.

Braun, Michael, Der Badische Landtag 1918–1933. Düsseldorf 2009.

Butzer, Hermann: Diäten und Freifahrt im Deutschen Reichstag. Der Weg zum Entschädigungsgesetz von 1906 und die Nachwir-kung dieser Regelung bis in die Zeit des Grundgesetzes. Düsseldorf 1999.

Demmler, Wolfgang: Der Abgeordnete im Parlament der Frak-tionen. Berlin 1994.

Glum, Friedrich: Das parlamentarische Regierungssystem in Deutschland,

Großbritannien und Frankreich. 2.Auf. München 1965 (zuerst 1950).

Hug, Volker: Bindungsprobleme und Rechtsnatur parlamen-tarischer Geschäftsordnungen. Berlin 1994.

Haungs, Peter: Reichspräsident und parlamentarische Kabinetts-regierung. Köln - Opladen 1968.

Kühne, Thomas: Parlamentarismusgeschichte in Deutschland. Probleme, Erträge und Perspektiven einer Gesamtdarstellung. In: Geschichte und Gesellschaft 24 (1998), S.323–338.

Leimbach, Timo: Der Landtag von Thüringen 1919/20–1933. Düsseldorf 2016.

Mergel, Thomas: Parlamentarische Kultur in der Weimarer Re-publik. Politische Kommunikation, symbolische Politik und Öf-fentlichkeit im Reichstag. Düsseldorf 2002.

Mikutcit, Johannes: Der Parlamentarismus im Urteil von Wal-ther Rathenau. In: Der Staat 36 (1997), S.95–117.

Möller, Horst: Parlamentarismus in der deurschen Verfassungsge-schichte. In: Konrad Porzner, Heinrich Oberreuter und Uwe Thay-sen (Hrsg.), 40 Jahre Bundestag, Baden-Baden 1990, S.15–35 (jetzt in: Horst Möller, Aufklärung und Demokratie. Historische Studien zur politischen Vernunft. Hrsg. von Andreas Wirsching, München 2003, S.246–264).

Möller, Horst: Parlamentarismus in Preußen. 1919– 1932. Düssel-dorf 1985.

Möller, Horst: Parlamentarismus-Diskussion in der Weimarer Republik: Die Frage des »besonderen« Weges zum parlamentari-schen Regierungssystem. In: Manfred Funke, Hans-Adolf Jacobsen, Hans-Helmuth Knütter und Hans-Peter Schwarz (Hrsg.), Demo-kratie und Diktatur. Geist und Gestalt politischer Herrschaft in Deutschland und Europa. Festschrift für Karl Dietrich Bracher, Düsseldorf 1987, S. 140– 157 (jetzt in: Horst Möller, Aufklärung und Demokratie. Historische Studien zur politischen Vernunft. Hrsg.von Andreas Wirsching, München 2003, S. 182–199).

Mößle, Wilhelm: Regierungsfunktionen des Parlaments. Mün-chen 1986.

Patzelt, Werner J.: in latenter Verfassungskonflikt? Die Deut-schen und ihr parlamentarisches Regierungssystem. In: Politische Vierteljahrsschrift 39 (1998), S.725–757.

Patzelt, Werner J.: Vergleichende Parlamentarismusforschung als Schlüssel zum Systemvergleich. Vorschläge zu einer Theorie- und Forschungsdebatte. In: Zeitschrift für Parlamentsfragen, Son-derbd. I (1995), S.355–385.

Der Preußische Staatsrat 1921–1933. Ein biographisches Hand-buch, bearb. von Joachim Lilla, Düsseldorf 2005.

Raithel, Thomas: Parlamentarisches System in der Weimarer Re-publik und in der Dritten Französischen Republik, 1919–1933/40. Ein funktionaler Vergleich. In: Horst Möller und Manfred Kittel (Hrsg.), Demokratie in Deutschland und Frankreich 1918– 1933/40. Beiträge zu einem historischen Vergleich. München 2002, 5.283–314.

Raithel, Thomas: Das schwierige Spiel des Parlamentarismus. neuscher Reichtas undef''ahrisische Chambre des Députés in den pitasionckrisender1920cr Jahre. München 2005.

Hairer Gerhard A (HisSB.): Regierung, Bürokratie und Parlament in Freuben und Deutschland von 1848 bis zur Gegenwart. Dilise: dorf1983.

Ritter, Gerhard A.: Entwicklungsprobleme des deutschen Parla-mentarismus. In: Ders. (Hise.), Gesellschaft, Parlament und Regie-ning: Zur Geschichte des Parlamentarismus in Deutschland. Bis-seldorf1974, S.11–54.

Schanbacher, Eberhard: Parlamentarische Wahlen und Wahlsys-tem in der Weimarer Republik. Düsseldorf 1982.

Schiffers, Reinhard: Element direkter Demokratie im Weimarer Regierungssystem. Düsseldorf 1971.

Schüren, Ulrich: Der Volksentscheid zur Fürstenenteignung 1926. Die Vermögensauseinandersetzung mit den depossedierten Landesherren als Problem der deutschen Innenpolitik unter beson-deer Berücksichtigung der Verhältnisse in Preußen. Düsseldorf 1978. Schumacher, Martin (Hrsg.): M.d. R. Die Reichstagsabgeord-neten der Weimarer Republik in der Zeit de Nationalsozialismus.Politische Verfolgung, Emigration und Ausbürgerung 1933–1945. Eine biographische Dokumentation, 3. erheblich erw. und überarb. Auf., Düsseldorf 1994.

Sendler, Bernhard: Die Führung in den Koalitions- und Präsi-dialkabinetten der Weimarer Republik. Berlin 1999.

Stürmer, Michael: Koalition und Opposition in der Weimarer Republik1924–1928. Düsseldorf 1967.

Weber, Klaus-Dieter: Das Büro des Reichspräsidenten 1919– 1934. Eine politisch-administrative Institution in Kontinuität und Wan-del. Frankfurt a. M. 2001.

Wirsching, Andreas (Hrs.): Herausforderungen der parlamen-larischen Demokratie. Die Weimarer Republik im europäischen Vergleich. München 2007

Parteigeschichte, einzelne Parteien, Interessenpolitik

Albertin, Lochar: Liberalismus und Demokratie am Anfang der Weimarer Republik. Düsseldorf 1972.

Alecker, Winfried (Hrsg.): Die Minderheir als Mitre. Die Deut Let-Zentrumsparei in der Innenpolitik des Reiches 1871– 1933, Pa-derborn 1986.

Berger, Stefan: Ungleiche Schwestern? Die britische Labour Party und die deutsche Sozialdemokratie im Vergleich 1900–1931. Bonn 1997.

Bergsträsser, Ludwig: Geschichte der politischen Parteien in Deutschland. I. Auf. München, Wien 196s (zuerst 1921).

Buchner, Bend: Um nationale und republikanische Identität. Die deutsche Sozialdemokratie und der Kampf um die politischen Symbole in der Weimarer Republik. Bonn 2001.

Buchstab, Günter (Hrsg.): Keine Stimme dem Radikalismus. Christliche, liberale und konservative Parteien in den Wahlen 1930–1933. Berlin 1984.

Döring, Martin: »Parlamentarischer Arm der Bewegung«. Die Nationalsozialisten m Reichstag der Weimarer Republik. Düssel-dorf 200I.

Dowe, Dieter u. a. (Hrsg.): Parteien im Wandel. Vom Kaiserreich zur Weimarer Republik. Rekrutierung - Qualifizierung - Karrieren. München 1999.

Euchner, Walter: Ideengeschichte des Sozialismus in Deutsch-land, Teil I. In: Geschichte der sozialen Ideen in Deutschland. Hrsg. von Helga Grebing, Essen 2000, S. 263–350.

Fattmann, Rainer: Bildungsbürger in der Defensive. Die akade-mische Beamtenschaft und der » Reichsbund der höheren Beamten« in der Weimarer Republik. Göttingen 2001.

Flechtheim, Ossip K.: Die KPD in der Weimarer Republik. Frankfurt a. M. 1969 u. ö.

Fricke, Dieter u. a. (Hrsg.): Die bürgerlichen Parteien in Deutsch-land. 2 Bde., Berlin (Ost) 1968/70.

Frye, Bruce B.: Liberal Democrats in the Weimar Republic. The History of the German Democratic Party and the German State Party. Illinois 1985.

Gimmel, Jürgen: Die politische Organisation kulturellen Ressen-timents. Der »Kampfbund für Deutsche Kultur« und das bildungs-bürgerliche Unbehagen an der Moderne. Hamburg 2001.

Grebing, Helga: Geschichte der deutschen Arbeiterbewegung. Von der Revolution 1848 is ins 21. Jahrhundert. Berlin 2007.

Grüner, Stefan: Zwischen Einheitssehnsucht und Massendemo-kratie. Zum Parteien- und Demokratieverständnis im deutschen und französischen Liberalismus der Zwischenkriegszeit. In: Horst Möller und Manfred Kitel (Hrsg.), Demokratie in Deurschland und Frankreich 19282 953170– Beitrige zu cinem historischen Ver. geich. Minchen 2002, S. 219–240.

Grunthal, Ginther: Reichschulgeserz und Zentrumspartei in der Weimarer Republik. Disseldorf 1968.

Gusy, Christoph: Die Lehre vom Parteienstaar in der Weimarer Republik. Baden-

Baden 1993.

Hagenlücke, Heinz: Deutsche Vaterlandspartei. Die nationale Rechte am Ende des Kaiserreiches. Düsseldorf 1997.

Hartenstein, Wolfgang: Die Anfänge der Deutschen Volkspartei 1918–1920. Düsseldorf 1962.

Hartwich, Hans-Hermann: Arbeitsmarkt, Verbände und Staat 1918–1933. Die öffentliche Bindung unternehmerischer Funktion in der Weimarer Republik. Berlin 1967.

'Hauser, Oswald (Hrsg.): Politische Parteien in Deutschland und Frankreich1918–1939, Wiesbaden 1969.

Heinsohn, Kirsten, Konservative Parteien in Deutschland 1912 bis 1933. Demokratisierung und Partizipation in geschlechterhistori-scher Perspektive. Düsseldorf 2010.

Heß, Jürgen C.: »Das ganze Deutschland soll es sein«. Demokra-tischer Nationalisms in der Weimarer Republik am Beispiel der Deutschen Demokratischen Partei. Stuttgart 1978.

Hiller von Gaertringen, Friedrich Freiherr: Die Deutschnationale Volkspartei in der Weimarer Republik. In: Historische Mitteilun-gen 9 (1996), S.169–188.

Holzbach, Heidrun: Das »System Hugenberg«. Die Organisa-tion bürgerlicher Sammlungspolitik or dem Aufstieg der NSDAP. Stuttgart 1981.

Hömig, Herbert: Das Preußische Zentrum in der Weimarer Re-publik. Mainz 1979.

Hunt, Richard N.: German Social Democracy 1918–1933. 2. Aufl. Chicago 1970 (zuerst 1964).

Jahr, Christoph: Liberaler Antiparlamentarismus? Die Krise des Linksliberalismus im späten Kaiserreich und in der Weimarer Re-publik am Beispiel des Reichtagsabgeordneten Ernst Miller-Mei-ningen. In: Wolther von Kieseritzky und Klaus-Peter Sick (Hrsg.), Demokratie in Deutschland. Chance und Gefährdungen im 19. und 20. Jahhundert. Historische Essays. München 1999, S.153–172.

Jones, Larry Eugen: German Liberalism and the Dissolution of The Weimar Party System 1918–1933. Chapel Hill 1988.

Kaack, Heino: Geschichte und Struktur des deurschen Parcien. systems. Opladen 1971.

Kastning, Alfred: Alfred: Die deutsche Sorialdemokratie zwischen Koali-tion und Opposition 1919–1923. Paderborn 1970.

Kittel, Manfred: »Weimar« im evangelischen Bayern. Politische Mentalität und Parteiwesen 1918–1933. München 2001.

Kiting, Michael: Für den christlichen und sozialen Volksstaat. Die Badische Zentrumspartei in der Weimarer Republik. Dissel. dorf2013.

Kolb, Eberhard: Führungskrise in der DVP. Gustav Stresemann im Kampf um die »Große Koalition« 1928/29. In: Wolther von Kie-seritzky und Klaus-Peter Sick (Hrs.), Demokratie in Deutschland Chancen und Gefährdungen im 19. und 20. Jahrhundert. Histori-sche Essays. München 1999, S.202–227.

Krabbe, Wolfgang R. (Hrsg.): Parteibewegungen zwischen Wan-dervogel und politischer Reform. Eine Dokumentation zur Ge-schichte der Weimarer Republik. München u. a. 2000.

Krause, Hartfrid: USPD. Zur Geschichte der Unabhängigen Sozialdemokratischen Partei Deutschlands. Frankfurt a. M., Köln 1975.

Langewiesche, Dieter: Liberalismus in Deutschland. Frankfurt a. M. 1988.

Liebe, Werner: Die Deutschnationale Volkspartei 1918–1924. Düsseldorf 1956.

Lösche, Peter: Der Bolschewismus im Urteil der deutschen So-zialdemokratie 1903–1920. Berlin 1967.

Luthardt, Wolfgang (Hrsg.): Sozialdemokratische Arbeiterbewe-gun und Weimarer Republik. Materialien zur gesellschaftlichen Entwicklung 1927–1933. 2 Bde., Frankfurt a. M. 1978.

Mallmann, Klaus-Michael: Kommunisten in der Weimarer Re-publik. Sozialgeschichte einer revolutionären Bewegung. Darmstadt 1996.

Maser, Werner: Der Sturm auf die Republik. Frühgeschichte der NSDAP. Frankfurt a. M., Berlin, Wien 1981 (zuerst 1965).

Merkenich, Stephanie: Grüne Front gegen Weimar. Reichs-Landbund und agrarischer Lobbyismus 1918–1933. Düsseldorf 1998.

Miller, Susanne: Burgfrieden und Klassenkampf. Die deutsche Sozialdemokratie im Ersten Weltkrieg. Düsseldorf 1974.

Miller, Susanne: Die birde der Macht. Die deursche Sonial-jemokratie 1918–1920. Disseldorf1978.

Wöller, Horst: Bürgertum und bürgerlich-liberale Bewegung nach1918, in: Bingertum und bürgerlich-liberale Bewegung in Mit-europa seit dem 18. Jahthundert. Hrsg. von Lothar Call, HZ-Sort-derheft17 (1997), S.293–342.

Mäller, Horst: Weimarer Parteiendemokratie in kritischer Pers-potive: In: Adolf Mi, Birke und Magnus Brechtken (Hrse), Politik-verdrossenheit. Der Parteienstaat in der historischen und gegenwar-tigen Diskussion. Ein deutsch-britischer Vergleich. Minchen 1995, S.53–78.

Mommsen, Hans, Petzina, Dietmar und Weisbrod, Bernd (Hing,.): Industrielles System und politische Entwicklung in der Weimarer Republik. 2 Bde., Kronberg/Ts.,

Düsseldorf 1977 (ND, zuerst1974).

Morsey, Rudolf: Der politische Katholizismus 1890–1933. In: Anton Rauscher (Hrsg.), Der soziale und politische Katholizismus. Entwicklungslinien in Deutschland 1803–1963. Bd.r, München, Wien 1981, S. 110–164.

Morsey, Rudolf: Der Untergang des Politischen Katholizismus. Die Zentrumspartei zwischen christlichem Selbstverständnis und » Nationaler Erhebung« 1932/33. Stuttgart, Zürich 1977.

Morsey, Rudolf: Die Deutsche Zentrumspartei 1917–1923. Düs-seldorf1966.

Müller, Armin: Zwischen Wahlkampf und Politik. Halls Parteien der Linken und der bürgerlichen Mitte in den Anfangsjahren der Weimarer Republik is 1924/25. In: Württembergisches Franken 78 (1994), S. 483–SII.

Müller, Markus: Die Christlich-Nationale Bauern- und Land-volkpartei1928–1933. Düsseldorf 2001.

Neumann, Sigmund: Die Parteien der Weimarer Republik. 5.Auf. Stuttgart 1986 (zuerst 1932).

Nolte, Ernst: Der europäische Bürgerkrieg 1917–1945. Nationalso-zalismus und Bolschewismus. 5. Auf. München 1997 (zuerst 1987).

Note, Ernst: Der Faschismus in seiner Epoche. S. Aufl. München 1979 (zuerst 1963).

Nolte, Ernst: Die fascistischen Bewegungen. Die Krise des libe-ralen Systems und die Entwicklung der Faschismen. 9.Auf. Mitin-chen 1984 (zuerst 1966).

Ohnezeit, Maik, Zwischen aschärtstere positione und dem »Willen zur Machre., Die Deutschnationale Volkspartei (DAV.) in der Weimarer Republik 1918–1928, Düsseldorf 2011.

Osterroht, Franz und Schuster, Dieter: Chronik der deurschen Sorialdemokratie. Bd. 2: Vom Beginn der Weimarer Republik bis sum Ende des Zweiren Weldkrieges. 2 Aufl. Berlin 1973 (zierst 195% u. d. T. Chronik der sozialistischen Bewegung).

Pothoff, Heinrich: Free Gewerkschaften 1918–1933. Der All-gemeine Deutsche Gewerkschaftsbund in der Weimarer Republik. Düsseldorf 1987.

Potthoff, Heinrich: Gewerkschaften und Politik zwischen Revo-lution und Inflation. Düsseldorf 1979.

Prager, Eugen: Das Gebot der Stunde. Geschichte der USPD. 4. Auf. Berlin, Bonn 1980 (zuerst 192r u.d. I. Geschichte der USPD).

Pyta, Wolfram: Gegen Hitler und für die Republik. Die Ausein-andersetzung der deutschen Sozialdemokratie mit der NSDAP in der Weimarer Republik. Düsseldorf 1989.

Pyta, Wolfram: Politische Kultur und Wahlen in der Weimarer Republik. In: Wahlen und Wahlkämpfe in Deutschland. Hrsg. von Gerhard A. Ritter, Düsseldorf

1997, S. 197–239.

Richter, Ludwig: Die Deutsche Volkspartei 1918–1933. Düssel-dorf 2002.

Ritter, Gerhard A.: Staat, Arbeiterschaft und Arbeiterbewegung in Deutschland. Vom Vormärz bis zum Ende der Weimarer Repu-blik. Berlin, Bonn 1980.

Rösch, Mathias: Die Münchner NSDAP 1925–1933. Eine Unter-suchung zur inneren Struktur der NSDAP in der Weimarer Repu-blik. München 2002.

Ruppert, Karsten: Im Dienst am Staat von Weimar. Das Zent-rum als regierende Partei in der Weimarer Demokratie 1923–1930. Düsseldorf 1992.

Schneider, Michael: Die Christlichen Gewerkschaften 1894–1933. Bonn 1982.

Schneider, Michael: Unternehmer und Demokratie. Die freien Gewerkschaften in der unternehmerischen Ideologie der Jahre 1918–1933. Bonn-Bad Godesberg 1975.

Schönhoven, Klaus: Die Bayerische Volksparei 1924–1932– Düsseldorf 1972.

Schulz, Gerhard: Aufstieg des Nationalsozialismus. Krise und Re-volution in Deutschland. Frankfurt a M., Berlin, Wien 1973.

Schumacher, Martin: Land und Politik. Fine Untersuchung über politische Parteien und agrarische Interessen 1914–1923. Dissekdor. 1978.

Schumacher, Martin: Mittelstandsfront und Republik. Die Wirt-schaftspartei - Reichspartei de deutschen Mittelstandes 1919–1933. Düsseldorf 1972.

Schwend, Karl: Bayern zwischen Monarchie und Diktatur. Bei-träge zur bayerischen Frage in der Zeit von 1918–1933. München 1954. Stein, Katrin: Parteiverbote in der Weimarer Republik (Schriften zur Verfassungsgeschichte, 56), Berlin 1999.

Stephan, Werner: Aufstieg und Verfall des Linksliberalismus 1918–1933. Geschichte der Deutschen Demokratischen Partei. Göt-tingen 1973.

Thimme, Annelise: Flucht in den Mythos. Die Deutschnationale Volkspartei und die Niederlage von 1918. Göttingen 1969.

Trippe, Christian F.: Konservative Verfassungspolitik 1918–1923. Die DNVP als Opposition in Reich und Ländern. Düsseldorf 1995.

Turner, Henry A.: Die Großunternehmer und der Aufstieg Hit-lers. Berlin 1985.

Weber, Hermann: Die Wandlung des deutschen Kommunismus. Die Stalinisierung der KPD in der Weimarer Republik. 2.Auf. Frankfurt a. M. 1971 (zuerst ungekürzt 1969).

Wende, Frank (Hrsg): Lexikon zur Geschichte der Parteien in Europa. Stuttgart 1981.

Wheeler, Robert F.: USPD und Internationale. Sozialistischer In-ternationalismus in der Zeit der Revolution. Frankfurt a. M., Berlin, Wien 1975.

Winkler, Heinrich August: Von der Revolution zur Stabilisie-rung. Arbiter und

Arbeiterbewegung in der Weimarer Republik 1918–1924. 2. Aufl. Berlin, Bonn 1985 (zuerst 1984).

Winkler, Heinrich August: Der Schein der Normalität. Arbeiter und Arbeiterbewegung in der Weimarer Republik 1924 bis 1930. 2. Auf. Berlin, Bonn 1988 (zuerst 1985).

Winkler, Heinrich August: Der Weg in die Katastrophe. Arbeiterund Arbeiterbewegung in der Weimarer Republik 1930 bis 1933. 2. Auf. Berlin, Bonn 1990 (zuerst 1987).

Wirsching, Andreas: »Stalinisierung« oder entideologisierte »Nischengesellschaft? Alte Einsichten und neue Thesen zum Charakter der KPD in der Weimarer Republik. In: Vierteljahrshefte für Zeit-geschichte 45 (1997), S. 449 - 466.

Wolf-Rohé, Stephanie: Der Reichsverband der Deutschen In-dustrie 1919–1924/25. Frankfurt a. M. 2001.

Wirtschaftsgeschichte

Abelshauser, Werner (Hrsg.): Die Weimarer Republik als Wohl-fahrtsstaat. Zum Verhältnis von Wirtschafts- und Sozialpolitik in der Industriegesellschaft. Stuttgart 1987.

Aldcroft, Derek H.: Die zwanziger Jahre. Von Versailles zur Wall Street, 1919–1929. München 1978 (Geschichte der Weltwirtschaft im 20. Jahrhundert, Bd. 3), S.147–180.

Alderoft, Derek H.: Studies in the interwar European Eco-nomy (Modern economic and social history series, I), Aldershot U. a. 1997.

Aubin, Hermann und Zorn, Wolfgang (Hrsg.): Handbuch der deutschen Wirtschafts- und Sozialgeschichte. Bd. 2: Das 19. und 20. Jahrhundert. Stuttgart 1976.

Bähr, Johannes: Staatliche Schlichtung in der Weimarer Repub-lik. Berlin 1989.

Berringer, Christian: Sozialpolitik in der Weltwirtschaftskrise. Die Arbeitslosenversicherung in Deutschland und Großbritannien im Vergleich 1928–1934. Berlin 1999.

Blaich, Fritz: Der Schwarze Freitag. Inflation und Wirtschafts-krise. 3. Aufl., München 1994.

Borchardt, Knut: Wachstum, Krisen, Handlungsspielräume der Wirtschaftspolitik. Studien zur Wirtschaftsgeschichte de 19. und 20. Jahrhunderts. Göttingen 1982.

Ferguson, Niall: Keynes and the German Inflation. In: The Eng-lish Historical Review 10/I (1995), S.368–391.

Ferguson, Niall: Paper and Iron. Hamburg Business and German Politics in the Era of Inflation, 1897–1927. Cambridge 1995.

Fischer, Wolfram: Deutsche Wirtschaftspolitik1918–1945. 3. Aufl. Opladen

1968.

Geyer, Martin H.: Verkehrte Welt. Revolution, Inflation und Moderne. München 1914–1924. Göttingen 1998.

Harms, Bernhard (Hrsg.): Strukturwandlungen der Deurschen Volkswirtschaft. 2 Bde., 2. Auf. Berlin 1929 (zuerst 1928).

Harms: Bernhard (Hrs)e Yolk und Reich der Deurschen. Vor-whiten gehalien in der Daurschen Vercinigung für Staatsweissen-schaftliche Fortbildung. 3 Bde, Berlin 1929.

Hemings Friedrich-Wilhelm: Das industrialisierte Deutschland 1014 bis 1972. Paderborn 1974.

limes, Harold: Deuschland in der Weltwirtschaftskrise 1924–1936. Stuttgart 1988.

WHim, Hak-le: Industrie, Stat und Wirtschaftspolitik. Die kon-junkrurpolitische Diskussion in der Endphase der Weimarer Repu-blik1930–1932/33. Berlin 1997.

"Kolb, Eberhard: Die Reichsbahn vom Dawes-Plan bis zum Ende der Weimarer Republik. In: Die Eisenbahn in Deutsch-land. Hrsy. von Lothar Gall und Manfred Pohl, München 1999, S.109–163.

Lewek, Peter: Arbeitslosigkeit und Arbeitslosenversicherung in der Weimarer Republik 1918–1927. Stuttgart 1992.

Plumpe, Werner: Wirtschaftskrisen. Geschichte und Gegenwart, unter Mitarb. von Eva J. Dubisch, 2. Auf. München 2011.

Ritter, Gerhard A.: Der Kaiser und sein Reeder. Albert Ballin, die HAPAG und das Verhältnis von Wirtschaft und Politik im Kaiserreich und in den ersten Jahren der Weimarer Republik. In: Zeitschrift für Unternehmensgeschichte 42 (1997), S.137–162.

Spree, Reinhard (Hrsg.): Geschichte der deutschen Wirtschaft im 20. Jahrhundert. München 2001.

Steegmans, Christoph: Die finanziellen Folgen der Rheinland-und Ruhrbesetzung 1918–1930. Stuttgart 1999.

Weimer, Pascal: Die Gemeinwirtschaft in der Anfangszeit der Weimarer Republik. Berlin 2002.

Inflation

Bisch, Otto und Feldman, Gerald D. (Hrsg.): Historische Prozesse der deurschen Inflation 1914–1924. Ein Tagungsbericht der Arbeits-lagung Historische Prozesse der deutschen Inflation, Berlin 1978.

Feldman, Gerald D. Holfrerich, Carl-Ludwig, Ritter, Ger-bad A, und With, Peter:-Christian (HIrag.): Die Deuische Inflation.(Eine Zwischenbilanz. Berlin, New

York 1982.

Feldman, Gerald D. 'Holtrerich, Cari Ludwig, Riter Get-bad A und Witt, Perel"C haltre Fire.): Die Erfährung der Infa-Hon in internationaten Vergierek. Berlin, New York 1984.

Feldman, Gerald D.: The Great Disorder. Politics, Economics and Society in the German Inflation, 1914–1924. New York, Oxford 1993.

Feldman, Gerald D.: Vom Weltkrieg zur Wirtschaftskrise. Stu.dien zur deutschen Wirtschafts- und Sozialgeschichte 1914–32. Göt-tingen 1984.

Holtfrerich, Carl-Ludwig, Die deutsche Inflation 1914–1923 in internationaler Perspektive. Berlin - New York 1980.

Sozialgeschichte

Besier, Gerhard: Kirche, Politik und Gesellschaft im 20. Jahrhun-dert. München 2000.

Charle, Christophe: La crise des sociétés imperiales. Allemagne, France, Grande-Bretagne 1900–1940. Paris 2001.

Dahrendorf, Ralf: Gesellschaft und Demokratie in Deutschland. S. Auf. München 1977 (zuerst 1965).

Eisenberg, Christiane: »English Sports« und deutsche Bürger. Eine Gesellschaftsgeschichte 1800–1939. Paderborn 1999.

Eley, Geoff: Society, Culture, and the State in Germany: 1870–1930. Ann Arbor 1996.

Fromm, Erich: Arbeiter und Angestellte am Vorabend des Drit-ten Reiches. Eine sozialpsychologische Untersuchung. München1983 (zuerst 1929).

Geiger, Theodor: Die soziale Schichtung des deutschen Volkes. ND Stuttgart 1987 (zuerst 1932).

Grothmann, Detlef: »Verein der Vereine«? Der Volksverein für das katholische Deutschland im Spektrum des politischen und so-zialen Katholizismus der Weimarer Republik. Köln 1997/98.

Heberle, Rudolf: Landbevölkerung und Nationalsozialismus.Eine soziologische Untersuchung der politischen Willensbildung in Schleswig-Holstein1918–1932. Stuttgart 1963.

Kocka, Jürgen: Klassengesellschaft im Krieg. Deutsche Sozialge-schichte 1914–1918. 2. Aufl. Göttingen 1978 (TB Frankfurt a. M. 1988).

Kracauer, Siegfried: Die Angestellten. 6.Auf. Frankfurt a. M. 1993 (zuerst 1930).

Lehnert, Detlef: Die Weimarer Republik. Parteienstaat und Mas-sengesellschaft. Stuttgart 1999.

Mai, Gunther: Europa 1918–1939. Mentalitäten, Lebensweisen, Politik zwischen den Weltkriegen. Stuttgart u. a. 2001.

Möller, Horst, Raulet, Gérard und Wirsching, Andreas (Hrsg): Gerthirdere Mite: Mirclschichten und politische Kulur zwischen fen Welkriegen: Italien, frankreich und Deutschland. Sigmanit gen 1993.

Möller, Horst, Wirsching, Andreas und Ziegler, Walter (Hrse.): Vacionalsozialismus in der Region. München 1996.

Möller, Horst: Epoche - Sozialgeschichtlicher Abriß. In: Horst Albert Glaser (Hrsg.), Deutsche Literatur. Eine Sozialgeschichte. Bd.9: Weimarer Republik - Drites Reich. Reinbek 1983

Preller, Ludwig: Sozialgeschichte in der Weimarer Republik. Kronberg/T.., Düsseldorf 1978 (ND, zuerst 1949).

Pyta, Wolfram: Dorfgemeinschaft und Parteipolitik 1918–1933. Die Verschränkung von Milieu und Parteien in den protestanti-schen Landgebieten Deutschlands in der Weimarer Republik. Düs-seldorf1996.

Sack, Birgit: Zwischen religiöser Bindung und moderner Gesell-schaft. Katholische Frauenbewegung und politische Kultur in der Weimarer Republik (1918/19 -1933). Münster u. a. 1998.

Speer, Hans: Die Angestellten vor dem Nationalsozialismus. Ein Beitrag zum Verständnis der deutschen Sozialstruktur 1918–1933. ND Frankfurt a. M. 1989 (zuerst 1977).

Weber, Petra: Gescheiterte Sozialpartnerschaft - gefährdete Re-publik? Industrielle Beziehungen, Arbeitskämpfe und der Sozial-stat. Deutschland und Frankreich im Vergleich (1918–1933/39). München 2009.

Wehler, Hans-Ulrich: Deutsche Gesellschaftsgeschichte, Bd. 4:Vom Beginn des Ersten Welkrieges bis zur Gründung der beiden deutschen Staaten 1914–1949. München 2003.

Winkler, Heinrich August: Mittelstand, Demokratie und Natio-nalsozialismus. Die politische Entwicklung von Handwerk und Kleinhandel in der Weimarer Republik. Köln 1972.

Reichswehr

Carsten, Francis L.: Reichswehr und Politik 1918–1933. 3.Auf. Köln, Berlin 1966 (zuerst 1964).

Craig, Gordon A.: Die preußisch-deutsche Armee 1640–1945. Star in Staare: ND Königstein/Ts., Dusseldorf 1980 (zuers 1960). Möllers, Heiner: Reichswehrminister Otto Geßler. Eine Studie (ur unpolitischer Militärpolitik in der Weimarer Republik. Frank-furt a. M. 1998.

Schiddekopf, Otto: Das Heer und die Republik. Quellen zur Politik der Reichswehrführung 1918–1933. Hannover, Frankfilt a. M. 1955.

Vogelsing, Thilo: Reichswehr, Staat und NSDAP. Beiräge zur deutschen Geschichte 1930– 1932. Stuttgart 1962.

Politisches Denken

Asmuss, Burkhard: Republik one Chance? Akzeptanz und Legiti-mation der Weimarer Republik in der deutschen Tagespresse zwi-schen 1918 und 1923. Berlin, New York 1994.

Bavaj, Ricardo: Von links gegen Weimar. Linkes antiparlamen-tarisches Denken in der Weimarer Republik, Bonn 2005.

Bendikat, Elf und Lehnert, Detlef: »Schwarzweißrot gegen Schwarzrotgold«. Identifikation und Abgrenzung parteipolitischer Teilkulturen im Reichstagswahlkampf des Frühjahrs 1924. In: Det-lef Lehnert und Klaus Megerle (Hrsg.), Teilkulturen zwischen In-tegration und Polarisierung. Zur politischen Kultur der Weimarer Republik. Opladen 1990, S.102–142.

Berg-Schlosser, Dirk: Das Scheitern der Weimarer Republik-Bedingungen der Demokratie im europäischen Vergleich. In: Histo-rical Social Research 20,4 (1995), S. 3–30.

Blomert, Reinhard: Intellektuelle im Aufbruch. Karl Mannheim, Alfred Weber, Norbert Elias und die Heidelberger Sozialwissen-schaften der Zwischenkriegszeit. München u. a. 1999.

Bösch, Frank: Das konservative Milieu. Vereinsstruktur und lokale Sammlungspolitik in ost- und westdeutschen Regionen (1900–1960). Göttingen 2002.

Bracher, Karl Dietrich: Zeit der Ideologien. Eine Geschichte des politischen Denkens im 20. Jahrhundert. Stuttgart 1982 u. ö.

Breuer, Stefan: Anatomie der Konservativen Revolution. Darm-stadt 1993.

Bussche, Raimund von dem: Konservatismus in der Wei-marer Republik. Die Politisierung des Unpolitischen. Heidelberg 1998.

Bußmann, Walter: Politische Ideologien zwischen Monarchie und Weimarer Republik. In: Historische Zeitschrift 190 (1960), S.55–77.

Deutscher Sonderweg - Mythos oder Realität? (Kolloquium des Instituts für Zeitgeschichte), München 1982.

Louis: »Nationalbolschewismus« in Deutschland, 1919–1933. München 1985.

Faulenbach, Bernd: Ideologie des deutschen Weges. Die deutsche Caschichte in der Historiographie zwischen Kaiserreich und Natio-nalsozialismus. München 1980.

Fichtner, Ursula: Führer und Verführer. Studien zum Führungs-gadanken zwischen 1874 und 1939. Frankfurt a. M. 1996.

Graf, Rüdiger: Die Zukunft der Weimarer Republik. Krisen und Zukunfisaneignungen in Deutschland 1918–1933. München 2008.

Gusy, Christoph (Hrsg.): Demokratisches Denken in der Wei-marer Republik. Baden-Baden 2000.

Hürten, Heinz: Deutsche Katholiken 1918–1945. Paderborn 1992.

Kittel, Manfred: Die »deux France« und der deutsche Bikonfes-sionalismus im Vergleich. In: Horst Möller und Manfred Kittel (Hrs.), Demokratie in Deutschland und Frankreich 1918–1933/ 40. Beiträge zu einem historischen Vergleich. München 2002, S.33–55. Kittel, Manfred: Provinz zwischen Reich und Republik. Politi-sche Mentalitäten in Deutschland und Frankreich 1918–1933/36. München 2000.

Klemperer, Klemens von: Konservative Bewegungen. Zwischen Kaiserreich und Nationalsozialismus. München, Wien 1962.

Kraus, Hans-Christof (Hrsg.): Konservative Zeitschriften zwi-schen Kaiserreich und Diktatur. Fünf Fallstudien. Berlin 2003.

Lehnert, Detlef: Verfassungsdemokratie als Bürgergenossen-schaft. Politisches Denken, öffentliches Recht und Geschichtsdeu-tungen bei Hugo Preuß. Beiträge zur demokratischen Institutionen-lehre in Deutschland. Baden-Baden 1998.

Lübbe, Hermann: Politische Philosophie in Deutschland. ND München 1974 (zuerst 1963).

Lutz, Heinrich: Demokratie im Zwielicht. Der Weg der deut-schen Katholiken aus dem Kaiserreich in die Republik 1914–1925. München 1963.

Marquardt, Sabine: Polis contra Polemos. Politik als Kampf-begriff der Weimarer Republik. Köln, Weimar, Wien 1997.

Merlio, Gilbert: Oswald Spengler. Temoin de son temps. 2 Bde., Stuttgart 1982.

Mohler, Armin: Die konservative Revolution in Deurschland 918 -1932. 2 Bde., s.Auf. Graz 1999 (zuerst 1950).

Mölle, Horst und Kiuch, Manfred, dilase): Demokratie in Delichland und Frankreich 19082 '933/40. Beiträge zu einem his-torischen Vergleich. München 2002.

Möller, Horst: Oswald Spengler Geschichte im Dienst der zeikrik In: Peter Christian Ludz (Hrsg.), Spengler heure. Mün-chen 1980, S. 49–73, 182–185.

Pohl, Tina: Demokratisches Denken in der Weimarer Nacional-versammlung. Hamburg 2002.

Raulet. Gérard (Hrsg.): Historismus, Sonderweg und dritte Wege. Frankfurt a. M. 2001.

Sabrow, Martin: Der Rathenaumord. Rekonstruktion einer Ver-schwörung gegen die Republik von Weimar. München 1994.

'Schumann, Dirk: Politische Gewalt in der Weimarer Republik 1918–1933. Kampf um die Straße und Furcht vor dem Bürgerkrieg. Essen 2001.

Schwarz, Hans-Peter: Der konservative Anarchist. Politik und Zeitkritik Ernst Jüngers. Freiburg i. Br. 1962.

Sontheimer, Kurt: Antidemokratisches Denken in der Weimarer Republik. Die politischen Ideen des deutschen Nationalismus zwi-schen 1918–1933. 4. Aufl. München 1994 (zuerst 1962).

Vernunftrepublikanismus in der Weimarer Republik. Politik, Li-teratur, Wissenschaft. Hrsg. von Andreas Wirsching und Jürgen Eder, Stuttgart 2008.

Waigand, Beate: Antisemitismus auf Abruf. Das Deutsche Ärzte-blatt und die jüdischen Mediziner 1918–1933. Frankfurt a. M. 2001.

Walter, Dirk: Antisemitische Kriminalität und Gewalt. Juden-feindschaft in der Weimarer Republik. Bonn 1999.

Wirsching, Andreas: Krisenzeit der »Klassischen Moderne« oder deutscher »Sonderweg«? Überlegungen zum Projekt Faktoren der Stabilität und Instabilität in der Demokratie der Zwischenkriegs-zeit: Deutschland und Frankreich im Vergleich. In: Horst Möller und Udo Wengst (Hrs.), so Jahre Institut für Zeirgeschichte. Eine Bilanz. München 1999, S.365–381.

Wishing. Andreas: Vom Welkrieg zum Bürgerkrieg? Politi-scher Extremisms in Deutschland und Frankreich 1918–1933/39. Berlin und Paris im Vergleich. München 1999.

Kultur

Brenner Michael: Judische Kultur in der Weimarer Republik Min-chen 2000.

Dupeux, Louis: Histoire culturelle de l'Allemagne 1919–1960 (REA). Paris 1989.

Gay. Perer: Die Republik der Außenseiter. Geist und Kultur der Weimarer Zeit 1918 -1933. Frankfurt a. M. 1970 (seither Nevausga-ben, zuletzt 1989).

Hoeres, Peter: Die Kultur von Weimar. Berlin-Brandenburg 2008.

Kessereier, Gesa: Sportlich, sachlich, männlich: Das Bild der „‚ Neuen Fraud in den zwanziger Jahren. Zur Konstruktion ge-schlechtsspezifischer Körperbilder in der Mode der Jahre 1920 bis 1929. Dortmund 2000.

Kroll, Frank-Lothar: Kultur, Bildung und Wissenschaft im 20.Jahrhundert. München 2003.

Langewiesche, Dieter und Tenorth, Heinz-Elmar (Hrsg.): Hand-buch der deutschen Bildungsgeschichte. Bd. S: 1918–1945. Die Wei- marer Republik und die nationalsozialistische Diktatur. München1989.

Laqueur, Walter: Weimar. Die Kultur der Republik. Frankfurt a. M., Berlin, Wien 1977.

Möller, Horst: Exodus der Kultur. Schriftsteller, Wissenschaftler und Künstler in der Emigration nach 1933. München 1984.

Pyta, Wolfgang: Monarchie und Republik. Zum Wandel des politischen Zeremoniells nach 1918, in: Biefang, Andreas/Epken-hans, Michael/Tenfelde, Klaus (Hrsg.), Das politische Zeremoniell im Kaiserreich 1871–1918. Düsseldorf 2008, S. 451–468.

Widdig, Bend: Culture and inflation in Weimar Germany. Ber-keley u. a. 2001.

Willet, John: Explosion der Mitte. Kunst und Politik 1917–1933. München 1978 (ND 1981).

Außenpolitik

Amold, Georg: Gustav Stresemann und die Problematik der deur-schen Ostgrenzen. Frankfurt a. M. 2000.

Biographisches Handbuch des deutschen Auswärtigen Dienstes1671–1943. Hrsg. vom Auswärtigen Amt, $Bde. Paderborn u. a. 2000–2012.

Boden, Ragna: Die Weimarer Nationalversammlung und die deutsche " Außenpolitik. Waffenstillstand, Friedensverhandlungen und internationale Bezichungen in den Debatten von Februar bis August 1919. Frankfurt a. M. 2000.

Bringmann, Tobias C.: Handbuch der Diplomatie 1815–1963. Auswärtige Missionschefs in Deutschland und deutsche Missions- chefs im Ausland von Metternich bis Adenauer. München 2001.

Broszat, Martin: Außen- und innenpolitische Aspekte der preu-Bisch-deutschen Minderheitenpolitik in der Ara Stresemann. In: Politische Ideologien und nationalstaatliche Ordnung. Festschrift für Theodor Schieder zum 60. Geburtstag. Hrsg. von Kurt Kluxen und Wolfgang J. Mommsen, München, Wien 1968, S.393–445.

Buchheit, Eva: Der Briand-Kellogg-Pakt von 1928 - Machtpoli-tik oder Friedensstreben? Münster 1998.

Elvert, Jürgen: Mitteleuropa! Deutsche Pläne zur europäischen Neuordnung (1918–1945). Stuttgart 1998.

Elz, Wolfgang: Die Weimarer Republik und ihre Außenpolitik. Ein Forschungs- und Literaturbericht. In: Historisches Jahrbuch 119 (1999), S.307–375.

Feucht, Stefan: Die Haltung der Sozialdemokratischen Partei Deutschlands zur Außenpolitik während der Weimarer Republik 19I8–1933. Frankfurt a. M. I998.

Graml, Hermann: Europa zwischen den Kriegen. S.Auf. Mün-chen 1982 (zuerst 1969).

Graml, Hermann: Zwischen Stresemann und Hitler. Die Außen-politik der Präsidialkabinette Brüning, Papen und Schleicher. Mün-chen 2001.

Hagspiel, Hermann: Verständigung zwischen Deutschland undFrankreich. Die deutsch-französische Außenpolitik der zwanzi-ger Jahre im innenpolitischen Kräftefeld beider Länder. Bonn 1987.

Heyde, Philipp: Das Ende der Reparationen. Deutschland, Frankreich und der Young-Plan 1929–1932. Paderborn u. a. 1998.

Hildebrand, Klaus: Das Deutsche Reich und die Sowjetunion im internationalen System 1918–1932. In: Michael Stürmer (Hrsg.) Die Weimarer Republik. Königstein/TS. 1980, S.38– 61.

Hildebrand, Klaus: Das vergangene Reich. Die deutsche Au-Benpolitik von Bismarck bis Hitler 1871–1945. 2.Auf. Darmstadt 1996.

Hilleruber, Andreas: »Revisionismus« - Kontinuität und Wandel in der Außenpolitik der Weimarer Republik. In: Historische zele-schrift 237 (1983), 5. 597– 621.

Hillgruber, Andreas: Die gescheiterte Großmacht. Eine Skizze de Deutschen Reiches 1871–1945. 4.Auf. Düsseldorf 1984 (zuesse 1980).

Hillgruber, Andreas: Die Last der Nation. Fünf Beiträge über Deurschland und die Deutschen. Düsseldorf 198 4.

Hillgruber, Andreas: Die Zerstörung Europas. Beiträge zur Welt-kriegsepoche 1914 bis 1945. 2.Auf. Frankfurt a. M., Berlin 1989 (zu-erst 1988).

Knipping, Franz: Deutschland, Frankreich und das Ende der Locarno-Ara 1928–1931. München 1987.

Köhler, Henning: Novemberrevolution und Frankreich. Die französische Deutschlandpolitik 1918– 1919. Düsseldorf r980.

Kotowski, Albert S.: Polens Politik gegenüber seiner deutschen Minderheit1919–1939. Wiesbaden 1998.

Kraus, Hans-Christof: Versailles und die Folgen. Außenpolitik Dwischen Revisionismus und Verständigung 1919–1933. Berlin-Brandenburg 2013.

Krüger, Peter: Die Außenpolitik der Republik von Weimar.2. Auf. Darmstadt 1993 (zuerst 1985).

Link, Werner: Die amerikanische Stabilisierungspolitikin Deutschland1921–32. Düsseldorf 1970.

Newton, Douglas J.: British Policy and the Weimar Republic 1918–1919. Oxford 1997.

Niedhart, Gottfried: Die Außenpolitik der Weimarer Republik. München 1999.

Poidevin, Raymond und Bariéty, Jacques: Frankreich und Deutschland. Die

Geschichte ihrer Beziehungen 1815–1975. Mün-chen 1982.

Rödder, Andreas: Stresemanns Erbe. Julius Curtius und die deut-sche Außenpolitik 1929 -1931. Paderborn u. a. 1996.

Roowaan, Ries: I Schatten der großen Politik. Deutsch-nieder-ändische Beziehungen zur Zeit der Weimarer Republik 1918 -1933.Münster 2006.

Salewski, Michael: Das Weimarer Revisionssyndrom. In: Aus Poliak und Zeitgeschichte. Beilage zur Wochenzeitung » Das Parla-ment«, B 2/10, 12. Januar 1980, S.14– 25.

Schieder, Theodor: Die Probleme des Rapallo- Vertrages. Eine Stu-die über die deutsch-russischen Beziehungen 1922–1926. Köln1956.

Schwabe, Klaus: Deutsche Revolution und Wilson-Frieden. Die amerikanische und deutsche Friedensstrategie zwischen Ideologie und Machtpolitik 1918/19. Düsseldorf 1971.

Wächter, Detlef: Von Stresemann zu Hitler. Deutschland 1928 bis 1933 im Spiegel der Berichte des englischen Borschafters Sir Horace Rumbold. Frankfurt a. M. 1997.

Wengst, Udo: Deutsche und Tschechen in der Zwischenkriegs-zeit. Bilanz eines Forschungsprojekts. In: so Jahre Institut für Zeit-geschichte. Eine Bilanz. Hrsg. von Horst Möller und Udo Wengst, München 1999, S.355–363.

Föderalismus; Reich-Länder-Problem

Benz, Wolfgang: Süddeutschland in der Weimarer Republik. Ein Beitrag zur deutschen Innenpolitik 1918–1923. Berlin 1970.

Besson, Waldemar: Württemberg und die deutsche Staatskrise 1928–1933. Eine Studie zur Auflösung der Weimarer Republik. Stuttgart 1959.

Biewer, Ludwig: Reichsreformbestrebungen in der Weimarer Re-publik. Fragen zur Funktionalreform und zur Neugliederung im Südwesten des Deutschen Reiches. Frankfurt a. M. 1980.

Bund zur Erneuerung des Reiches (Hrsg.): Reich und Länder. Vorschläge, Begründung, Gesetzentwürfe. Berlin 1928.

Deuerlein, Ernst: Föderalismus. Die historischen und philoso-phischen Grundlagen des föderativen Prinzips. München 1972.

Ehni, Hans-Peter: Bollwerk Preußen? Preußen-Regierung, Reich-Länder-Problem und Sozialdemokratie 1928–1932. Bonn-Bad Go-desberg 1975.

Eimers, Enno: Das Verhältnis von Preußen und Reich in den ers-ten Jahren der Weimarer Republik (1918–1923). Berlin 1969.

Harms, Bernhard (Hrsg.): Recht und Staat im neuen Deutsch-land. Vorlesungen gehalten in der Deutschen Vereinigung für Staats-wissenschaftliche Fortbildung. 2Bde., Berlin 1929.

Heimers, Manfred Peter: Unitarismus und süddeutsches Selbst-bewußtsein. Weimarer Koalition und SPD in Baden in der Reichs-reformdiskussion1918–1933. Düsseldorf 1992.

Holste, Heiko: Der deutsche Bundesstaat im Wandel (1867–1933). Berlin 2002.

Klein. Michael: Die Herbstkrise 1923 zwischen dem Reich, Bay-on und Sachsen in Spiegel zeigenössischer deutscher Zeitingen. Frankfurt a. M. 1995.

Kraus, Andreas: Geschichte Bayerns. Von den Anfängen bis zur Gegenwart. München 1983.

Möller, Horst: Das demokratische Preußen. In: Otto Büsch (Hing.), Das Preußenbild in der Geschichte. Berlin, New York 1981, S.231–245.

Möller, Horst: Die preußischen Oberpräsidenten in der Wei-narer Republik. In: Vierteljahrshefte für Zeitgeschichte 30 (1982), S.1–26.

Möllet, Horst: Preußen von 1918 bis 1947. Weimarer Republik, Preußen und der Nationalsozialismus. In: Wolfgang Neugebauer (Hisg.), Handbuch der preußischen Geschichte. Bd. 3, Berlin 2001, 5.149–316.

Möller, Horst: Verwaltungsstaat und parlamentarische Demokra-tie: Preußen 1919–1932. In: Gerhard A. Ritter (Hrsg.), Regierung, Bürokratie und Parlament in Preußen und Deutschland von 1848 bis zur Gegenwart. Düsseldorf 1983.

Morsey, Rudolf: Die Rheinlande, Preußen und das Reich 1914–1945. In: Rheinische Vierteljahrsblätter 30 (1965), S.176–220.

Nipperdey, Thomas: Der Föderalismus in der deutschen Ge-schichte. In: Ders., Nachdenken über die deutsche Geschichte.2.Auf. München 1986, S. 60–109.

Orlow, Dietrich: Preußen und der Kapp-Putsch. In: Vierteljahrs-hefte für Zeitgeschichte 26 (1978), S.191–236.

Orlow, Dietrich: Weimar Prussia 1918–1925. Pittsburgh, Pa. 1986.

Orlow, Dietrich: Weimar Prussia 1925–1933, Pittsburgh, Pa. 1991.

Popitz, Johannes: Der künftige Finanzausgleich zwischen Reich, Ländern und Gemeinden. Berlin 1932 (ND 1955).

Roloff, Ernst-August: Braunschweig und der Stat von Weimar. Politik, Wirtschaft und Gesellschaft 1918–1933. Braunschweig 1964.

Rother, Bernd: Die Sozialdemokratie im Land Braunschweig 1918 bis 1933. Bonn 1990.

Rudolph, Karsten: Die sächsische Sozialdemokratie vom Kaiser-1sich zur Republik (1871–1923). Weimar u. a. 1995,

Kunge, Wolfgang: Politik und Beamtentum im Parteienstaat: Die Demokraisierung der politischen Beamten in Preußen zwischen 1918 und 1933.

Stuttgart 1965.

Schmid, Alois (Hrsg.): Das neve havera von 5oo bis zur Gegen-war. is R: Star und Politik, München2ee1 (= Handbuch der bay-'richen Gieschiche, begr. yon Max Spindler, hrsg. von Andits Kraus, Bd. IV, 1).

Schulz, Gerhard: Zwischen Demokratie und Diktatur. Verfas sunspolitik und Reichsreform in der Weimarer Republik. Ba I: Die Periode der Konsolidierung und der Revision des Bismarck schen Reichsaufbaus 1919–1930. 2.Auf. Berlin, New York 1987 (zierst 1963); Bd. 2: Deutschland am Vorabend der Großen Krise. Ber. lin, New York 1987; Bd. 3: Von Brüning zu Hitler. Der Wandel des politischen Systems in Deutschland 1930–1933. Berlin, New York 1992.

Sperl, Gabriela: Wirtschaft und Stat in Bayern 1914–24. Berlin 1996.

Triepel, Heinrich: Streitigkeiten zwischen Reich und Ländern. Beiträge zur Auslegung des Artikels 19 der Weimarer Reichsverfas-sung. Tübingen 1923 (ND Darmstadt 1965).

Trippe, Christian: Konservative Verfassungspolitik 1918–1923. Die DNVP als Opposition in Reich und Ländern. Düsseldorf 1995.

Zorn, Wolfgang: Bayerns Geschichte im 20. Jahrhundert. Von der Monarchie zum Bundesland. München 1986.

Wahlforschung

Büsch, Otto, Wölk, Monika und Wölk, Wolfgang (Hrsg.): Wähler-bewegung in der deutschen Geschichte. Berlin 1978.

Falter, Jürgen W.: Hitlers Wähler. München 1991.

Lau, Dirk: Wahlkämpfe der Weimarer Republik. Propaganda und Programme der politischen Parteien bei den Wahlen zum Deut-schen Reichstag von 1924 is 1930. Mainz 1995.

Ritter, Gerhard A. (Hrsg.): Wahlen und Wahlkämpfe in Deutsch-land. Von den Anfängen im 19.Jahrhundert bis zur Bundestepublik. Düsseldorf 1997.

Rohe, Karl: Wahlen und Wählertraditionen in Deurschland. Kulturelle Grundlagen deutscher Parteien und Parteiensysteme im 19.und 20. Jahrhundert. Frankfurt a. M. 1992.

Justiz und Verfassungsschutz

Blomeyer, Peter: Der Notstand in den letzten Jahren von Weimar. Die Bedeutung von Recht, Lehre und Praxis der Notstandsgewalt für den Untergang der Weimarer Republik und die Machtüber-nahme durch die Nationalsozialisten. Eine Studie zum Verhältnis von Macht und Recht. Berlin 1999 (Schriften zur Verfassungsge-schichte, 57).

Böttger, Marcus: Der Hochverrat in der höchstrichterlichen Rechtsprechung der

Weimarer Republik. in Fall politischer Instru-mentalisierung von Strafgesetzen? Frankfurt a. M. 1998.

Carsten, Francis L.: Revolution in Mitteleuropa 1918–1919. Köln 1973.

Elben, Wolfgang: Das Problem der Kontinuität in der deutschen Revolution. Die Politik der Staatssekretäre in der militärischen Füh-rung vom November 1918 is Februar 1919. Düsseldorf 1965.

Erger, Johannes: Der Kapp-Lüttwitz-Putsch. Ein Beitrag zur deutschen Innenpolitik 1919/20. Düsseldorf 1967.

Gusy, Christoph: Weimar - die wehrlose Republik? Verfassungs-schutzrecht und Verfassungsschutz in der Weimarer Republik. Tü-bingen 1991.

Hannover, Heinrich und Hannover-Drück, Elisabeth: Politische Justiz 1918–1933. Frankfurt a. M. 1966 (Neuaufl. 1987).

Hueck, Ingo J.: Der Staatsgerichtshof zum Schutze der Republik. Tübingen 1996.

Jacobson, Arthur J. (Hrsg.): Weimar. A jurisprudence of crisis. Berkeley u. a. 2000.

Jasper, Gotthard: Der Schutz der Republik. Studien zur staatli-chen Sicherung der Demokratie in der Weimarer Republik 1922–1930. Tübingen 1963.

Jasper, Gothard: Justiz und Politik in der Weimarer Republik. In: Vierteljahrshefte für Zeitgeschichte 30 (1982), S.167–205.

'Nobis, Frank: Die Strafprozeßgeserzgebung der späten Weimarer Republik 1930–1932, insbesondere die Notverordnung vom 14.Juni 1932. Baden-Baden 2000.

"Seiberth, Gabriel: Anwalt des Reiches. Carl Schmitt und der Pro-zeB » Preußen contra keich« vor dem Staatsgerichtshof. Berlin 2001.

Kamptverbände

Berhahn, Volker R: Der Stahlhelm. Bund der Frontsoldaten 1918–1935. Düsseldorf 1966.

Rohe, Karl: Reichsbanner Schwarz-Ror-Gold. Ein Beitrag zur Geschichte und Struktur politischer Kamptverbände in der Weima-rer Republik. Düsseldorf 1966.

Schulze, Hagen: Freikorps und Republik 1918–1920. Boppard 1969.

Legitimationsproblematik in der Weimarer Republik

Feldman, Gerald D.: The Weimar Republic: A problem of moderni-zation? In: Archiv für Sozialgeschichte 26 (1986), S.1–26.

Haupt, Heinz-Gethard: Mittelstand und Kleinbürgertum in der Weimarer Republik. u Problemen und Perspektiven ihrer Erfor-schung. In: Archiv für Sozialgeschichte 26 (1986), S.217–238.

Möller, Horst: Die nationalsozialistische Machtergreifung. Kon-terrevolution oder Revolution? In: Vierteljahrshefte für Zeitge-schichte 31 (1983), S. 25 - 51.

Schlussphase

Berthold, Lutz: Carl Schmitt und der Staatsnotstandsplan am Ende der Weimarer Republik. Berlin 1999.

Blaich, Fritz: Der schwarze Freitag. Inflation und Wirtschafts-krise. 3. Aufl. München 1994 (zuerst 1985).

Blasius, Dirk: Weimars Ende. Bürgerkrieg und Politik 1930–1933, Göttingen 2005.

Bracher, Karl Dietrich, Sauer; Wolfgang und Schulz, Gerhard: Die nationalsozialistische Machtergreifung. Studien zur Errichtung des totalitären Herrschaftssystems in Deutschland 1933/34. 2. Auf. Köln u. a. 1962.

Broszat, Martin: Die Machtergreifung. Der Aufstieg der NSDAP und die Zerstörung der Weimarer Republik. S.Auf. München 1994 (zuerst 1984).

Büttner, Ursula: Hamburg in der Staats- und Wirtschaftskrise 1928–1931. Hamburg 1982.

Hoppe, Bert: Von Schleicher zu Hitler. Dokumente zum Kon-Hilkt zwischen dem Reichslandbund und der Regierung Schleicher in den letzten Wochen der Weimarer Republik. In: Vierteljahrshette für Zeitgeschichte 45 (1997), S.629–657.

James, Harold: Deutschland in der Weltwirtschaftskrise 1924–1936. Stuttgart 1988.

Jasper, Gotthard: Die gescheiterte Zähmung. Wege zur Macht-ergreifung Hitlers 1930–1934. Frankfurt a. M. 1986.

Tones, Larry Eugene: Hindenburg and the Conservative Di-lemma in the 1932 Presidential Election. In: German Studies Review20 (1997), S.235–259.

Marcowitz, Reiner: Die Weimarer Republik 1929–1933. Darm-stadt 2004.

Pyta, Wolfram: Konstitutionelle Demokratie statt monarchischer Restauration. Die verfassungspolitische Konzeption Schleichers in der Weimarer Staatskrise. In: VfZ 1999, S.457–441.

Pyta, Wolfram: Verfassungsumbau, Staatsnotstand und Quer-front. Schleichers Versuche zur Fernhaltung Hitlers von der Reichs-kanzlerschaft August 1932 bis Januar 1933. In: Gestaltungskraft des Politischen. Festschrift für Eberhard Kolb. Hrsg. von Wolfram Pyta und Ludwig Richter, Berlin 1998, S.173–197.

Raithel, Thomas und Strenge, Irene: Die »Reichstagsbrandver-ordnung«. Grundlegung der Diktatur mit den Instrumenten des Weimarer Ausnahmezustands. In: Vierteljahrshefte für Zeitge-schichte 48 (2000), S. 413 - 460.

Schulz, Gerhard: Aufstieg de Nationalsozialismus. Krise und Re-volution in Deutschland. Frankfurt a. M., Berlin, Wien 1975.

Strenge, Irene: Machtübernahme 1933 - Alles auf legalem Weg? Berlin 2002.

Strenge, Irene: Kurt von Schleicher. Politik im Reichswehrminis-terium am Ende der Weimarer Republik. Berlin 2006.

Turner, Henry Ashby: Hitlers Weg zur Macht. Der Januar 1933. München 1997.

winklet,. Heinrich August: Die deutsche Abweichung vom Wes-ten. Der Untergang der Weimarer kepublik im Lichte der »Sonder-weRs: These. In: Gestaleungskraft des Politischen. Festschtift für Eberhard Kolb. Hrsy. von Wolfram Pyta und Ludwig Richter. Ber-lin1998, S.127–137.

尾 注

前 言

1 Eduard Heilfron (Hrsg.), Die deutsche
Nationalversammlung im Jahre 1919 in
ihrer Arbeit für den Aufbau des neuen
deutschen Volksstaates. Bd.1, Berlin
1920, S. 4.

第一章
两位共和国总统——机会与没落?

2 Vgl. Eberts Reichstagsrede v. 22.10.1918.
In: Friedrich Ebert, Schriften,
Aufzeichnungen, Reden. Bd. 2, Dresden
1926, S. 85f.

3 Protokoll über die Verhandlungen des
Parteitages der Sozialdemokratischen
Partei Deutschlands, abgehalten in Jena
vom 14. bis 20. September 1913. Berlin
1913, S.549.

4 Ebert, Schriften, Bd. 2, S. 90f.

5 Ebd., S. 72.

6 Ebd., S. 76.

7 Teodor Heuss, Die großen Reden.
München 1967, S.119 (28. 2.1950).

8 Michael Freund, Friedrich Ebert. In:
Hermann Heimpel, Teodor Heuss,
Benno Reifenberg (Hrsg.), Die großen
Deutschen. Bd. 4, 2. Auf. Berlin 1961, S.
421.

9 Die Regierung des Prinzen Max von
Baden. Bearb. v. Erich Matthias und
Rudolf Morsey. Düsseldorf 1962, S. 619.

10 Ebd., S.560.

11 Ebd., S.593.

12 Ernst Rudolf Huber, Deutsche
Verfassungsgeschichte seit 1789. Bd.5,

Stuttgart 1978, S. 679.

13 Ernst Rudolf Huber (Hrsg.), Dokumente
zur deutschen Verfassungsgeschichte.
Bd. 2, Stuttgart 1964, S. 495.

14 Die Regierung des Prinzen Max, S. 461.

15 Huber (Hrsg.), Dokumente, Bd. 2,
S.510.

16 Alexis de Tocqueville, L'Ancien régime
et la révolution. In: Œuvres complètes.
Hrsg. v. J.P. Mayer, Bd. 2, Paris 1952, S.
223.

17 Die Regierung des Prinzen Max, S. 631.

18 Zit. bei Huber, Deutsche Verfassungs-
geschichte, Bd.5, S. 684.

19 Die Regierung des Prinzen Max, S. 617 f.

20 Huber (Hrsg.), Dokumente, Bd. 2,
S.510.

21 Die Regierung des Prinzen Max, S. 613.

22 Die Regierung der Volksbeauftragten
1918/19. Eingel. v. Erich Matthias,
bearb. v. Susanne Miller unter
Mitwirkung v. Heinrich Potthof.
Düsseldorf 1969, Teil I, S. 4.

23 Ebd., S. 6.

24 Huber, Dokumente, Bd.3, S.1f.; z.T.
abweichender Wortlaut, vgl. etwa Cuno
Horkenbach, Das Deutsche Reich von
1918 bis heute. Berlin 1930, S.31f.;
Philipp Scheidemann, Memoiren eines
Sozialdemokraten. Bd. 2, Dresden 1928,
S.311f. Vgl. auch die kürzere Fassung
in: Die Regierung des Prinzen Max, S.
630f.

25 Zit. nach Richard Müller, Die
Novemberrevolution. Berlin 1925
(Neudruck Berlin 1976), S.13.

26 Ebd., S.11.

27 Cläre Casper-Derfert, »Steh auf, Arthur, heute ist Revolution!« (Berlin, Anfang Nov. 1918). In: Wolfgang Emmerich (Hrsg.), Proletarische Lebensläufe. Autobiographische Dokumente zur Entstehung der zweiten Kultur in Deutschland. Bd. 2: 1914–1945. Reinbek 1975, S.174.

28 Gottlob Egelhaaf, Historisch-politische Jahresübersicht für 1918. Stuttgart 1919, S. 21f.

29 Harry Graf Kessler, Tagebücher 1918 –1937. Hrsg. v. Wolfgang Pfeifer-Belli, Neuauf. Frankfurt a.M. 1971, S. 23.

30 Zit. nach Müller, Die Novemberrevolution, S.17.

31 Horkenbach, Das Deutsche Reich, S.31.

32 Ebd.

33 Scheidemann, Memoiren, Bd. 2, S.313.

34 Ernst Troeltsch, Spektator-Briefe. Aufsätze über die deutsche Revolution und die Weltpolitik 1918/22. Hrsg. v. H.Baron, Tübingen 1924, Neudruck Aalen 1966, S. 26.

35 Zit. bei Werner Blumenberg, Kämpfer für die Freiheit. Berlin, Bonn, Bad Godesberg 1955, S.116.

36 Horkenbach, Das Deutsche Reich, S.30.

37 Dorothea Groener-Geyer, General Groener. Soldat und Staatsmann. Frankfurt a.M. 1955, S.117. Vgl. grundsätzlich: Johannes Hürter, Wilhelm Groener. Reichswehrminister am Ende der Weimarer Republik (1928–1932), München 1993.

38 Huber (Hrsg.), Dokumente, Bd.3, S. 9 –13.

39 Ebd., S. 6.

40 Ebert, Schriften, Bd. 2, S. 95f.

41 Ebd., S. 99.

42 Herbert Michaelis, Ernst Schraepler, Günter Scheel (Hrsg.), Ursachen und Folgen. Vom deutschen Zusammenbruch 1918 und 1945 bis zur staatlichen Neuordnung Deutschlands in der Gegenwart. Berlin o.J., Bd.3, S.12.

43 Ebd., S. 20.

44 Ebd., S.19.

45 Ebd., S. 20–23.

46 Ebd., S.5f

47 Ebd., S. 7.

48 Ebd., S. 7f

49 Spartakusbriefe. Hrsg. v. Institut für Marxismus-Leninismus beim Zentralkomitee der Sozialistischen Einheitspartei Deutschlands. Berlin (Ost) 1958, S. 469f., insbes. S. 470f.

50 Allgemeiner Kongreß der Arbeiter- und Soldatenräte Deutschlands. Vom 16. bis 21.Dezember 1918 im Abgeordnetenhause zu Berlin. Stenographische Berichte. Hrsg. v. Zentralrat der sozialistischen Republik Deutschlands, Berlin 1919, Sp.176 f.

51 Ebd., Sp. 224.

52 Ebd., Sp. 282.

53 Ebd., Sp.300f.

54 Die Regierung der Volksbeauftragten, Teil II, S.18 f.

55 Ebd., S. 22, 28 f., 79 f., 92.

56 Ebd., S. 23f.

57 Ebd., S. 82.

58 Ebd.

59 Ebd., S.133.

60 Ebd., S.30.

61 Ebd., S. 73f. (Sitzung vom 28.12.1918)

62 Eduard Bernstein, Die deutsche Revolution. Ihr Ursprung, ihr Verlauf und ihr Werk. Bd.1, Berlin-Fichtenau 1921, S.126.

63 Vgl. insbes. Eberts Reaktion auf Dittmanns bohrende Fragen: Die Regierung der Volksbeauftragten, Teil II, S. 94f., 103f.

64 Eduard Heilfron (Hrsg.), Die deutsche Nationalversammlung im Jahre 1919. Berlin 1920, Bd.1, S. 93.

65 George Grosz, Das Gesicht der herrschenden Klasse & Abrechnung folgt. (1921/1923) Neudruck Frankfurt a.M. 1972, S. 4.

66 Ebd., S.38.

67 Kurt Hiller, Der Reichspräsident. In: Die Weltbühne 21 (1925), S. 299.

68 Waldemar Besson, Friedrich Ebert. Verdienst und Grenze. Göttingen 1963, S.58. Grundlegend: Walter Mühlhausen, Friedrich Ebert 1871–

1925. Reichspräsident der Weimarer Republik, Bonn 2006.

69　Hiller, Der Reichspräsident, S. 299.

70　Horkenbach, Das Deutsche Reich, S. 203.

71　Teodor Heuss, Erinnerungen 1905-1933. Frankfurt a.M. 1965, S. 218.

72　Gustav Stresemann, Vermächtnis. Hrsg. v. Henry Bernhard, Bd. 2, Berlin 1932, S. 41.

73　Akten der Reichskanzlei. Weimarer Republik. Hrsg. v. Karl Dietrich Erdmann und Hans Booms. Die Kabinette Marx I und II. Bearb. v. Günter Abramowski, Bd. 2, Boppard a.Rh. 1973, S.1245f.

74　Otto Gessler, Reichswehrpolitik in der Weimarer Zeit. Hrsg. v. Kurt Sendtner. Stuttgart 1958, S.326 f.

75　Viscount d'Abernon, Ein Botschafter an der Zeitenwende. Memoiren, Bd. 2, Leipzig o.J., S.141f.

76　Gessler, Reichswehrpolitik, S.321.

77　Ebd., S.342.

78　John W.Wheeler-Bennett, Der hölzerne Titan. Paul von Hindenburg. Tübingen 1969, S. 45f. Die umfassende Biografe von W.Pyta, Hindenburg. Herrschaft zwischen Hohenzollern und Hitler, München 2007, interpretiert diesen als »charismatischen Herrscher«.

79　Gessler, Reichswehrpolitik, S.339.

80　Teodor Eschenburg, Die Rolle der Persönlichkeit in der Krise der Weimarer Republik. Hindenburg, Brüning, Groener, Schleicher. In: Die improvisierte Demokratie. München 1963, S. 237 f.

81　Ebd., S. 239.

82　Wheeler-Bennett, Der hölzerne Titan, S. 26.

83　Gessler, Reichswehrpolitik, S.344.

84　Heinrich Brüning, Memoiren 1918–1934. Bd. 2, München 1972, S. 632f. Allerdings handelt es sich bei dieser Ausgabe nicht um einen völlig authentischen Text, der möglicherweise eine schärfere Kritik an Hindenburg enthält.

Vgl. Rudolf Morsey, Zur Entstehung, Authentizität und Kritik von Brünings Memoiren 1918-1934, Opladen 1975. S.u. FN 390

85　Gessler, Reichswehrpolitik, S.345.

86　Brüning, Memoiren, Bd. 2, S. 633.

87　Ebd.

88　Gessler, Reichswehrpolitik, S.348.

89　21 (1924), Heft 7.

90　Vgl. u. a. das zeitgenöss. Gutachten zur »Dolchstoßfrage«: Das Werk des Untersuchungsausschusses der Verfassunggebenden Deutschen Nationalversammlung und des Deutschen Reichstages 1919-1928. 4.Reihe: Die Ursachen des deutschen Zusammenbruchs im Jahre 1918. 2.Abt., Bd. 6, Berlin 1928 (Gutachten u. a. v. H.Delbrück).

91　Generalfeldmarschall von Hindenburg, Aus meinem Leben. Leipzig 1920, S. 403.

92　Vgl. Wheeler-Bennett, Der hölzerne Titan, S. 245f.

93　M.J. Bonn, So macht man Geschichte. München 1953, S. 238.

94　Wheeler-Bennett, Der hölzerne Titan, S. 247.

95　Erklärung Hindenburgs vor dem Untersuchungsausschuss am 18. 11.1919. In: Ursachen und Folgen, Bd. 4, S. 7 f

96　Ebd., S.10 Anm.

97　Ebd., Bd. 2, S.319.

98　Das Werk des Untersuchungsausschusses, 4.Reihe, Bd. 2, Berlin 1925, S. 400f. (Gutachten Schwertfeger).

99　Friedrich Payer, Von Bethmann Hollweg bis Ebert, Frankfurt a.M. 1923, S. 99.

100　Ebd., S.100.

101　Ursachen und Folgen, Bd. 2, S.327f., die Zitate S.328 f.

102　Ebd., S.330.

103　Das Werk des Untersuchungsausschusses, 4.Reihe, Bd. 8, Berlin 1926, S. 288 (Gutachten Bredt).

104　Ursachen und Folgen, Bd. 6, S. 265.

105　Ebd., S. 277.

106 Aufruf der KPD. Ebd., S. 273f.
107 BVP-Aufruf. Ebd., S. 269f.
108 A. Schwarz in: Max Spindler (Hrsg.), Handbuch der bayerischen Geschichte. Bd. 4, 1, München 1979, S. 495.
109 Harry Graf Kessler. Das Tagebuch Achter Band 1923–1926. Hrsg. v. Angela Reinthal, Günter Riederer und Jörg Schuster, Stuttgart 2009, S. 669 -671.
110 Nationalliberalismus in der Weimarer Republik. Die Führungsgremien der Deutschen Volkspartei 1918–1933. Bearb. v. Eberhard Kolb und Ludwig Richter, Düsseldorf 1999, Bd. 1, S.587 f.; Stresemann, Vermächtnis, Bd. 2, S. 47f. Eine detaillierte Darstellung von Stresemanns bis zuletzt anhaltenden Versuche, Hindenburg zu verhindern, fndet sich bei Ludwig Richter, Die Deutsche Volkspartei 1918–1933, Düsseldorf 2002, S.379–389.
111 G. Stresemann, Vermächtnis, Bd. 2, S.51.
112 Brüning, Memoiren, Bd.1, S.123.
113 Paul Herre (Hrsg.), Politisches Handwörterbuch, Bd.1, Leipzig 1923, S. 789.
114 Ursachen und Folgen, Bd. 6, S. 283f
115 Ebd., S. 286 f.
116 Friedrich Meinecke, Politische Schriften und Reden. Hrsg. v. Georg Kotowski, Darmstadt 1958, S.384.
117 Ursachen und Folgen, Bd. 6, S. 290.
118 Ebd., S. 298.
119 Ebd., S. 284.
120 Ebd., S. 272.

第二章
共和国总理与外交部长（1923—1929 年）

121 Vgl. Ulrich von Hehl, Wilhelm Marx 1863-1946, Mainz 1987; Heinrich Küppers, Joseph Wirth, Stuttgart 1997; Ulrike Hörster-Philipps, Joseph Wirth 1879–1956, Paderborn 1998; Bernd Braun, Die Weimarer Reichskanzler- Zwölf Lebensläufe in Bildern, Düsseldorf 2011.
122 Friedrich Meinecke, Verfassung und Verwaltung der deutschen Republik (1919). In: Ders., Politische Schriften und Reden. Hrsg. und eingel. v. Georg Kotowski, Darmstadt 1958, S. 281.
123 Vgl. Horst Möller, Republikanismus, Antirepublikanismus und das Scheitern der Weimarer Demokratie. In: Helmut Reinalter (Hrsg.), Republikbegrif und Republiken seit dem 18.Jahrhundert im europäischen Vergleich, Frankfurt a.M. usw. 1999, S. 203–221.
124 Vgl. insges. die Beiträge in: Vernunftrepublikanismus in der Weimarer Republik. Hrsg. v. Andreas Wirsching und Jürgen Eder, Stuttgart 2008.
125 Tomas Mann, Geist und Wesen der deutschen Republik. Dem Gedächtnis Walther Rathenaus. In: Ders., Gesammelte Werke in 13 Bänden, Bd.XI, Frankfurt a.M. 1974, S. 859.
126 Friedrich Meinecke, Das Ende der monarchischen Welt (24.12.1922). In: Ders., Politische Schriften, S.345.
127 Vgl. Horst Möller, Friedrich Meinecke, Gustav Stresemann und Tomas Mann- drei Wege in die Weimarer Republik. In: A.Wirsching/J.Eder (Hrsg.), Vernunftrepublikanismus, S. 257–274.
128 Zu Stresemanns Jugendjahren und seiner politischen Entwicklung bis 1923 vgl. seine nachgelassenen autobiografschen Fragmente in: G. Stresemann, Vermächtnis, Bd.1, S.1–26. – Die beiden eingehendsten Biografen sind: Christian Baechler, Gustave Stresemann (1878–1929). De l'impérialisme à la sécurité collective, Strasbourg 1996; sowie Jonathan Wright, Gustav Stresemann 1878- 1929. Weimars größter Staatsmann, München 2006 (engl. 2002). Vgl. auch Eberhard Kolb, Das Stresemannbild im Wandel der Zeit. In: Historie und Leben. Festschrift für Lothar Gall zum 70.Geburtstag, Hrsg. v. Dieter Hein, Klaus Hildebrand und Andreas Schulz,

München 2006, S.573–585.

129 Vgl. auch Wolfgang Stresemann, Mein Vater Gustav Stresemann, München 1979.

130 Stresemann, Reden und Schriften, Bd.1, Dresden 1926, S.120–137, das Zitat S.121.

131 Verhandlungen des Reichstags, Bd.309, S. 2852f.

132 Die Regierung des Prinzen Max von Baden, bearb. v. Erich Matthias und Rudolf Morsey, Düsseldorf 1962, S.178–180.

133 Siehe unten Kapitel III, 2 – Parteien im Wandel.

134 Nationalliberalismus in der Weimarer Republik. Die Führungsgremien der Deutschen Volkspartei 1918–1933. Bearb. v. Eberhard Kolb und Ludwig Richter, Düsseldorf 1999, Bd.1, S.15, Anm. 21.

135 Ebd. S. 234 f.

136 Ebd. S. 246, sowie die ofzielle Erklärung der DVP, S. 247.

137 Viscount d'Abernon. Ein Botschafter der Zeitenwende. Memoiren Bd.III, Deutsch von Antonina Vallentin, Leipzig o.J. (1931) S. 20.

138 Teodor Heuss, Erinnerungen. 1905–1933, Tübingen 1963, S. 272.

139 Teodor Heuss, Stresemann (1924). In: Ders., Politiker und Publizist. Aufsätze und Reden. Ausgewählt u. kommentiert v. Martin Vogt. Mit einem einleitenden Essay von Ralf Dahrendorf, Tübingen 1984, S.148.

140 Viscount d'Abernon, Ein Botschafter der Zeitenwende, Bd.III, S.181.

141 Gustav Stresemann, Erzberger, abgedr. in: G. Stresemann, Reden und Schriften, Bd.1, S.378–388.

142 Viscount d'Abernon, Memoiren, Bd.III, S.30.

第三章
魏玛共和国的诞生与维系(1919—1930 年)

143 Bis dahin galt das Wahlgesetz des Norddeutschen Bundes v. 31.Mai 1869, das 1871 als Reichsgesetz übernommen worden war. Die bedeutsamen Änderungen vom 24.August 1918 (z.B. Wahlkreiseinteilung) wurden nicht mehr praktiziert. Texte in: Ernst Rudolf Huber (Hrsg.), Dokumente zur deutschen Verfassungsgeschichte. Bd. 2, Stuttgart 1964, S. 243f., 479f.

144 Programmatische Dokumente der deutschen Sozialdemokratie. Hrsg. v. Dieter Dowe und Kurt Klotzbach, Berlin, Bonn, Bad Godesberg 1973, S.178.

145 Text in: Heinrich Triepel, Quellensammlung zum Deutschen Reichsstaatsrecht. 5.Auf. Tübingen 1931, S. 2.

146 Ferdinand A.Hermens, Demokratie oder Anarchie? Untersuchung über die Verhältniswahl. Köln, Opladen 1968, sowie schon die zeitgenössische Kritik von Johannes Schauf (Hrsg.), Neues Wahlrecht. Beiträge zur Wahlrechtsreform. Berlin 1929.

147 Berichte und Protokolle des 8.Ausschusses der Verfassunggebenden Deutschen Nationalversammlung über den Entwurf einer Verfassung des Deutschen Reiches. Berlin 1920, S. 242 (künftig zit. als Verfassungsausschuß).

148 Ebd., S. 243.

149 Georg Kaisenberg, Die Wahl zum Reichstag. 3.Auf. Berlin 1928, S.50f.

150 Siehe Tabelle im Anhang.

151 Statistisches Jahrbuch für den Preußischen Staat. Bd.16, Berlin 1920, S. 422.

152 Ebd., S. 424.

153 Tabelle bei Cuno Horkenbach, Das Deutsche Reich von 1918 bis heute. Berlin 1930, S.386.

154 Ebd., S.390, 397.

155 Übersichten in: Ursachen und Folgen. Vom deutschen Zusammenbruch 1918 und 1945 bis zur staatlichen Neuordnung Deutschlands in der Gegenwart. Berlin o.J., Bd. 7, Anlagen II und III, S. 666f.

156 Der Zentralrat der Deutschen Sozial-istischen Republik. 19.12.1918–8. 4.1919. Bearb. v. Eberhard Kolb unter Mitwirkung von Reinhard Rürup. Leiden 1968, S. 494.

157 Ebd., S. 498 f.

158 Ebd., S. 496.

159 Ebd., S. 494.

160 Hermann Weber, Die Wandlung des deutschen Kommunismus. Die Stalinisierung der KPD in der Weimarer Republik. Frankfurt a.M. 1969 (gekürzte Studienausg.), S.38.

161 Gerhard A.Ritter, Kontinuität und Umformung des deutschen Parteien-systems 1918 –1920. In: Eberhard Kolb (Hrsg.), Vom Kaiserreich zur Weimarer Republik. Köln 1972, S. 244–275.

162 Carl E. Schorske, German Social Democracy 1905 –1917. Te Development of the Great Schism. Cambridge, Mass., 1955.

163 Linksliberalismus in der Weimarer Republik. Die Führungsgremien der Deutschen Demokratischen Partei und der Deutschen Staatspartei 1918–1933. Eingel. v. Lothar Albertin. Bearb. v. Konstanze Wegner in Verb. mit Lothar Albertin. Düsseldorf 1980, S.3 sowie Einl. S.XIf.

164 Vgl. dazu die präzise Einleitung zu den Dokumenten von Eberhard Kolb und Ludwig Richter, Nationalliberalismus in der Weimarer Republik, Bd.1, S.14–28.

165 Linksliberalismus in der Weimarer Republik, S.XXXV.

166 Lothar Albertin, Liberalismus und Demokratie am Anfang der Weimarer Republik. Eine vergleichende Analyse der Deutschen Demokratischen Partei und der Deutschen Volkspartei. Düsseldorf 1972, S.104.

167 Wolfgang Treue, Deutsche Parteipro-gramme seit 1861. 4.erw. Auf., Göttingen 1968, S.135f.

168 Ebd., S.128.

169 Vgl. Aufruf v. 18.11.1918. In: Ursachen und Folgen, Bd.3, S. 200f.

170 Hugo Preuß, Die Improvisierung des Parlamentarismus (26.10.1918). In: Ders., Staat, Recht und Freiheit. Hildesheim 1964, S.361f., und Teodor Eschenburg, Die improvisierte Demokratie. München 1963, S.11–60.

171 Ernst Fraenkel, Deutschland und die westlichen Demokratien. 5.erw. Auf., Stuttgart, Berlin, Köln, Mainz 1973; Gerhard A.Ritter, Deutscher und britischer Parlamentarismus. Ein verfassungsgeschichtlicher Vergleich. Tübingen 1962.

172 Erich Eyck, Geschichte der Weimarer Republik. Bd. 2, 4.Auf. ErlenbachZürich 1972, S. 213.

173 Hagen Schulze, Otto Braun oder Preußens demokratische Sendung. Frankfurt a.M., Berlin, Wien 1977.

174 Horst Möller, Ernst Heilmann. Ein Sozialdemokrat in der Weimarer Republik. In: Jahrbuch des Instituts für Deutsche Geschichte der Universität Tel Aviv 11 (1982), S. 261–294, jetzt in: Horst Möller, Aufklärung und Demokratie. Historische Studien zur politischen Vernunft. Hrsg. v. Andreas Wirsching, München 2003, S. 200–225.

175 Rudolf Morsey, Der politische Katholizismus 1890–1933. In: Der soziale und politische Katholizismus. Entwicklungslinien in Deutschland 1803 –1963. Hrsg. v. Anton Rauscher. München, Wien 1981, S.110–164, hier S.153.

176 Protokoll über die Verhandlungen des Parteitages der Sozialdemokratischen Partei Deutschlands, abgehalten in Kassel vom 10. bis 16.Oktober 1920, S. 44; Jahrbuch der Deutschen Sozialdemokratie für das Jahr 1926. Hrsg. v. Vorstand der SPD. Berlin 1927, S. 29.

177 Sigmund Neumann, Die Parteien der Weimarer Republik. 2.Auf. Stuttgart

1970, S.120.

178 Weber, Wandlung des deutschen Kommunismus, S.363.

179 Eugen Prager, Das Gebot der Stunde. Geschichte der USPD. 4.Auf. Berlin, Bonn 1980, S. 72.

180 Neumann, Die Parteien, S.36.

181 Die bürgerlichen Parteien in Deutschland. Hrsg. unter d. Leitung v. Dieter Fricke. Bd.1, Leipzig 1968, S. 716.

182 Werner Liebe, Die Deutschnationale Volkspartei 1918 –1924. Düsseldorf 1956, S.16 f.

183 Ebd., S.130f.

184 Johannes Schauf, Das Wahlverhalten der deutschen Katholiken im Kaiserreich und in der Weimarer Republik. Hrsg. und eingel. v. Rudolf Morsey.Mainz 1975, S. 202.

185 Ebd., S. 203.

186 Ebd., S. 204.

187 Liebe, Die Deutschnationale Volkspartei, S.16f.

188 Morsey, Der politische Katholizismus, S.153.

189 Ebd., S.148.

190 Neumann, Die Parteien, S.33.

191 Ebd., S.34.

192 Walter Benjamin, Politisierung der Intelligenz. Zu S.Kracauer, Die Angestellten. In: Siegfried Kracauer, Die Angestellten. Aus dem neuesten Deutschland (1929). Neudruck Frankfurt a.M. 1971, S.117.

193 Peter Weiss, Die Ästhetik des Widerstands. Bd.1, 2.Auf., Frankfurt a.M. 1983, S.148.

194 Dieter Groh, Negative Integration und revolutionärer Attentismus. Die deutsche Sozialdemokratie am Vorabend des Ersten Weltkrieges. Frankfurt a.M., Berlin, Wien 1973.

195 Albertin, Liberalismus und Demokratie, S.106–138.

196 Eduard Heilfron (Hrsg.), Die deutsche Nationalversammlung im Jahre 1919 in ihrer Arbeit für den Aufbau des neuen deutschen Volksstaates. Bd.1,

Berlin 1920, S. 81f.

197 Text in: Ursachen und Folgen, Bd.3, S. 253f.

198 Verfassungsausschuß, S.111.

199 Präambel der Verfassung des Deutschen Reichs vom 16.April 1871, in: Huber, Dokumente, Bd. 2, S. 290.

200 Die Regierung der Volksbeauftragten, TeilI, S.179, 185, 195.

201 Preuß, Staat, Recht und Freiheit, S.368f., Verfassungsentwürfe bei Triepel, Quellensammlung, S. 6 –44.

202 Aufzeichnung der Besprechung vom 25.Januar 1919, in: Geheimes Staatsarchiv Berlin, Rep. 90, Nr.300, pag.117, S.1.

203 Ebd., pag.121, S. 9.

204 Philipp Scheidemann, Memoiren eines Sozialdemokraten. Bd. 2, Dresden 1928, S.354.

205 Peter Christian Witt, Friedrich Ebert – Parteiführer, Reichskanzler, Volksbeauftragter, Reichspräsident. In: Friedrich Ebert 1871–1925. Hrsg. v. der Friedrich-Ebert-Stiftung, Bonn, Bad Godesberg 1971, S. 45; Susanne Miller, Die Bürde der Macht. Die deutsche Sozialdemokratie 1918 –1920. Düsseldorf 1978, S.52.

206 Heilfron, Nationalversammlung, Bd.1, S.50f.

207 Scheidemann, Memoiren, Bd. 2, S. 355f.

208 Conrad Haußmann, Schlaglichter. Reichstagsbriefe und Aufzeichnungen. Hrsg. v. Ulrich Zeller, Frankfurt 1924, S. 276.

209 Vgl. Miller, Bürde der Macht, S. 246 f.

210 Rudolf Morsey, Die Deutsche Zentrumspartei 1917–1923. Düsseldorf 1966, S.165f.

211 Karl Anton Schulte (Hrsg.), Nationale Arbeit. Das Zentrum und sein Wirken in der deutschen Republik. Leipzig 1929, S.157.

212 Carl Severing, Mein Lebensweg. Bd.1, Köln 1950, S. 237 f.

213 Klaus Epstein, Matthias Erzberger

und das Dilemma der deutschen Demokratie. Frankfurt a.M., Berlin, Wien 1976, S.327.

214 Morsey, Die Deutsche Zentrumspartei, S.167.

215 Epstein, Matthias Erzberger, S.328.

216 Ebd.

217 Ebd.

218 Akten der Reichskanzlei. Das Kabinett Scheidemann. 13.Februar bis 20.Juni 1919. Bearb. v. Hagen Schulze. Boppard 1971, S.XXIV.

219 In: Dokumente und Materialien zur Geschichte der deutschen Arbeiterbewegung. Hrsg. vom Institut für Marxismus-Leninismus beim Zentralkomitee der Sozialistischen Einheitspartei Deutschlands. Bd. 7, 1, Berlin (Ost) 1966, S. 8/9.

220 Heilfron, Nationalversammlung, Bd.1, S. 98 f

221 Akten der Reichskanzlei. Das Kabinett Scheidemann, S.LII.

222 Ebd., S.XXXIX.

223 Horkenbach, Das Deutsche Reich, S. 60.

224 Emil Julius Gumbel, Vier Jahre politischer Mord (1922). Neuauf. Heidelberg 1980, S. 20f.

225 Horkenbach, Das Deutsche Reich, S. 64.

226 Severing, Mein Lebensweg, Bd.1, S. 242.

227 Leo Wittmayer, Die Weimarer Reichsverfassung. Tübingen 1922, S. 9.

228 Anm. 201; sowie Wilhelm Ziegler, Die deutsche Nationalversammlung 1919/1920 und ihr Verfassungswerk. Berlin 1932

229 Heilfron, Nationalversammlung, Bd.1, S.592.

230 Die Regierung der Volksbeauftragten, Bd.1, S. 251f.

231 Ebd., Bd. 2, S. 249f. Vgl. Walter Jellinek, Revolution und Reichsverfassung. Bericht über die Zeit vom 9.November 1918 bis 31.Dezember 1919. In: Jahrbuch des öfentlichen Rechts der Gegenwart 9 (1920), S.1–128.

232 Triepel, Quellensammlung, S. 7.

233 Geheimes Staatsarchiv Berlin, Rep. 90, Nr.300, pag. 45.

234 Zentralrat, S. 462.

235 Ebd.

236 Regierung der Volksbeauftragten, Bd. 2, S.166.

237 Ebd., S. 239.

238 Triepel, Quellensammlung, S.10f

239 Aufzeichnung der Besprechung vom 25.Januar 1919, GSTA Berlin, Rep. 90, Nr.330, pag. 117, S.1.

240 Regierung der Volksbeauftragten, Bd. 2, S. 230.

241 So der Zentrumsabgeordnete Prof. Albert Lauscher. In: Schulte (Hrsg.), Nationale Arbeit, S.175.

242 Ebd., S.164f.

243 Zentrum zum Preußenproblem: Morsey, Die Deutsche Zentrumspartei, S. 201.

244 Text in: Ursachen und Folgen, Bd.3, S.197.

245 Heilfron, Nationalversammlung, Bd.1, S.121.

246 Ebd., S.117.

247 Ebd., S.177.

248 Vgl. Aufstellung bei Miller, Bürde der Macht, S.300.

249 Protokoll über die Verhandlungen des Parteitags der Sozialdemokratischen Partei Deutschlands, abgehalten in Weimar vom 10. bis 15.Juni 1919, S. 68 f.

250 Ebd., S. 69 f.

251 Verfassungsausschuß, S.593.

252 Heilfron, Nationalversammlung, Bd.5, S.1204. Die z.T. abweichenden Zahlenangaben in Bezug auf diese Frage (65 Abgeordnete) erklären sich wohl aus der unterschiedlichen Zuordnung dieser beiden bayerischen Abgeordneten des Zentrums bzw. der BVP.

253 Fritz Poetzsch, Vom Staatsleben unter der Weimarer Verfassung (vom 1.Januar 1920 bis 31.Dezember 1924). In:

Jahrbuch des Öfentlichen Rechts der Gegenwart 13 (1925), S.162.

254 Max Fleischmann, Die Einwirkung auswärtiger Gewalten auf die deutsche Reichsverfassung. Halle/Saale 1925, S.32 f.

255 Heilfron, Nationalversammlung, Bd. 4, S. 2646, 2651.

256 Ebd., S. 2772 f.; 237 Ja-, 138 Nein-stimmen, 5 Enthaltungen.

257 Hindenburg an die Reichsregierung, 17.Juni 1919, in: Ursachen und Folgen, Bd.3, S.373.

258 Heilfron, Nationalversammlung, Bd. 4, S. 2725/6.

259 Text des Versailler Vertrages in: Ursachen und Folgen, Bd.3, S.388 –415 (Auszug).

260 Vgl. die Tabelle in Dietmar Petzina, Werner Abelshauser, Anselm Faust, Sozialgeschichtliches Arbeitsbuch. Bd.3: Materialien zur Statistik des Deutschen Reiches 1914 –1945. München 1978, S. 61 (mit abweichender Bezugsgröße).

261 Gerald D.Feldman, Carl-Ludwig Holtfrerich, Gerhard A.Ritter, Peter-Christian Witt (Hrsg.), Die Deutsche Infation. Eine Zwischenbilanz. Berlin, New York, 1982, S.3.

262 Heilfron, Nationalversammlung, Bd.5, S.3356 f.

263 Art. 70 der Reichsverfassung vom 16.April 1871.

264 Heilfron, Nationalversammlung, Bd.5, S.3362.

265 Ebd., S.3357 f.

266 So bezeichnete es der spätere Reichs-fnanzminister Schifer (DDP), ebd., S.3382.

267 Ludwig Preller, Sozialpolitik in der Weimarer Republik. 2.Auf. Düsseldorf 1978, S. 251. Vgl. auch: Deutsche Sozialpolitik 1918 –1928. Erinnerungsschrift des Reichsarbeitsministeriums. Berlin 1929.

268 Ursachen und Folgen, Bd. 4, S. 185/186.

269 Gumbel, Vier Jahre, S. 69f.

270 Friedrich von Rabenau, Seeckt. Aus seinem Leben 1918–1936. Leipzig 1940, S. 221.

271 Text in: Ursachen und Folgen, Bd. 4, S.111 –113.

272 Ebert an Noske, 25.März 1920, ebd., S.114.

273 Ebd., S.339.

274 Alliierter Zahlungsplan vom 5.Mai 1921, ebd., S.340–344.

275 Horkenbach, Das Deutsche Reich, S.141. Vgl. Karl Dietrich Erdmann, Deutschland, Rapallo und der Westen. In: Vierteljahrshefte für Zeitgeschichte 11 (1963), S.105–165; sowie Teodor Schieder, Die Entstehungsgeschichte des Rapallo-Vertrags. In: Historische Zeitschrift 204 (1967), S.545–609.

276 Ursachen und Folgen, Bd. 4, S. 210–214.

277 Vgl. Morsey, Die Deutsche Zentrum-spartei, S. 457f., sowie Hagen Schul-ze, Weimar. Deutschland 1917–1933. Berlin 1982, S. 244.

278 Ursachen und Folgen, Bd. 4, S. 215.

279 Ebd., S. 239.

280 Ebd., S. 234– 239, vgl. auch: Akten der Reichskanzlei. Die Kabinette Wirth I und II. Bearb. v. Ingrid Schulze-Bidlingmaier. Bd. 2, Boppard 1973, S. 883f., 901f., 913f.

281 Ebd., S.1164, 1169.

282 Schulze, Weimar, S. 247.

283 Natürlich verzerrt die Infation die reale Veränderung der Lebenshaltung-skosten extrem. Vgl. etwa die Tabelle in: Carlo M.Cipolla, Knut Borchardt, Europäische Wirtschaftsgeschichte. Bd.5, Stuttgart, New York 1980, S. 474 f.

284 Text in: Ursachen und Folgen, Bd.5, S. 203f.

285 Horkenbach, Das Deutsche Reich, S.175. Die Reichsregierung nannte unter Einbeziehung des Rheinlands die Zahl 180000 (davon Ruhrgebiet: 140000).

286 Vgl. im Übrigen die Tabelle in: Ursachen und Folgen, Bd.5, S.571.

287 Vgl. Aufstellung ebd., S.532 f.

288 Albert Schwarz, Die Weimarer Republik 1918–1933. Konstanz 1958, S.102.

289 Dokumente in: Ursachen und Folgen, Bd.5, S. 469f.

290 Ebd., S.395.

291 Ebd., S.396.

292 Ebd., S.397.

293 Ebd., S.396.

294 Ebd., S. 400.

295 Vgl. ebd., S.501.

296 Horkenbach, Das Deutsche Reich, S.184.

297 Stresemann, Vermächtnis, Bd.1, S. 245.

298 Ebd., S. 245f

299 Rabenau, Seeckt, S.341 mit falscher Datierung auf Februar 1922. Es kann sich nur um November 1923 gehandelt haben. Zuverlässiger dagegen Gessler, Reichswehrpolitik, S. 299; sowie Akten der Reichskanzlei. Kabinett Stresemann I und II. Bearb. v. Karl Dietrich Erdmann und Martin Vogt. Boppard 1978, Einleitung und Anhang Nr.1.

300 Ebd., S.1190f., 1196f., und Gessler, Reichswehrpolitik, S. 299.

301 Akten der Reichskanzlei. Kabinett Stresemann I und II. Anhang, Dokumente 1,2; S.1176f., 1203f., sowie Deutsche Wirtschaftskunde. Bearb. im Statistischen Reichsamt. Berlin 1930.

302 Akten der Reichskanzlei. Kabinett Stresemann I und II, S.1212 f

303 Text des Londoner Abkommens zwischen den Alliierten und dem Deutschen Reich v. 30.August 1924. In: Ursachen und Folgen, Bd. 6, S.123–128. Zur Kapitalbildung in Deutschland 1924–1928 vgl. auch die zeitgenössische Untersuchung des Instituts für Konjunkturforschung, zit. bei Horkenbach, Das Deutsche Reich, Jg.1931, S.143f.

304 Siehe auch Tabelle im Anhang.

305 Siehe oben Kap.III, Abschnitt: Friedensschluss – Der Vertrag von Versailles.

306 Vgl. Angaben bei Karl Hardach, Deutschland 1914–1970, in: Europäische Wirtschaftsgeschichte. Hrsg. v. Carlo M. Cipolla. Deutsche Ausgabe hrsg. v. K. Borchardt, Bd.5: Die europäischen Volkswirtschaften im zwanzigsten Jahrhundert, Stuttgart-New York, 1980, S.54.

307 Text in: G. Stresemann, Vermächtnis, Bd.II, S.553– 555: Stresemann am 7. September 1925 an den ehemaligen Kronprinzen. Das Wort benutzte er in Bezug auf die Außenpolitik: S.555. Der Brief, in dem Stresemann seine außenpolitischen Motive erläuterte, erregte wie auch die – nach dem Ort, einer Genfer Brauerei, benannte – »Gambrinus«-Rede (ebd. Bd.III, S. 26 –30) nach Bekanntwerden großes Aufsehen, da Stresemanns ehrliche Absichten zur Verständigung angezweifelt wurden. Zu dieser Rede äußerte er sich einen Tag später in einer Pressekonferenz. Der »Kronprinzenbrief« wurde erst nach Veröfentlichung seines Nachlasses bekannt und seinerzeit kritisch überinterpretiert, wie schon der für den Nationalismus völlig unverdächtige pazifstische Jurist und Publizist Rudolf Olden (einer der Verteidiger Carl von Ossietzkys im Hochverratsprozess!) 1935 in der von Klaus Mann hrsg. Exilzeitschrift Die Sammlung philologisch exakt nachwies. Olden, u. a. Verfasser einer frühen Stresemann-Biografe (1929) und Emigrant schon 1933, schrieb ein vehementes Plädoyer für Stresemann, der »das ganze Martyrium des Politikers durchgemacht, der Politik gegen seine Anhänger macht, des Pazifsten in einer nationalistisch-militaristischen Gesellschaft«. (Rudolf

Olden, Hat Stresemann betrogen?, in: Die Sammlung, II. Jg. 1935, S. 231–241), das Zitat S. 240.

308 Vgl. Tabelle bei Karl Dietrich Erdmann, Die Zeit der Weltkriege. Stuttgart 1976, S. 826 (Gebhardt, Handbuch der deutschen Geschichte, 9.Auf. Bd. 4, 2). Vgl. zur Problematik der Zahlenangaben, die u. a. wegen der Bewertung von Sachlieferungen unterschiedlich sind: Peter Krüger, Das Reparationsproblem der Weimarer Republik in fragwürdiger Sicht. In: VfZ 29 (1981), S. 21 –47.

309 Text in: Ursachen und Folgen, Bd. 7, S. 613f.; Stimmergebnis: Horkenbach, Das Deutsche Reich, S. 296, zum Young-Plan: ebd., S.356–363.

310 Text der Rede in: G. Stresemann, Vermächtnis Bd. III, S. 570–580.

311 Harry Graf Kessler, Das Tagebuch. Neunter Band 1926–1937. Hrsg. v. Sabine Gruber und Ulrich Ott. Unter Mitarbeit von Christoph Hilse und Nadin Weiss, Stuttgart 210, S. 265f.

312 Anm.199.

313 Vgl. auch Anm.198.

314 Vgl. Rudolf Morsey, Verfassungsfeinde im öfentlichen Dienst der Weimarer Republik – ein aktuelles Lehrstück? In: Baum, Benda, Isensee, Krause, Merritt, Politische Parteien und öfentlicher Dienst. Bonn 1982, S.108f.

315 Hugo Sinzheimer, Ernst Fraenkel, Die Justiz in der Weimarer Republik. Eine Chronik. Neuausgabe Neuwied, Berlin 1968, S.19.

316 Schulte (Hrsg.), Nationale Arbeit, S.393.

317 Ebd., S. 443f.

318 Gottfried Zarnow, Gefesselte Justiz. Politische Bilder aus deutscher Gegenwart. Bd.1, 10. Auf. München 1931; Bd. 2, München 1932.

319 Gustav Radbruch, Der innere Weg. Aufriß meines Lebens. 2. unveränd. Auf. Göttingen 1961, S.106 f.

320 Ebd., S.112.

321 Ergänzte (5.) Neuaufage unter dem Titel: Vier Jahre politischer Mord. Berlin-Friedenau 1922.

322 Ebd., Vorwort.

323 Ebd., S.118f. und Radbruch, Der innere Weg, S.112.

324 Denkschrift des Reichsjustizministeriums zu Vier Jahre politischer Mord. Hrsg. v. E.J. Gumbel, Berlin 1924, S. 6.

325 Ebd., S. 7.

326 Ebd., S. 6.

327 Ebd., S.35.

328 Gumbel, Vier Jahre, S. 91f.

329 Sinzheimer, Fraenkel, Die Justiz, S.19.

330 Verfassungsausschuß, S. 246.

331 Gerhard Anschütz, Die Verfassung des Deutschen Reichs vom 11.August 1919. 14.Auf. Berlin 1933, S.327.

332 Ebd., S.313.

333 Poetzsch, Vom Staatsleben (1925), S.164.

334 Morsey, Die Deutsche Zentrumspartei, S.353; dort auch Näheres zur Regierungsbildung, S.329f

335 Text in: Ursachen und Folgen, Bd. 4, S.339 f., sowie Zahlungsplan v. 5.Mai 1921, ebd., S.340f.

336 Vgl. Anschütz, Die Verfassung, S. 269f.

337 Texte in: Huber, Dokumente, Bd.3, S.506f.; und: Preußen contra Reich vor dem Staatsgerichtshof. Stenogrammbericht der Verhandlungen vor dem Staatsgerichtshof in Leipzig vom 10. bis 14. und vom 17.Oktober 1932. Mit einem Vorwort von Ministerialdirektor Dr.Brecht. Berlin 1933.

338 Poetzsch, Vom Staatsleben (1925), S. 99.

339 Vgl. Aufstellung ebd., S.141f. und ebd., Bd.17 (1929), S. 99, sowie ebd., Bd. 21 (1933/34), S.127f.

340 Ebd., Bd.17 (1929), S. 99.

341 Ebd., Bd. 21 (1933/34), S.127 f.

342 Wie im Gegensatz zur hier vertretenen Interpretation etwa Schulze, Weimar,

S.100, meint.

343 Poetzsch, Vom Staatsleben (1925), S.161.

344 Ebd. sowie das instruktive Braun-Zitat: Die Protokolle der Reichstagsfraktion der Deutschen Zentrumspartei 1920–1925. Bearb. v. Rudolf Morsey und Karsten Ruppert. Mainz 1981, S.537.

345 Akten der Reichskanzlei. Die Kabinette Marx I und II. Bearb. v. Günter Abramowski. Boppard 1973, S.1122; vgl. auch die Sitzungen v. 18.Okt., S.1125f., und 20.Okt., S.1129f.

346 Ebd., S.1130f.

347 Poetzsch-Hefter, Vom Staatsleben (1933/34), S. 66.

348 Horkenbach, Das Deutsche Reich, S.315. Zum Hintergrund: Heinrich Brüning, Memoiren 1918 –1934. Bd.1, München 1972, S.183f.

349 Akten der Reichskanzlei. Die Kabinette Brüning I und II. Bearb. v. Tilman Koops, 3 Bde. Boppard 1982 –1990, Bd.1, S.321. Zur Entscheidungsbildung vgl.: DDP-Vorstandssitzung vom 10. 7.1930. In: Linksliberalismus in der Weimarer Republik, S.554f., sowie: Politik und Wirtschaft in der Krise 1930–1932. Quellen zur Ära Brüning. Eingel. v. Gerhard Schulz. Bearb. v. Ilse Maurer und Udo Wengst unter Mitwirkung v. Jürgen Heideking. Teil1, Düsseldorf 1980, S.300f.

350 Brüning, Memoiren, Bd.1, S.191.

351 Sitzung vom 14.Juli 1930: Akten der Reichskanzlei. Die Kabinette Brüning I und II, Bd.1, S.315 u. 320.

352 Die Protokolle der Reichstagsfraktion und des Fraktionsvorstands der Deutschen Zentrumspartei 1926 –1933. Bearb. v. Rudolf Morsey. Mainz 1969, S. 466.

353 Text in: Ursachen und Folgen, Bd. 8, S. 48f.

354 Horkenbach, Das Deutsche Reich, S.315.

355 Gustav Radbruch, Die politischen Parteien im System des deutschen Verfassungsrechts. In: Gerhard Anschütz, Richard Toma (Hrsg.), Handbuch des 、 Deutschen Staatsrechts. Bd.1, Tübingen 1930, S. 285f.

第四章
危机症状与魏玛共和国的瓦解

356 So Gerhard A.Ritter in: Deutschlands Weg in die Diktatur. Hrsg. v. Martin Broszat u. a., Berlin 1983, S. 92.

357 Ernst von Salomon, Die Geächteten. 3.Nachdruck der Neuaufage, Reinbek 1975, S. 25f.

358 Cuno Horkenbach (Hrsg.), Das Deutsche Reich von 1918 bis Heute. Berlin 1930, S.341f.

359 Carl von Ossietzky, Remarque-Film. In: Die Weltbühne 26.Jg. (16.Dez. 1930), Nr.51, S. 889.

360 Vgl. Siegfried Kracauer, Von Caligari zu Hitler. Eine psychologische Geschichte des deutschen Films (engl. 1947), dt. Übers. v. Ruth Baumgarten und Karsten Witte, Frankfurt a.M. 1984, S. 244 –247.

361 Statistik des Deutschen Reiches 1929, S.5.

362 Siegfried Kracauer, Die Angestellten. ND Frankfurt a.M. 1971, S. 7.

363 Bertolt Brecht, Werke. Große kommentierte Berliner und Frankfurter Ausgabe. Hrsg. v. Werner Hecht, Jan Knopf, Werner Mittenzwei und KlausDetlef Müller, Bd.1, Frankfurt a.M., Berlin 1989, S.347, 422, 491, 584f.

364 Alfred Döblin, Mein Buch »Berlin Alexanderplatz« (1932). In: Jubiläumsausgabe zum hundertsten Geburtstag des Dichters. Hrsg. v. Walter Muschg, Olten und Freiburg i.Br. 1977, Bd.1, S.506.

365 Avraham Barkai, Bevölkerungsrückgang und wirtschaftliche Stagnation. In: Deutsch-Jüdische Geschichte in

der Neuzeit. Hrsg. im Auftrag des Leo Baeck Instituts von Michael A.Meyer unter Mitwirkung von Michael Brenner, Bd.IV: Aufbruch und Zerstörung 1918 –1945. München 1997, S.39.

366 Dominik Bartmann, Das Großstadtbild Berlins in der Weltsicht des Expressionismus. In: Stadtbilder. Berlin in der Malerei vom 17.Jahrhundert bis zur Gegenwart. 2.Auf. Berlin 1987, S. 270, Abbildung S. 271. Vgl. auch seine Lithografe »Friedrichstraße« (1918), ebd., S.303 (Ausstellungskatalog Berlin Museum).

367 Walter Benjamin, Das Kunstwerk im Zeitalter seiner technischen Reproduzierbarkeit. In: Walter Benjamin, Gesammelte Schriften. Bd.I, 2, hrsg. von Rolf Tiedemann und Hermann Schweppenhäuser, Frankfurt a.M. 1980, S. 454.

368 Winfried B.Lerg, Rundfunkpolitik in der Weimarer Republik. München 1980, S.524 f.

369 Kornelia Vogt-Paclik, Bestseller in der Weimarer Republik. Herzberg 1987, S.18.

370 Vgl. Kurt Koszyk, Deutsche Presse 1914 –1945. Geschichte der deutschen Presse. Teil III, Berlin 1972, und Peter de Mendelssohn, Zeitungsstadt Berlin. Überarb. und erw. Neuauf. Frankfurt a.M. 1982.

371 Vgl. Reinhard Wittmann, Geschichte des deutschen Buchhandels. 2.Auf. München 1999, S.329f.

372 Erwin Piscator, Politisches Teater. Neubearb. v. Felix Gasbarra, Reinbek b. Hamburg 1979, S. 25.

373 Bernhard Kellermann, Der 9.November. Neuauf. Berlin 1946, S.Vorwort.

374 Zit. aus: Oskar Maria Graf, Werkausgabe. Hrsg. v. Wilfried F. Schoeller, Bd.III, Frankfurt a.M. 1982, S. 9, 11.

375 Ernst Jünger, Der Arbeiter. Neuauf. Stuttgart 1982, Vorwort zur 1.Auf. 1932.

376 Karl Jaspers, Die geistige Situation der Zeit. Zit. nach der im Sommer 1932 bearb. Neuaufage, Berlin 1932, S.34.

377 Oswald Spengler, Der Mensch und die Technik. München 1931, S. 76.

378 Hans Freyer, Revolution von rechts. Jena 1931, S. 45, 47.

379 Carl Schmitt, Die geistesgeschichtliche Lage des heutigen Parlamentarismus. Berlin 1923, 4.Auf. 1969, S. 23.

380 Interparlamentarische Union (Hrsg.), Die gegenwärtige Entwicklung des repräsentativen Systems, Berlin 1928, Vorwort bzw. Laski S. 7.

381 Moritz Julius Bonn, Die Krisis der europäischen Demokratie, München 1925; Horst Möller, Europa zwischen den Weltkriegen, München 1998, 3.ND 2013, S. 6 –14, 107 –115; stellvertretend für eine ausgebreitete, doch häufg redundante Literatur: Deutscher Sonderweg – Mythos oder Realität?, MünchenWien 1982 (Kolloquien des Instituts für Zeitgeschichte).

382 Diese Kontexte werden bei kulturalistischen Interpretationsansätzen (vgl. beispielsweise die in dieser Hinsicht weiterführende originelle Untersuchung von Tomas Mergel, Parlamentarische Kultur in der Weimarer Republik, Düsseldorf 2002), oft unterbelichtet: Zwar ergänzen sie sinnvoll traditionelle Methoden und Fragestellungen, ersetzen sie aber nicht.

383 Das Spannungsverhältnis von Weimarer Kultur, Republik und nationalsozialistischer Diktatur habe ich eingehender dargestellt in: Horst Möller, Exodus der Kultur. Schriftsteller, Wissenschaftler und Künstler in der Emigration nach 1933. München 1984.

384 Horst Möller, Krisen und Krisenbewußtsein in Deutschland 1920 bis 1930. In: Region-Nation-Vision. Festschrift für Karl Möckl zum

65.Geburtstag. Hrsg. v. Werner K. Blessing, Stefan Kestler und Ulrich Wirz, Bamberg 2005, S. 167–176.

385 Fritz Stern, Kulturpessimismus als politische Gefahr. Eine Analyse nationaler Ideologie in Deutschland, Bern – Stuttgart – Wien 1963.

386 Das folgende Kapitel stark überarb. und erweitert nach: Horst Möller in: Martin Broszat, Horst Möller (Hrsg.), Das Dritte Reich. Herrschaftsstruktur und Geschichte, 2.Auf. München 1986, S. 9 –37.

387 Vgl. Gerhard A.Ritter, Der Sozialstaat. Entstehung und Entwicklung im internationalen Vergleich; München 1989 (Beiheft II der Historischen Zeitschrift), S.III (dort auch weitere Lit.). Diese Zahlen nach Detlev Zöllner.

388 Zahlen nach einschlägigen Statistiken: Statistisches Jahrbuch für das Deutsche Reich, Berlin (verschiedene Jahrgänge); Carlo M.Cipolla (Hrsg.), Europäische Wirtschaftsgeschichte, Bd.5, sowie D.Petzina, W.Abelshauser, A.Faust, Sozialgeschichtliches Arbeitsbuch, Bd.3.

389 Teodor Geiger, Revolution. In: Handwörterbuch der Soziologie. Hrsg. v. Alfred Vierkandt, Stuttgart 1931, S.512.

390 Die Brüning-Forschung wird wesentlich vorangebracht werden durch die kritische Ausgabe seiner Memoiren, die Peer Oliver Volkmann erarbeitet hat und die durch die Kommission für Geschichte des Parlamentarismus und der Politischen Parteien in Berlin voraussichtlich noch 2018 veröfentlicht wird.

391 Von dem grundlegenden frühen Buch Sigmund Neumanns, Die Parteien der Weimarer Republik (1932), bis zu Jürgen W. Falters Buch, Hitlers Wähler, München 1991, sind eine ganze Reihe verschiedener Erklärungsmodelle gegeben worden, deren empirische Grundlage allerdings erst in den letzten 20Jahren verbreitet werden konnte. Die folgenden Daten wurden aus dem Buch Falters sowie den Wahlanalysen in Horst Möller, Parlamentarismus in Preußen 1919– 1932, Düsseldorf 1985, entnommen.

392 Tabelle nach Martin Broszat, Der Staat Hitlers. München 1969, S.51.

393 Vgl. Horst Möller, Parlamentarismus, S. 226–310 (Wähler und Gewählte).

394 Vgl. Martin Broszat, Elke Fröhlich und Falk Wiesemann (Hrsg.), Bayern in der NS-Zeit. Bd.1, München 1977.

395 Hans Freyer, Revolution von rechts. Jena 1931, S.5.

396 Vgl. insges. Karl Dietrich Bracher, Tradition und Revolution im Nationalsozialismus. In: Ders., Zeitgeschichtliche Kontroversen. München 1970, S. 62–78.

397 Vgl. insgesamt Horst Möller, Die nationalsozialistische Machtergreifung. Konterrevolution oder Revolution? In: VfZ 31 (1983), S. 25 –51.

398 Alle Texte jetzt in: Das »Ermächtigungsgesetz« vom 24.März 1933. Quellen zur Geschichte und Interpretation des »Gesetzes zur Behebung der Not von Volk und Reich«. Hrsg. und bearb. v. Rudolf Morsey. Überarb. und erg. Neuauf., Düsseldorf 2010, sowie Josef und Ruth Becker (Hrsg.), Hitlers Machtergreifung. 3. erg. Auf. München 1993 (dtv dokumente).

参考资料

399 Weitere nürliche Internetadressen bietet der Abschnitt V: Praktische Hilfs-mittel. In: Einführung in die Zeitgeschichte. Hrsg. v. Horst Möller und UdoWengst, München 2003, S.229-260.